JN434293

동아시아 한자사전의 현황과 과제

사전학총서 5

동아시아 한자사전의 현황과 과제

2020년 2월 20일 초판 인쇄
2020년 2월 25일 초판 발행

엮은곳 _ 단국대학교 동양학연구원 편찬실
펴낸이 _ 김수복
기 획 _ 김남필
제 작 _ 성두현
편 집 _ 김민배
펴낸곳 _ 단국대학교출판부
등 록 _ 1968.2.27 : No. 제03-00095호
주 소 _ 경기도 용인시 수지구 죽전로 152
전 화 _ 031-8005-2405
팩 스 _ 031-8021-7154

값 25,000원

© 단국대학교 동양학연구원, 2020

ISBN 978-89-7092-736-7 94700
ISBN 978-89-7092-374-1 (세트)

• 잘못 만들어진 책은 구입하신 서점에서 교환해 드립니다.
• 이 책을 무단 복사, 복제, 전재하는 것은 저작권에 저촉됩니다.

이 도서는 2019학년도 단국대학교 교비 지원으로 출판되었습니다.

사전학총서 5

동아시아 한자사전의 현황과 과제

동양학연구원 편

단국대학교출판부

간행사

동양학연구원은 1970년에 한국문화를 기축으로 하는 동아시아 인문학 연구를 위해 설립되었으며, 2011년에 단국대학교 교책중점연구기관으로 승격되었다. 동양학연구원은 설립 목적을 달성하기 위해 지금까지 동양학 학술회의의 연차적 개최, 학술지『동양학(東洋學)』의 정기적 간행, 귀중 자료를 집성한『동양학총서』의 간행, 단국대 소장의 귀중 도서를 번역한 동양학 번역총서의 간행 등을 수행해 왔다. 그러나 본 연구원이 가장 역점을 두어 추진한 사업은『한한대사전(漢韓大辭典)』의 편찬이었다.

중국, 대만, 일본 등 한자문화권에 속한 나라들은 일찍이 자국의 학문적 수준을 보여주는 대형 한자사전을 편찬하여 보유하고 있었다. 일본의『대한화사전(大漢和辭典)』, 대만의『중문대사전(中文大辭典)』, 중국의『한어대사전(漢語大詞典)』이 이에 해당한다. 한국은 이들과 같은 한자문화권에 속한 나라이면서 중국이나 일본에 필적한 대형 한자사전을 가지지 못하였다.

이에 동양학연구원은 1977년에 한한대사전편찬실을 신설하고 이듬해부터 편찬 작업을 시작하였으며, 30년이 지난 2008년에『한한대사전』16권을 완간하였다. 이보다 앞서 1996년에는 한국의 고유 한자와 한자 어휘를 주석하고 예문을 수록한『한국한자어사전』4권을 완간하였다. 『한한대사전』과 『한국한자어사전』의 편찬을 통해 우리는 한문을 주체적으로 수용했던 전통 어문생활의 역사성을 계승하고, 동아시아 한자문화권에서 독자적인 문화적 위상을 확보하였다고 평가할 수 있다.

동양학연구원은 2008년부터 사전학 학술회의를 정기적으로 개최하여, 사전 편찬에 대한 지식과 정보를 공유하고, 새로운 사전을 편찬하기 위한 기초 조사를 수행해 왔다. 2019년에는 제10회 사전학 학술회의를 개최하였으며, 학술회의의 주제는 '한자(漢字)의 통변(通變)과 창신(創新)'이었다.

동양학연구원은 2013년부터 사전학총서의 간행을 시작하여, 사전학 학술회의에서 발표되었거나 학술지 『동양학』에 수록된 사전 관련 논문들을 주제에 맞게 편집하였다. 지금까지 간행한 사전학총서는 '동아시아 한자사전과 『한한대사전』', '동아시아 고유한자와 사전편찬', '디지털시대 동아시아 한자사전 편찬과 정보 서비스 방안', '한국학 전문사전 편찬과 한자사전 편찬방법론' 등이 있다.

이번에 발간하는 '동아시아 한자사전의 현황과 과제'는 제7회와 제8회 사전학 학술회의에서 발표된 논문들을 편집하였다. 책의 구성은 2부로 나누었으며, 제1부 '한국한자어사전 증보 편찬 방향의 모색'에서는 『한국한자어사전』에서 불교용어, 이두(吏讀), 구결(口訣), 차자(借字)를 증보하는 방안을 모색하였고, 제2부 '디지털시대 동아시아 한자사전 활용 방안'에서는 국내의 한자사전과 일본의 『한화사전(漢和辭典)』, 베트남의 한자사전, 대만의 『이체자자전(異體字字典)』의 성과를 검토하는 논문들을 수록하였다.

앞으로 이 책은 한국한자사전을 증보하거나 동아시아 한자사전을 활용하는데 참고가 되기를 기대한다. 또한 동아시아에서 한자사전을 편찬할 때 한국의 불교용어나 이두, 구결, 차자와 같은 한국 한자어가 대거 수록됨으로써 그 독특한 쓰임이 널리 알려지기를 바란다. 끝으로 이번에 간행하는 사전학총서 제5집에 옥고를 수록하도록 허락해 주신 필자들께 감사의 인사를 올린다.

2020년 2월

단국대학교 동양학연구원장 김문식

머 리 말

단국대학교 동양학연구원은 1970년 설립 이래 한국을 기축으로 동아시아 전반의 역사와 문화, 철학과 사유, 문학과 예술을 다각적으로 탐구하여 왔다. 동아시아 인문고전 분야의 대표적인 종합학술지인 『東洋學』을 필두로, 『經國大典註解』 등 45종의 동양학총서, 『조선시대 군사관계 연구』(차문섭 저) 등의 연구총서, 『한국문화전통의 자료와 해석』 등의 학술총서, 『개화기 한국과 세계의 상호 이해』 등의 문화총서, 『동북아시아의 문명 기원과 교류』 등의 문명교류사 시리즈 등 약 150종에 달하는 학술서를 간행하여왔다. 또한 학술연구의 토대를 닦는 데에도 진력하여 『국역 월정집』 등 6종 20책의 번역총서를 발간하였으며, 연민문고 소장 연암 박지원 작품 필사본 총서와 같은 희귀자료도 선보인 바 있다.

하지만 동양학연구원을 대표하는 업적을 꼽으라면 아무래도 『漢韓大辭典』과 『韓國漢字語辭典』을 들지 않을 수 없다. 『한한대사전』은 1978년 6월 편찬 실무에 착수하여 1999년 3월 제1권 간행을 시작으로 2008년 9월에 총 16권으로 완성된 세계 최대의 한자사전이다. 총 30년 4개월의 시간이 소요되었으며, 5만 4천여 표제자와 42만여 어휘를 수록하고 있다. 연인원 20만 명이 투입되었으며 총 310억 원의 비용이 소요되었으니, 국가사업으로나 가능할 일을 일개 사학의 힘으로 감당해 낸 기념비적 역작이다. 『한국한자어사전』은 한국 고유의 한자와 한자어를 조사 정리한 사전으로, 1992년 제1권 간행을 시작으로 1996년에 총 4권으로 간행되었다. 『삼국사기』를 비롯한 150여 종 3,500여 책을 조사하여 5천여 표제자와 8만 9천여 어휘를 수록하고, 출전과 원문을 충실히 담아냈다. 이 두 가지 사전은 오랜 세월 우리의 언어와 문화에 깊숙이 녹아들었음에도 온전한 사전 한 권 펴내지 못했던 우리 학술사에 길이 빛날 업적으로 평가받고 있다.

한편 지식정보의 유통과 활용 구조의 변화에 발맞추어 사용자들이 온라인상에서 사전 정보를 보다 손쉽게 접할 수 있도록 하는 사업도 역점을 두고 추진해왔다. 『한한대사전』과 『한국한자어사전』의 통합 데이터베이스를 구축하였으며, 2017년 9월부터 국내 최대 포털을 통해 『한국한자어사전』 검색 서비스를 제공하고 있다. 향후 통합 『한한대사전』의 웹서비스까지 실현되면 방대한 사전 콘텐츠와 정보통신 기술을 기반으로 동아시아 한자문화권에서의 위상을 더욱 확고히 할 것으로 기대한다.

이처럼 동양학연구원은 우리나라 한자 사전 분야에서 독보적인 업적을 구축해왔지만 이에 만족하지 않고 그동안 쌓아온 사전 편찬에 대한 지식과 정보를 공유하는 한편 학계의 다양한 고견을 수렴하고자 하는 취지에서 '사전학 학술회의'를 개최해왔다. 2008년 "東아시아 辭典의 歷史와 未來"라는 주제로 제1회 학술회의의 서막을 연 이래, "東아시아 漢字辭典의 現況과 課題"(2011), "東아시아 固有漢字의 國際標準化와 辭典編纂"(2012), "동아시아 한자사전의 웹정보화 현황과 미래"(2013), "한국학 사전 편찬의 회고와 전망"(2014), "한자사전 편찬 방법론 연구"(2014), "『한국한자어사전』 증보편찬 방향"(2015), "디지털시대 동아시아 한자사전 활용방안"(2017), "디지털시대 동아시아 한자 사전 활용방안"(2018)까지 모두 아홉 차례의 학술회의를 개최해왔다.

'辭典學叢書'는 이 성과들을 한 데 묶어 공간함으로써 이 분야에 관심을 가지고 있는 이들이 이용하기 편리하도록 하고자 한 것이다. 제1회 학술대회에서부터 제6회 학술대회까지 발표된 논고들은 4집까지 발간된 사전학총서를 통해 출판되었으며, 이제 제7회와 제8회 학술대회에서 발표된 옥고들을 모아 사전학총서 제5집으로 상재하게 되었다.

본서에는 모두 한국과 대만, 일본 학자의 논문 8편이 수록되어 있다. 우선 제7회 사전학 학술회의에서 다뤄졌던 논문부터 소개한다.

金星周의 「우리말 불교용어와 『한국한자어사전』의 불교용어 증보 방향에 대하여 : 향가 · 이두 · 구결을 중심으로」는 『한국한자어사전』에 누락된 불교용어를 보완할 때 향가 · 이두 · 구결 등의 차자표기 자료를 어떻게 다루어야 할 것인지 논의한 글이다. 향가와 이두는 우리말을 표기하기 위해 사용된 차자표기이므로 여기에 사용된 불교용어는 우리말 불교용어일 가능성이 높지만, 구결은 한문을 쉽게 읽게 위해 사용된 차자표기이므로 구결문에 사용된 불교용어는 기본적으로 한문에서 사용된 불교용어이지 우리말 체계에서 사용된 불교용어는 아니라는 점을 짚었다. 더불어 『한국한자어사전』에 향가는 자료에 사용되지 않았으며, 이두와 구결의 경우에도 채록 자료가 상당히 소략하다는 사실을 지적하며 삼국시대와 고려시대의 차자 자료를 보다 적극적으로 보완하여야 함을 제안하였다.

이병기의 「釋讀口訣 자료와 『韓國漢字語辭典』」은 釋讀口訣 자료에 보이는 '한국한자어'를 『한국한자어사전』에 반영하는 방안을 논의한 글이다. 『한국한자어사전』이 처음 편찬될 당시에는 석독구결 자료에 대한 연구가 깊게 이루어지지 않았기에 『한국한자어사전』에 반영하기 어려웠다. 이런 점에서 석독구결 자료 중 '한국한자어'로 볼 수 있는 어휘로는 어떠한 것들이 있는지 고찰하고 이에 해당하는 어휘들에 대한 정보를 어떻게 제시할 것인지를 살핀 이 글은 『한국한자어사전』의 증보방향과 관련하여 중요한 의미를 지닌다.

하정수의 「『한국한자어사전』의 음독구결」은 音讀口訣 영역의 연구성과를 활용하는 방안을 다룬 글이다. 『한국한자어사전』에 수록된 구결 및 그 전거로 든 문헌을 검토하였고, 『음독구결사전』을 활용하여 증보판에 반영할 것을 제안하였으며, 후행하는 음독구결의 출현 양상과 『한국한자어사전』의 단어 판별 기준과의 관련성을 논의하였다.

오창명의 「『韓國漢字語辭典』의 借字와 借字語, 吏讀와 吏讀語」는 『한국한자어사전』에 수록된 이두 및 차자를 살핀 글이다. 이두자는 대부분 수록되었지만 이두어와 차자어는 누락된 것이 많다고 지적하며 기존 사전의 오류를 바로잡는 데 더욱 신경을 써 줄 것과 기존 사전에 등재되지 않은 고유한자와 이두, 그 고유한자가 포함된 차자어와 이두어들을 가능한 한 많이 찾아서 등재해주기를 주문하였다.

이하 4편의 글은 제8회 사전학 국제학술대회에서 발표된 논고를 모은 것이다.

김현철의 「국내 중한사전 작업의 새로운 모색 및 활용 방안 : 『다락원 중한사전』의 편찬을 중심으로」는 종이사전이 자취를 감추고 전자사전과 인터넷 사전을 넘어 웹사전이 대세를 점하고 있는 시점에서 종이사전 출간을 위한 상황을 점검하고 대안을 찾아본 글이다. 한국의 사전시장에서 중한사전이 갖는 의미와 종이사전 출판의 장단점을 파악한 후, 새로운 모색과 활용 방안에 관해 제언하였다.

일본 교토대학 명예교수이자 漢字文化研究所 소장인 아쓰지 데쓰지(阿辻哲次)의 「일본 『漢和辞典』의 역사와 현상」은 제목 그대로 일본에서 간행된 漢和辭典의 역사와 그 양상을 개괄한 글이다. 일본인이 만든 현존 최고의 한자사전인 『篆隸萬象名義』(830년경)부터 헤이안시대(平安時代)에 편찬된 『新撰字鏡』(892년경), 『和名類聚抄』(934년)의 특징을 소개하고, 『康熙字典』이 일본의 사전 출판에 끼친 영향을 밝혔다. 또한 서명에 '漢和'라는 문자를 사용한 최초의 사전인 『漢和大辭典』(1903년)과 『詳解漢和大字典』(1916년), 『大字典』(1917년), 『支那文を讀む爲の漢字典(支那文을 읽기 위한 漢字典)』(1940년)을 거쳐 『大漢和辭典』(1960년)에 이르기까지 20세기 초 · 중반 편찬된 사전의 특징과 의의를 소개하였다. 그리고 1960년대 이후 한자 · 한문 학습을 용이하게 하기 위한 취지에서 출판된 사전들, 즉 『新字源』(1968년, 1994년 재개정), 『漢語林』(1987년), 『漢字源』(1988년), 『全訳漢辞海』(2000년)이 어떤 배경과 목적에 따라 간행되었는지에 대해서도 소상히 설명하였으며, 정보통신기술의 발달에 부응한 사전의 역할에 대한 전망까지 아울러 언급하였다.

베트남 언어연구소 소장 응우옌 반 캉(Nguyen Van Khang, 阮文康)은 「베트남 한자 사용과 한자 사전 편찬 현황과 전망」에서 베트남 한자 사용의 현황, 전망 및 한자 사전 편찬 등 문제에 대해 소개하였다. 베트남에서 한자는 일찍이 베트남어 정식 문자로 사용되었을 뿐 아니라 喃字(쯔놈)의 기본적인 구성단위이기도 했다. 이런 연유로 한자 사전은 베트남 언어문화 연구에서 필수불가결한 참고서였다. 응우옌 교수는 문헌 연구와 실제 상황 고찰을 통해 베트남어 문자의 발전 역사와 쯔놈 체계에서 한자 독음과 뜻에 관한 구체적인 상황은 물론, 현재까지도 베트남어 문화에 깊이 남아있는 한자의 흔적, 한자 학습을 둘러싼 최근의 논쟁, 베트남 한자 사전 현황까지 다각적으로 다루었다.

마지막으로 대만 교육부『異體字字典』편찬위원회 의장 리톈푸(李添富) 교수의 「『이체자자전』의 응용과 미래」는 대만『이체자자전』을 바탕으로 字形에 관한 다양한 문제를 논의한 글이다. 대만에서는 1980년대 초부터 표준한자 정리 작업에 착수하여『常用國字標準字體表』,『次常用國字標準字體表』,『罕用字體表』등 3가지 한자표와 기초적인『異體字表』를 만들었으며, 이 4개 표는 현재 중국어표준유니코드의 근간을 이루고 있다. 이후1995년에『이체자자전』편찬에 착수하여 6년에 걸쳐 說文類, 古代文字, 簡牘, 隸書, 石刻, 書帖, 字書, 韻書, 字樣書, 俗字譜, 佛經, 現代字書 등 약 1,300여 가지 문헌에 수록된 이체자들을 모아 데이터베이스화하였다. 이 자전에 수록된 한자는 최신 개정판 기준으로 106,333자로, 문자의 역사를 한 눈에 파악하고 연구할 수 있는 초대형 자형자전이라고 할 수 있다. 리톈푸 교수의 글을 통해 이러한 성과를 이루기까지의 과정을 소상히 알 수 있을 것이다.

본서에 수록된 논고는 크게『한국한자어사전』증보 시 포함되어야 할 借字들에 관한 제언들과 동아시아 한자사전의 역사와 활용 방안을 소개한 글들로 양분되나, 각각 독립적인 성격을 지니기에 순서에 관계없이 읽어도 무방하리라 여겨진다. 여기 실린 글들이 동아시아 한자사전에 대한 이해의 지평을 넓히고 생산적인 발전의 장으로 이끄는데 보탬이 되기를 기원하며 게재를 허락해주신 필자들께 감사의 마음을 전한다. 아울러 사전학총서를 간행할 수 있도록 지원해주신 張忠植 이사장님과 金秀福 총장님, 그리고 張淏星 전 총장님께 심심한 감사의 말씀을 올린다. 또한 까다로운 원고들을 깔끔하게 정리해준 단국대학교 출판부에도 고마운 심경을 표한다. 무엇보다 어려운 환경 속에서도 묵묵히 한 길만 걸어온 분들 – 박찬규, 정도상, 정태윤, 김지영, 윤현희 선생님과 간행의 기쁨을 함께 나누고 싶다.

2020년 2월

단국대학교 동양학연구원 편찬실장 김우정

동아시아 한자사전의 현황과 과제

제1부

『韓國漢字語辭典』 증보 편찬 방향의 모색

우리말 불교용어와 『한국한자어사전』의 불교용어 증보 방향에 대하여

— 향가 · 이두 · 구결을 중심으로 —

金 星 周

Ⅰ. 서 론

이 글은 『한국한자어사전』의 불교용어를 보완하는 작업을 할 때 차자자료에서 사용된 우리말 불교용어[1])를 보충하는 방법과 방향을 논의한 글이다. 이 글의 대상이 불교용어인 관계로 고유명사 표기는 이 글의 연구 대상에서 제외되었다. 이 글의 연구 대상인 차자표기 자료는 삼국시대와 고려시대의 향가, 이두, 구결이다. 향가, 이두, 구결 중 향가와 이두는 우리말 표기에 이용된 것이고 구결은 기본적으로 한문을 쉽게 읽기 위해서 사용된 것이기 때문에 양자는 본질적인 차이가 있다.[2])

---

1) 이 글에서는 우리말의 체계 안에서 활발하게 사용된 불교용어를 '우리말 불교용어'라 부른다.

이런 이유로 차자표기에 사용된 우리말 불교용어와 이를 통한 『한국한자어사전』의 우리말 불교용어 보충을 논하기 위해서는 향가·이두와 구결을 구별할 필요가 있다. 향가·이두는 우리말을 표기하기 위해 사용된 차자표기 자료이므로 여기에 사용된 불교용어는 우리말 불교용어일 가능성이 높지만, 구결은 한문을 쉽게 읽게 위해 사용된 차자표기이므로 구결문에 사용된 불교용어는 기본적으로 한문에서 사용된 불교용어이지 우리말 체계에서 사용된 불교용어는 아니다.

차자자료를 이용하여 『한국한자어사전』의 불교용어를 보완하는 방법은 먼저 기존의 『한국한자어사전』에서 사용된 차자자료와 거기에 실린 불교용어의 성격을 파악하는 일에서부터 시작된다. 박찬규(2012)의 논의를 참조하면 『한국한자어사전』에 사용된 차자표기 자료는 이두, 구결, 고유명사 자료를 망라하여 227종이다.[3] 그런데 사용된 자료를 살펴보면 『한국한자어사전』에서 향가는 자료에 사용되지 않았으며, 이두와 구결의 경우에도 신라시대의 것은 '葛項寺石塔記', '蓮池寺鐘銘' 등 2개이고, 고려시대 것을 포함하더라도 '大明律直解', '通度寺國長生石標', '淨兜寺五層石塔造成形止記' 등 3개로 삼국시대와 고려시대의 차자 자료는 단지 5개만 사용되었을 뿐이다. 『한국한자어사전』에 이용된 차자 자료가 조선시대에 치우쳐 있다는 것을 알 수 있다.

---

2) 『두시언해』의 주석문을 보면 구결문도 우리말의 표기를 위해 사용되었음을 알 수 있다. 그러나 구결문의 이러한 용법이 구결문의 일반적인 특징이라고 볼 수는 없다.

3) 박찬규, 「『한국한자어사전』에 수용된 이두·구결·차자어의 구성과 출전 문헌」, 『동양학』 52, 용인: 단국대학교 동양학연구원, 2012의 '부록' 참조.

II. 향가 · 이두의 불교용어

향가와 이두는 우리말을 표기하는데 사용된 차자표기이다. 잘 알려진 대로 향가는 신라나 고려 사람이 자신들의 노래를 적은 차자표기이고, 이두는 신라나 고려 사람들이 조성기, 조상기, 발원문 등을 적은 차자표기다. 따라서 이 글에서는 향가와 이두를 동일한 성질의 자료로 보고 이들을 같은 문맥에서 논의한다.

향가나 이두 자료를 이용하기 위해서는 우선 정확한 판독이 기본이 되어야 한다. 향가는 『삼국유사』나 『균여전』에 실려 있으므로 2차 자료라 할 수 있다. 이두는 금석문에 남아 있는 경우와 문헌에 전해지는 경우가 있다. 이 글의 연구 대상인 신라나 고려시대 차자표기 자료들은 주로 금석문 자료가 많기 때문에 판독은 가장 기본적이면서도 중요한 문제가 된다.

그런데 『삼국유사』나 『균여전』 등 문헌에 실려 있는 향가의 경우에도 판독이 큰 문제를 불러일으킬 수 있다. 『균여전』을 예로 들면 지금 연구자들이 주로 이용하고 있는 『균여전』은 동국대학교에서 1950년대에 영인한 영인본 고려 재조대장경이 보유편을 이용하고 있다. 여기서 영인된 균여 향가 중 '稱讚如來歌'에는 '間王'이라는 용어가 등장한다. '間王'은 小倉進平과 양주동은 물론 최근의 김완진과 유창돈에 이르기까지 모든 향가 연구자를 곤란하게 만든 용어이었다. 사용된 문맥을 보면 불교용어인 듯이 보이지만 정작 어떤 불교 문헌이나 불교사전에서 보이지 않는 것이었기 때문이다.

이 문제는 池炯律(2009)과 안정희(2010)의 연구에 의해서 해결되었다. 두 논의에서는 지금까지 '王'자로 읽어온 '間王'의 '王'이 사실은 '毛'라는 사실이 밝혀졌다. '毛'의 아래 획이 탈각되었기 때문에 영인본에서는 '王'자로 보인 것이다. 이 구절은 '間王'으로 읽어야 될 부분이 아니라 '間毛冬留'로 읽어야 할 부분이다. 따라서 지금까지 '間王'을 해석하기 위해서 小倉進平 이래로 최근의 향가 연구자들까지 제시한 모든 방법은 잘못된 것이다. 이것은 불교용어의 관점에서도 이야기할 수 있다. '間王'을 '부처' 자체로 해석한다든가, 부처와 보살의 중간적인 위치로 본다든가 하는 것은 있을 수 없는 일이다. 이와 같이 차자자료를 이용해서 불교용어를 정리할 때에는 기본적으로 정확한 판독이 무엇보다도 중요한 것임을 알 수 있다.

이 글에서는 지면 관계상 신라시대 이두 자료 전부를 살펴볼 수 없기 때문에 新羅華嚴經寫經造成記와 永泰二年銘石毘盧遮那佛造像記를 살펴보았다. 전자는 권10과 권50의 권말에 비슷한 내용의 造成記 2개가 있는 자료이며, 후자는 지리산 중턱의 비로자나석불의 대좌의 사리공에 있던 蠟石製舍利盒의 몸통과 밑면에 새겨진 것으로 몸통에 새견진 이두는 판독이 용이하지만 밑면에 새겨진 이두는 정확한 판독이 어려운 자료이다.

일반적으로 향가는 『삼국유사』에 실린 향가와, 『균여전』에 실린 향가로 나눌 수 있다. 일반적으로 전자를 유사 향가, 후자를 균여 향가라 한다. 유사 향가 14수는 균여 향가 11수에 비해 주제가 다양하다. 균여 향가는 40권 화엄경의 보현행원품의 내용을 토대로 균여 스님이 중생들을 위해 부른 노래이다. 이 노래에는 화엄사상이 일관되게 녹아들어 있기 때문에 복합 적인 성격을 가진 유사 향가에 비해 불교용어를 논의하기가 용이하므로 이 글에서는 균여 향가를 연구 대상으로 다룬다.

균여 향가의 정식 이름은 '普賢十種願王歌'이다. 먼저 '普賢十種願王歌'의 전문을 제시하면 아래와 같다.

(1) 가. 〈01禮敬諸佛歌〉 心未筆留 / 慕呂白乎隱佛體前衣 / 拜內乎隱身萬隱 / 法界毛叱所只至去良 / 塵塵馬洛佛體叱刹亦 / 刹刹每如邀里白乎隱 / 法界滿賜隱佛體 / 九世盡良禮爲白齊 / 歎曰 身語意業無疲厭 / 此良夫作沙毛叱等耶

나. 〈02稱讚如來歌〉 今日部伊冬衣 / 南無佛也白孫舌良衣 / 無盡辯才叱海等/ 一念惡中涌出去良 / 塵塵虛物叱邊呂白乎隱 / 功德叱身乙對爲白惡只 / 際于萬隱德海肸 / 間毛冬留讚伊白制 / 隔句 必只一毛叱德置 / 毛等盡良白乎隱乃兮

다. 〈03廣修洪養歌〉 火條執音馬 / 佛前燈乙直體良焉多依 / 燈炷隱須彌也 / 燈油隱大海逸留去耶 / 手焉法界毛叱色只爲彌 / 手良每如法叱供乙留 / 法界滿賜仁佛體 / 佛佛周物叱供爲白制 / 阿耶法供沙叱多奈 / 伊於依波最勝供也

라. 〈04懺悔業障歌〉 顚倒逸耶 / 菩提向焉道乙迷波 / 造將來臥乎隱惡寸隱 / 法界餘玉只出隱伊音叱如支 / 惡寸習落臥乎隱三業 / 淨戒叱主留卜以支乃遣只 / 今日部頓部叱懺悔 / 十方叱佛體閼遣只賜立 / 落句 衆生界盡我懺盡 / 來際永良造物捨齊

마. 〈05隨喜功德歌〉 迷悟同體叱 / 緣起叱理良尋只見根 / 佛伊衆生毛叱所只 / 吾衣身不喩仁人音有叱下呂 / 修叱賜乙隱頓部叱吾衣修叱孫丁 / 得賜伊馬落人米無叱昆 / 於內人衣善陵等沙 / 不冬喜好尸置乎理叱過 / 後言 伊羅擬可行等 / 嫉妬叱心音至刀來去

바. 〈06請轉法輪歌〉 彼仍反隱 / 法界惡之叱佛會阿希 / 吾焉頓叱進良只 / 法雨乙乞白乎叱等耶 / 無明土深以埋多 / 煩惱熱留煎

將來出米 / 善芽毛冬長乙隱 / 衆生叱田乙潤只沙音也 / 後言菩提叱菓音烏乙反隱 / 覺月明斤秋察羅波處也

사. 〈07請佛往世歌〉 皆佛體 / 必于化緣盡動賜隱乃 / 手乙寶非鳴良尒 / 世呂中止以友白乎等耶 / 曉留朝于萬夜未 / 向屋賜尸朋知良閪尸也 / 伊知皆矣爲米 / 道尸迷反群良哀呂舌 / 樂句吾里心音水淸等 / 佛影不冬應爲賜下呂

아. 〈08常隨佛學歌〉 我佛體 / 皆往焉世呂修將來賜留隱 / 難行苦行叱願乙 / 吾焉頓部叱逐好友伊音叱多 / 身靡只碎良只塵伊去米 / 命乙施好尸歲史中置 / 然叱皆好尸卜下里 / 皆佛體置然叱爲賜隱伊留兮 / 城上人 佛道向隱心下 / 他道不冬斜良只行齊

자. 〈09恒順衆生歌〉 覺樹王焉 / 迷火隱乙根中沙音逸良 / 大悲叱水留潤良只 / 不冬萎玉內乎留叱等耶 / 法界居得丘物叱丘物叱 / 爲乙吾置同生同死 / 念念相續无間斷 / 佛體爲尸如敬叱好叱等耶 / 打心 衆生安爲飛等 / 佛體頓叱喜賜以留也

차. 〈10普皆廻向歌〉 皆吾衣修孫 / 一切善陵頓部叱廻良只 / 衆生叱海惡中 / 迷反群无史悟內去齊 / 佛體叱海等成留焉日尸恨 / 懺爲如乎仁惡寸業置 / 法性叱宅阿叱寶良 / 舊留然叱爲事置耶 / 病吟 禮爲白孫佛體刀 / 吾衣身伊波人有叱下呂

카. 〈11總結無盡歌〉 生界盡尸等隱 / 吾衣願盡尸日置仁伊而也 / 衆生邊衣于音毛 / 際毛冬留願海伊過 / 此如趣可伊羅行根 / 向乎仁所留善陵道也 / 伊波普賢行願 / 又都佛體叱事伊置耶 / 阿耶 普賢叱心音阿于波 / 伊留叱餘音良他事捨齊

차자표기 자료를 대상으로 『한국한자어사전』의 불교용어를 보완하는 작업에서는 원문 텍스트에서 불교용어를 뽑아내는 작업이 선행되어야 한다. 그런데 정작 '普賢十種願王歌'에서 불교용어를 선정하는 작업은 간단하지 않다. 무엇을 불교용어로 볼 것인가의 문제가 대두되기 때문이다. 이 문제를 해결하기 위해서 일단은 기존의 불교사전을[4] 이용하는 것이 정당할 것으로 보인다. 먼저 불교용어인지 아닌지 판단을 요하는 어휘를 기존의 불교사전에서 찾아보고 이 어휘가 기존 사전에서 표제어로 등재되었는지 확인하는 것이다. 그런데 이 경우 기존 불교사전에서 표제어로 선정되지 않았으면서 불교의 내용을 담고 있는 어휘들은 문제가 될 수 있다.

(2) 覺月, 苦行, 功德, 九世, 難行, 南無佛, 來際, 念念, 德海, 道, 同體, 緣起, 無明土, 迷悟, 煩惱, 辯才, 法界(7), 法性, 法雨, 法供, 菩提(2), 普賢, 普賢行願, 佛, 佛道, 佛影, 佛體(13), 佛會, 三業, 相續, 須彌, 身語意業, 十方, 業, 願(2), 願海, 顚倒, 淨戒, 衆生(5), 衆生界, 懺悔, 化緣[5]

(2)는 균여 향가 11수 중에서 불교적 색채를 띠고 있는 어휘들을 모두 뽑은 것이다. 중복된 것을 제외한 불교용어는 총 47개로서 이 중 중복된 불교용어는 '法界 7번, 菩提 2번, 佛體 13번, 願 2번, 衆生 5번'이다.

(3) 苦行, 功德, 九世, 難行, 南无佛, 念念, 道, 緣起, 迷悟, 煩惱, 法界, 法性, 法雨, 菩提, 普賢, 佛, 佛道, 佛會, 辯才, 三業, 相續, 十方, 業, 願, 願海, 顚倒, 淨戒, 衆生, 衆生界, 懺悔, 化緣

(3)은 균여 향가에서 불교 색채를 지닌 어휘 중 기존 불교사전

4) 『(望月)佛教大辭典』, 『佛光大辭典』, 『(伽山)佛教大辭林』 등을 말한다.
5) 괄호 속의 숫자는 출현 횟수를 말한다.

에서 표제어로 쓰인 것들이다.[6] (3)에 제시된 어휘들은 불교적인 내용을 가지고 있을 뿐만 아니라 기존 불교사전에서도 표제어로 등재되어 있으므로 『한국한자어사전』의 표제어로 선정하는 것은 문제될 것이 없다. 중요한 것은 불교와 관련되면서도 기존의 불교사전에 표제어로 실려 있지 않은 (4)에 제시된 어휘들이다.

(4) 가. 覺月, 德海, 無明土, 佛影
　　나. 來際, 同體, 法供, 須彌, 身語意業
　　다. 普賢行願
　　라. 佛體,

(4)는 균여 향가에서 불교와 관련된 어휘로 볼 수 있지만 기존 불교사전의 표제어로 등재되지 않는 어휘들이다. 이들은 다시 (4가)와 같이 원래 불교용어인 '覺, 德, 無明, 佛'에 '月, 海, 土, 影'이 붙어 문학성이 가미된 어휘들이다. '普賢十種願王歌'는 본래 문학작품이기 때문에 불교용어를 그대로 詩語로 사용하지 않고 '달[月], 바다[海], 흙[土], 그림자[影]' 등에 비유하여 표현한 어휘들이 쓰일 수 있는 것이다. 말하자면 (4가)의 '覺月, 德海, 無明土, 佛影'은 '覺, 德, 無明, 佛'과 동일한 것이며, 이들은 모두 기존의 불교사전에서 표제어로 등재되어 있기 때문에 불교용어로 간주해야 하는 것들이다. 따라서 (4가)의 어휘들은 차자표기의 특수한 예들로서 『한국한자어사전』의 표제어로 등재되어야 할 것이다.[7]

---

6) 이 글에서 불교용어의 검토를 위해 주로 사용한 사전은 『불광대사전』이다.
7) 불교를 대상으로 한 문학작품에 등장하면서 문학적인 비유나 수사가 가미된 어휘들을 모두 『한국한자어사전』의 표제어로 설정하는 것은 문제가 될 수 있다. 예를 들어 조선시대 불교가사에서 이런 어휘들은 신라나 고려의

(4나)의 '來際, 同體, 法供, 須彌'는 각각 '未來際, 同體相入 또는 同體相卽, 法供養, 須彌山' 등의 준말이며, '身語意業'는 '三業'의 본말인데, 이들은 기존의 불교사전에 모두 표제어로 등재되어 있으므로 이들을 불교용어로 간주하는 데 무리는 없다. (4다)의 '普賢行願'은 '普賢菩薩이 行하는 誓願'이라는 뜻으로 비록 불교사전에 표제어로 등재되어 있지는 않지만 불교용어임을 의심할 수는 없다. (4라)의 '佛體'는 균여 향가에서 '부처님'을 표기하는 용어로 무려 13회가 쓰였다. 그런데 '佛體' 자체가 '부처님' 즉 '佛'을 뜻하므로 이를 불교용어로 간주하지 않을 수 없다. 오히려 '佛體'는 '부처'에 대한 우리말 표기라는 점에서 더욱 중시해야 할 단어이다.[8)]

균여 향가를 대상으로 먼저 기존 불교 사전의 표제어와 일치하는 불교 용어를 뽑고, 그 다음으로는 불교 색채를 띤 어휘들 중 불교용어로 선정될 수 있는 어휘를 가려내는 이와 같은 방법으로 신라와 고려의 차자표기 자료 전체를 대상으로 작업한다면 차자자료를 대상으로 한 『한국한자어사전』의 불교용어 보완 작업을 할 수 있을 것이다.

불교용어들을 『한국한자어사전』에서 어떻게 기술할 것인가도

차자표기 자료에 비해서 상대적으로 많은 수의 어휘들이 있을 것으로 예상된다. 그러나 필자는 신라시대나 고려시대 차자표기 자료는 그 수가 제한되어 희귀성이 있으므로 고려시대까지의 차자표기 자료에서 선별되는 불교용어들은 모두 『한국한자어사전』의 표제어로 실는 것이 바람직한 방향이라고 생각한다.

8) 이선이(태경)(2010)에서는 균여 향가의 '佛體'를 '法(dharma)과 衆生과 나를 모두 포함하는 融三世間의 佛'로 보았다. 이 관점은 '佛體'를 '부처'와 동일하게 보는 이 글의 관점과는 다른 것이다. 그러나 균여 향가의 '佛體'의 성격이 무엇이든 간에 불교용어로 다루어야 한다는 것은 변함이 없다.

중요한 문제이다. 그러나 이 글은 『한국한자어사전』에서 불교용어를 증보할 때 향가, 이두, 구결 등 차자표지 자료에서도 우리말 불교용어를 선정해야 한다는 점과 선정 방법을 보이는 것이 주요한 목적이므로 불교용어의 뜻풀이 방법에 대한 논의는 보다 전문가의 논의에 기대기로 한다. 그러므로 이 글에서는 『한국한자어사전』의 기존 표제어에서 빠진 우리말 불교용어를 차자표기 자료에서 보충하는 과정에 대해서만 논의하기로 한다.

『한국한자어사전』은 한자어를 찾기 위해서 기본적으로 한자어의 첫 글자를 찾아야 하며 불교용어도 이 점에 대해서는 예외가 아니다. '佛'을 예로 들어, 『한국한자어사전』에 등재된 단어를 살펴보면 아래의 (5)와 같다.[9]

(5) 佛見笑 불견소, 佛經紙 불경지, 佛谷 불곡, 佛骨簡子 불골간자, 佛供 불공, 佛國 불국, 佛國寺 불국사, 佛國寺古今歷代記 불국사고금역대기, 佛國寺多寶塔 불국사다보탑, 佛奴 불노, 佛頭骨 불두골, 佛頭金 불두금, 佛頭白 불두백, 佛頭簪 불두잠, 佛頭花 불두화, 佛狼機 불랑기, 佛朗機國 불랑기국, 佛糧 불량, 佛名經寶 불명경보, 佛廟 불묘, 佛無寺 불무사, 佛排 불배, 佛腹藏 불복장, 佛事問答 불사문답, 佛席 불석, 佛說大報父母恩重經諺解 불설대보부모은중경언해, 佛說目連經諺解 불설목련경언해, 佛說阿彌陀經諺解 불설아미타경언해, 佛疏 불소, 佛手 불수, 佛手緞 불수단, 佛氏雜辨 불씨잡변, 佛牙函 불아함, 佛巖寺 불암사, 佛巖山 불암산, 佛影寺 불영사, 佛胃 불위, 佛恩寺 불은사, 佛日普照 불일보조, 佛齋都監 불재도감, 佛齋日 불재일, 佛底刮痲毛發 불저괄마모발, 佛底痲去兀露 불저마거올로, 佛賊 불적, 佛丁 불정, 佛頂寺 불정사, 佛頂花

9) 한자어의 배열은 『한국한자어사전』의 방식과 같이 '한자 한글'로 표시하였다.

불정화, 佛祖源流 불조원류, 佛祖宗派之圖 불조종파지도, 佛天 불천, 佛卓 불탁, 佛幀 불탱, 佛退 불퇴, 佛汗 불한, 佛婚 불혼, 佛火 불화

균여 향가에서 '佛'로 시작하는 불교용어는 '佛, 佛道, 佛影, 佛體(13), 佛會'가 있는데 이들 중 『한국한자어사전』에 한자어로 실려 있는 단어는 하나도 없다. 박찬규(2012)에서 밝힌 바와 같이 균여의 '普賢十種願王歌'는 『한국한자어사전』에서 작업한 차자표기 자료에 들어가 있지 않으므로 이러한 결과는 당연하다.

그런데 차자표기 자료에서 선정된 불교용어는 『한국한자어사전』에 전부 한자어로 실어야 하는가의 문제가 발생한다. 필자는 적어도 신라와 고려시대 차자표기 자료에 실린 우리말 불교용어는 전부 싣는 방향으로 『한국한자어사전』을 보완해야 한다고 생각한다. 신라와 고려시대 차자표기 자료는 그 양이 얼마 되지 않기 때문에 거기에 실린 우리말 불교용어도 그렇게 많지 않아서 표제어의 수를 지나치게 증가시킬 것으로 보이지 않는다. 시대가 앞서는 우리말 불교용어가 그렇게 많이 확인되지 않는 실정을 감안하면 신라시대와 고려시대의 차자표기 자료에 실린 우리말 불교용어는 『한국한자어사전』에 모두 싣는 방향으로 증보하는 것이 타당하다. 또한 『한국한자어사전』에 한자어로 실려 있는 단어라 하더라도 신라나 고려시대 차자표기에 나오는 우리말 불교용어는 그 용례를 불교용어의 뜻풀이에 적극적으로 반영하는 것이 옳다고 생각한다.[10)]

---

10) 여기에 대해서는 아래의 '永泰二年銘石毘盧遮那佛造像記'에 실린 '過去' 항목을 참조할 것.

다음으로는 이두 자료에 실린 우리말 불교용어를 검토해 보자. 이 글에서는 신라시대 이두 자료로 新羅華嚴經寫經造成記(755년)와 永泰二年銘石毘盧遮那佛造像記(766년)를 살펴보았다. 이들은 모두 『한국한자어사전』에서 이용한 차자표기 자료는 아니다. 新羅華嚴經寫經造成記와 永泰二年銘石毘盧遮那佛造像記의 전문과 여기에 실린 우리말 불교용어를 뽑아 보면 각각 (6~9)와 같다.[11)]

(6) 天寶十三載甲午八月一日初乙未載二月十四日一部周了成內之成內願旨者皇龍寺緣起法師爲內賜第一恩賜父願爲爲內弥第二法界一切衆生皆成佛欲爲賜以成賜乎經之成內法者楮根中香水散尒生長令內弥然後中若楮皮脫那脫皮練那紙作伯士那經寫筆師那經心匠那佛菩薩像筆師走使人那菩薩戒授令弥齊食弥右諸人等若大小便爲哉若臥宿哉若食喫哉爲者香水用尒沐浴令只但作作處中進在之經寫時中竝淳淨爲內新淨衣褌水衣臂衣冠天冠等庄嚴令只者二青衣童子灌頂針捧弥又青衣童子着四伎樂人等竝伎樂爲弥又一人香水行道中散弥又一人花捧行道中散弥又一法師香爐捧引弥又一法師梵唄唱引弥諸筆師等各香花捧尒右念行道爲作處中至者三歸依尒三反頂禮爲內佛菩薩華嚴經等供養爲內以後中坐中昇經寫在如經心作弥佛菩薩像作時中青衣童子伎樂人等除余淳淨法者上同之經心內中一收舍利尒入內如我今誓願盡未來所成經典不爛壞假使三灾破大千此經與空不散破若有衆生於此經見佛聞經敬舍利發菩提心不退轉修普賢因速成佛成檀越新羅國京師順ㅁ紙作人仇叱珍兮縣黃珍知奈麻經筆師武珍伊州阿干奈麻異純大舍今毛大舍義七韓舍孝赤沙弥南原京文英沙弥卽曉

---

11) 永泰二年銘石毘盧遮那佛造像記는 舍利盒의 몸통과 밑면에 새겨져 있으므로 (8가)와 (8나)로 나누어서 제시하였으며, 이두문의 판독은 남풍현(1988), 김성주・박용식(2015)의 것을 이용하였다. 특히 舍利盒 밑면의 판독은 후자의 것을 받아들였다.

韓舍高沙夫里郡陽純奈麻仁年韓舍屎烏韓舍仁節韓舍經心匠大京能吉奈麻于古奈麻佛菩薩像筆師同京義本韓奈麻丁得奈麻先得舍知豆烏舍經題筆師同京同智韓舍六頭品父吉得阿飡 (권10의 조성기)

(7) 經, 經師, 經寫筆師, 經心匠(2), 經典, 經題筆師, 經筆師, 灌頂針, 檀越, 梵唄, 法界, 法師(2), 菩薩戒, 菩提心, 普賢, 不退轉, 佛菩薩, 佛菩薩像(2), 佛菩薩像筆師, 舍利(2), 三歸依, 三災, 成佛(2), 緣起法師, 頂禮, 衆生(2), 靑衣童子(3), 筆師(2), 香爐, 香水(2), 香水行道, 香花, 華嚴經, 皇龍寺,

(8) 가. 永泰二年丙午七月二日 / 釋法勝法緣二僧并 / 內 奉過去为飞又易 豆溫哀 / 郎願为石毗盧遮邢佛 / 成內無垢淨光陀羅尼并 / 石南巖藪観音巖中 / 在內如 願請內者豆溫 / 愛郎靈神又易邢二僧ㅊ邢 / 若見內人邢向尔頂礼为邢 / 遙聞內邢随喜为內邢 / 影中逕類邢吹尔逕風 / 逕所方處一切衆生邢一切 / 皆三惡道業滅尔自毗盧 / 遮邢是ㅊ覺去世为尔誓 / 內之

나. 內物是在之 / 此者恳ㅊ恒性为 / 一二个反菓者大 / 弘病一無为趣丂

(9) 觀音巖(造像記), 無垢淨光陀羅尼(造像記), 毗盧遮那(造像記), 三惡道業(造像記), 石南巖藪(造像記), 石毗盧遮那佛(造像記), 随喜(造像記), 靈神(造像記), 頂禮(造像記), 衆生(造像記)

(6)과 (8)은 각각 新羅華嚴經寫經造成記과 永泰二年銘石毘盧遮那佛造像記의 전문이고, (7)과 (9)는 각각 이들에 실린 우리말 불교용어를 제시한 것이다. 新羅華嚴經寫經造成記에는 모두 34개의 우리말 불교용어를 얻을 수 있고, 그 중에서 중복된 불교용어는 經心匠(2), 法師(2), 佛菩薩像(2), 舍利(2), 成佛(2), 衆生(2), 靑衣童子(3), 筆師(2), 香水(2) 등 모두 9개이다. 永泰二年銘石毘盧遮那佛造像記에 실린 우리말 불교용어를 뽑아 보면 (9)에서 볼 수 있듯이

모두 10개의 우리말 불교용어를 얻을 수 있다. 이들 두 개의 이두 자료에서 뽑을 수 있는 우리말 불교용어 개수는 42개이며 이 중 중복된 불교용어 개수는 9개이다. 아래의 (10)은 두 개의 이두 자료에서 뽑은 불교용어의 용례이다.

(10) 經(造成記), 京師(造成記), 經寫筆師(造成記), 經心匠(2)(造成記), 經典(造成記), 經題筆師(造成記), 經筆師(造成記), 觀音巖(造像記), 灌頂針(造成記), 檀越(造成記), 無垢淨光陀羅尼(造像記), 梵唄(造成記), 法界(造成記), 法師(2)(造成記), 菩薩戒(造成記), 菩提心(造成記), 普賢(造成記), 不退轉(造成記), 佛菩薩(造成記), 佛菩薩像(2)(造成記), 佛菩薩像筆師(造成記), 毗盧遮那(造像記), 舍利(2)(造成記), 三歸依(造成記), 三惡道業(造像記), 三災(造成記), 石南巖藪(造像記), 石毗盧遮那佛(造像記), 成佛(2)(造成記), 隨喜(造像記), 緣起法師(造成記), 靈神(造像記), 頂禮(2)(造像記-造成記), 衆生(3)(造成記-造像記), 青衣童子(3)(造成記), 筆師(2)(造成記), 香爐(造成記), 香水(2)(造成記), 香水行道(造成記), 香花(造成記), 華嚴經(造成記), 皇龍寺(造成記)

앞에서 차자표기 자료의 판독은 『한국한자어사전』의 불교용어 증보 작업에서도 가장 기본적인 작업임을 강조하였는데, 이두 자료에서도 판독의 중요성은 여전히 가장 기본적인 것이다. 예를 들어 (9)에 제시된 永泰二年銘石毘盧遮那佛造像記의 이두는 몸통에 새겨진 이두에 대해서는 이견이 없지만 밑면에 새겨진 이두에 대해서는 이론의 여지가 있기 때문이다.[12] 그러므로 실제 이두 자료

12) 永泰二年銘石毘盧遮那佛造像記의 밑면에 대한 새로운 판독에 대해서는 김성주 · 박용식, 「영태2년명(永泰二年銘) 석비로자나불(石毘盧遮那佛) 조상기(造像記)에 대하여」, 『배달말』 56, 배달말학회, 2015를 참조할 것.

에 나오는 불교용어를 『한국한자어사전』에 등재하거나 뜻풀이에 보완하기 위해서는 판독 결과를 실제 이미지와 대조하는 절차가 반드시 필요하다.

이두 자료에서 뽑은 불교용어를 『한국한자어사전』에서 이용하는 절차와 방법은 향가의 경우와 같으므로 재론하지 않는다.

III. 구결의 불교용어

앞에서 향가와 이두에 쓰인 우리말 불교용어에 대해 살펴보았다. 여기서는 구결에 쓰인 불교용어에 대해서 살펴본다. 이 글에서 사용한 구결자료는 고려시대 석독구결 자료 중의 하나인 『화엄경』 권14이다.

앞서 언급한 바와 같이 우리말 표기에 쓰인 향가와 이두와는 한문을 쉽게 읽기 위해서 사용된 구결은 근본적으로 다른 성격의 자료이기 때문에 구결에 실린 불교용어도 향가·이두에 실린 불교용어과 동일한 방식으로 취급할 수는 없다.

우선 『華嚴經』 권14에서 불교용어를 뽑는 과정부터 살펴보자. 『화엄경』 권14는 주본 화엄경(80권본)의 제14 淨行品과 제15 賢首品의 전반부를 싣고 있는데, 이 글에서는 『華嚴經』 권14의 구결문을 모두 다루기에는 지면이 부족한 관계로 제14 淨行品 부분의 일부를 고찰의 대상으로 삼았다. 주본 화엄경의 정행품은 智首菩薩

의 20가지 물음과 이에 대한 대답으로 文殊菩薩의 141개의 게송을 주된 내용으로 하는데, 이 글에서는 문수보살의 게송 중 제1 게송부터 제26 게송을 대상으로 하였다. 아래의 (11)은 문수보살의 제1~26 게송의 전문이다.[13)]

(11) 佛子3 菩薩ㄱ 在家ソㄱㅣ十ㄱ 當ハ 願ロ尸入ㄱ 衆生ㄱ 知[3尒] 家性ラ 空ノㄱ入乙 免[支ヒ立ソ乂才ケ] 其 逼迫乙 / 孝事[ソ去ㄱㅣ十ㄱ] 父母乙 當ハ 願ㄱ入 衆生ㄱ 善支 事[ハ白3尒] {於}佛乙 護[ソ乎] 養[ソ乎ソヒ支立] 一切乙 / 妻子 集會ソ去ㄱㅣ十ㄱ 當 願 衆生 怨親 平等ソ3尒 永去 離[支ヒ支立] 貪著 / 若七 得[3ㄱㅣ十ㄱ] 五欲乙 當 願 衆生 拔除[ソ3ハ] 欲箭乙 究竟 安隱ソヒ支立 / 妓樂 聚會 當 願 衆生 以法自娛 了妓非實 / 若七 在[ソ去ㄱㅣ十ㄱ] 宮： 室：ノ令ラ十 當 願 衆生 入[ソ3尒] {於}聖地3十 永去 除[ヒ立] 穢欲乙 / 著[ソ去ㄱ] 瓔珞乙 時：十ㄱ 當 願 衆生 捨[ソロハ] 諸ㄱ 僞飾乙 到[ヒ立] 眞實處3十 / 上昇[ソ去ㄱㅣ十ㄱ] 樓閣3十 當 願 衆生 昇[ソ3尒] 正法樓3十 徹見[ソヒ立] 一切乙 / 若七 有[斗去ㄱㅣ十ㄱ] 所[乙] 施ノ尸 當 願 衆生 一切乙 能支 捨ソ3尒 心3十 無[ヒ立] 愛著ノ尸 / 衆會 聚集ソ去ㄱㅣ十ㄱ 當 願 衆生 捨[ソ3ハ] 衆ㄱ 聚七 法乙 成[リヒ立] 一切 智乙 / 若七 在[ソ去ㄱㅣ十ㄱ] 戹難3十 當 願 衆生 隨[ㅎ] 意乙 自在ソ3尒 所行 無[ヒ立] 礙尸 / 捨[ソ去ㄱ] 居家乙 時十ㄱ 當 願 衆生 出家ノ尸ム 無[3ハ] 礙尸 心3十 得[ヒ立] 解脫ノ尸入乙 / 入[ソ去ㄱㅣ十ㄱ] 僧伽藍3十 當 願 衆生 演說[ソヒ立] 種種七 無乖諍七

13) 음독구결이 주로 한자의 오른쪽에 현토된 구결만 있는 것과는 달리 석독구결은 한자의 오른쪽에 달린 구결도 있고(우토), 왼쪽에 달린 구결(좌토)도 있다. 이 글에서는 관례에 따라 한자의 왼쪽에 달린 구결 즉 좌토에 대해서는 '[3尒]'와 같이 대괄호를 이용하였다.

法乙 / 詣[𠂉ㄱ丨十ㄱ] 大小師ㄋ十 當 願 衆生 巧刂 事[八白ろ八] 師長乙 習行[ソㅌ立] 善法乙 / 求請[ソ𠂉ㄱ丨十ㄱ] 出家ノ尸入乙 當 願 衆生 得[ろホ] 不退法乙 心亠 無[ㅌ立] 障礙尸 / 脫去[ソ𠂉ㄱ丨十ㄱ] 俗服乙 當 願 衆生勤七 修[ろ八] 善根乙 捨[ソㅌ立] 諸罪七軛乙 / 剃除[ソ𠂉ㄱ丨十ㄱ] 鬚髮乙 當 願 衆生 永𠂉 離[支ロ八] 煩惱乙 究竟 寂滅ソㅌ立 / 著[ソ𠂉ㄱ丨十ㄱ] 袈裟衣乙 當 願 衆生 心ろ十 無[ろ八] 所[ろ] 染ノ尸 具[ㅎㅌ立] 大仙ㄋ 道乙 / 正七 出家ソ𠂉ㄱ 時ㆍ十ㄱ 當 願 衆生 同[ソろ八] 佛㣺 出家ソ㣺ㅎㄱㄋ十 救護[ソㅌ立] 一切乙 / 自[ノソㄱ] 歸[ソㄱ乙㣺] {於}佛乙 當 願 衆生 紹隆[ソろホ] 佛種乙 發[ソㅌ立] 無上意乙 / 自[ノソㄱ] 歸[ソㄱ乙㣺] {於}法乙 當 願 衆生 深刂 入[ソろ八] 經藏ろ十 智慧刂 如[支ソㅌ立] 海ヽ / 自[ノㅎㄱ] 歸[ソㄱ乙㣺] {於}僧乙 當 願 衆生 統理[ノ尸ム] 大衆乙 一切之七 無[ㅌ立] 礙尸 / 受[ソㅎ] 學[ソㅎソ𠂉ㄱ] 戒乙 時ㆍ十ㄱ 當 願 衆生 善支 學[ソろ八] {於}戒乙 不[ソㅌ立] 作[尸] 衆ㄱ 惡乙 / 受[𠂉ㄱ丨十ㄱ] 闍梨教乙 當 願 衆生 具足[ソろホ] 威儀乙 所行 眞實ソㅌ立 / 受[𠂉ㄱ丨十ㄱ] 和尙ㄋ 教乙 當 願 衆生 入[ソろ八] 無生智ろ十 到[ㅌ立] 無依處ろ十 / 受[𠂉ㄱ丨十ㄱ] 具足戒乙 當 願 衆生 具[ㅎろホ] 諸ㄱ 方便乙 得[ㅌ立] 最勝法乙

(11)에서 불교 관련 어휘를 뽑으면 아래의 (12)와 같이 모두 38개의 어휘를 얻을 수 있다.[14] 이 중에서 불교사전에 표재어로 등

14) 이 단계는 불교적 내용을 담고 있는 어휘의 선정부터 기본적으로 고려되어야 할 사항이 있다. 예를 들면 '佛'과 '佛㣺'를 모두 선정할 것인가의 문제, 첫 번째 게송에 쓰인 '在家ソ-'를 불교용어로 볼 것인지 아니면 단순히 '집에 있을 때'의 일반적인 의미로 볼 것인지의 문제 등 많은 문제가 제기될 수 있다. '在家ソ-'에 대해서는 후술 참조.

재된 어휘와 그렇지 않은 어휘를 가리면 각각 (12~14)와 같다.

(12) 袈裟衣, 經藏, 戒, 空ノ-, 具足戒, 大小師, 道, 無上意, 無生智, 煩惱, 法, 菩薩, 佛, 佛種, 闍梨敎, 善根, 善法, 僧, 僧伽藍, 愛著ノ-, 演說ㄟ-, 穢欲, 五欲, 欲箭, 一切智, 障礙, 在家ㄟ-, 寂滅ㄟ-, 正法樓, 衆生, 智慧, 眞實處, 最勝法, 出家ㄟ-, 貪著, 平等ㄟ-, 解脫ノ-, 和尙

(13) 經藏, 戒, 空ノ-, 具足戒, 道, 無生智, 煩惱, 法, 菩薩, 佛, 佛種, 善根, 善法, 愛著ノ-, 演說ㄟ-, 穢欲, 五欲, 欲箭, 一切智, 障礙, 在家ㄟ-, 寂滅ㄟ-, 正法樓, 衆生, 智慧, 眞實處, 出家ㄟ-, 貪著, 平等ㄟ-, 解脫ノ-, 和尙

(14) 가. 袈裟衣, 僧伽藍, 闍梨敎
나. 大小師
다. 無上意
라. 僧, 最勝法

(12)는 불교 관련 어휘를 모두 뽑은 것이며, (13)은 기존의 불교사전에 표제어로 제시된 불교 관련 어휘이다. (14)는 제시된 단어의 일부 구성원이 기존의 불교사전에 표제어로 제시된 예들인데 이들 중 (14가)는 제시된 단어의 일부 요소가 불교사전에 등재되어 있는 예들인데, '袈裟衣'는 '袈裟'가, '僧伽藍'은 '伽藍'이, '闍梨敎'는 '阿闍梨'가 표제어로 등재되어 있다. (14나)의 '大小師'는 '大師'와 '小師'가 각각 표제어로 등재되어 있기 때문에 불교용어로 간주하는 데 문제가 없다. (14다)의 '無上意'는 뜻풀이에 나오고 (14라)의 '僧'과 '最勝法'은 자체로는 표제어로 등재되어 있지 않지만 '僧'의 4가지 종류를 뜻하는 '四種僧'과 '最勝'을 제외한 '法'이 표제어로 등재되어 있는 경우이다. 따라서 (12)에 제시된 단어들은 (13)과

같이 불교사전에 표제어로 등재되어 있는 것과 (14)와 같이 표재어로 등재되어 있지는 않지만 모두 불교용어로 간주할 수 있는 예들이다.

그런데 구결에 쓰인 불교용어들을 이두나 향가에서 쓰인 불교용어와 동일하게 다룰 수는 없다는 점이 문제가 된다. 이두나 향가에서 쓰인 불교용어는 이두나 향가 자체가 우리말을 표기하기 위한 문자 체계이므로 당연히 여기에 쓰인 불교용어는 우리말 체계에 수용된 불교용어라고 할 수 있다. 그러나 구결은 한문을 쉽게 해독하기 위해 사용한 일종의 보조 문자이므로 구결문에 쓰인 불교용어 전부를 우리말 체계에서 사용한 불교용어라고 볼 수는 없다. 따라서 우리는 구결문에 쓰인 불교용어는 다시 우리말 불교용어인지 아닌지를 여과하는 작업을 거쳐야 한다.

구결에 쓰인 불교용어를 우리말 불교용어로 다루는 작업은 그 단어가 우리말 질서에서 얼마나 사용되었는지를 다각도로 따져 보아야 할 것이다. 이 작업은 그 어휘의 성격, 우리말 텍스트에서의 사용 정도, 빈도수 등 따져 보아야 할 사항이 많다고 생각된다. 그런데 구결에 쓰인 불교용어가 우리말 불교용어로 쓰였다고 확인할 수 있는 방법의 하나로 중세국어 자료인 간경도감판 불경 언해에 'NPᄒᆞ-'로 언해된 어휘들을 이용하는 방법이 있다. 불경 언해에 쓰인 'NPᄒᆞ-' 동사나 형용사들은 기본적으로 한문으로 된 불경을 당시의 우리말로 번역한 것으로 이해할 수 있으므로 불경 언해의 언해문에 쓰인 불교용어들은 기본적으로 우리말 불교용어들이라 할 수 있다.[15] 그것은 구결에 사용된 불교용어 중 'NPソ-'나 'NPノ-'

15) 그러나 불경 언해에 쓰인 불교용어들도 우리말 체계에 수용된 정도는 다르기 때문에 각각의 불교용어의 우리말 정도화를 판정하기 위해서는 여전

로 표기된 동사들을 불경 언해에서 검색하여 그 쓰임을 확인하는 방법이다.

(15) 가. 空丿-, 寂滅ソ-, 出家ソ-, 平等ソ-, 解脫丿-,
나. 在家ソ-,
다. 愛著丿-, 演說ソ-,

(15)는 (12)의 예 중에서 한자어 명사에 'ソ-'나 '丿-'가 현토된 것들인데, 이들이 불경 언해에서 'NP-' 동사로 번역되어 있고 번역된 횟수를 어느 정도 확보하고 있으면 기본적으로 우리말 불교용어로 볼 수 있다고 생각한다.

(16) 가. 이제 阿難 모미 空야 잇 업스리로다(則今阿難 身이 空야 無所在矣로다) 〈楞嚴3:45a〉
나. 부톄 一切法을 니시나 가 샹녜 寂滅시니 오직 부톄 말 업스샤 알면 어루 子期라 닐올 디니라(佛說一切法시나 湛然常寂滅니 但信佛無言이면 可稱爲子期니라) 〈金三4:35a〉
다. 淨飯王이 相 사 五百 大寶殿에 뫼호아 太子 뵈더시니 모다 보 出家시면 成佛시고 지븨 겨시면 輪王이 외시리로소이다(王召善相者五百人 於大寶殿令占太子 咸言出家成佛在家輪王) 〈釋詳3:1a〉
라. 平等慈 내 모매 平等 化야 뎌로 平等 施케 니 바배 平等니 法에 平等씨 能히 無量 功德을 일우 고디라(平等之慈 於己예 等心而化야 使彼로 等心而施케니 於食에 等者 於法에 亦等씨

히 다각도의 해석이 필요하다.

所以能成無量功德이라) 〈楞嚴1:33a〉

마. 내 佛眼으로 三界엣 一切 諸法을 다 보니 無明ㅅ 根源이 性이 本來 解脫ᄒᆞ야 十方애 求ᄒᆞ야도 곧 몯 어드리로다 根源이 업순 젼ᄎᆞ로 가지와 닙괘 다 解脫ᄒᆞ며 無明이 解脫ᄒᆞᆫ 젼ᄎᆞ로 老死니르리다 解脫ᄒᆞ니라(我以佛眼遍觀三界一切諸法 無明本際性本解脫 於十方求了不能得 根本無故 所因枝葉皆悉解脫 無明解脫故 乃至老死皆得解脫) 〈釋詳23:17a〉

(16)에서 '空ᄒᆞ-, 寂滅ᄒᆞ-, 出家ᄒᆞ-, 平等ᄒᆞ-, 解脫ᄒᆞ-' 들이 불경 언해에서 쓰인 용례를 볼 수 있는데, '空ᄒᆞ-'는 『능엄경언해』에만 25개, '寂滅ᄒᆞ-'는 『원각경언해』에만 22개, '出家ᄒᆞ-'는 『능엄경언해』에만 19개, '平等ᄒᆞ-'는 『능엄경언해』에만 15개, '解脫ᄒᆞ-'는 『능엄경언해』에만 16개가 사용될 정도로 불경 언해에서 활발하게 사용되고 있기 때문에 이 단어들은 우리말 불교용어로 사용되고 있다고 볼 수 있다.

(15나)의 '在家ᄒᆞ-'의 경우는, (17)과 같이 『월인석보』, 『법화경언해』, 『육조법보단경언해』에 각각 1개씩의 용례를 가지고 있으나, 쓰인 용례들을 살펴보면 우리말 불교용어로 정착되었다고 보기 어려운 측면이 있다.

(17) 가. 藥王아 만히 사ᄅᆞ미 在家커나 出家커나 菩薩道ᄅᆞᆯ 行호ᄃᆡ ᄒᆞ다가 이 法華經을 보며 드르며 닐그며 외오며 써 디녀 供養 몯ᄒᆞ면 반ᄃᆞ기 알라 이 사ᄅᆞ미 菩薩道ᄅᆞᆯ 이대 行티 몯고 ᄒᆞ다가 이 經典을 드르니ᅀᅡ 菩薩道ᄅᆞᆯ 이대 行호미라(藥王아 多有人이 在家出家애 行菩薩道호ᄃᆡ 若不能得見聞讀誦書持供養是法華經者ᄂᆞᆫ 當知是人은 未善行菩薩道ㅣ오 若有得聞是經典者ㅣᅀᅡ 乃能善行菩薩之道ㅣ니라) 〈月釋15:51b〉

나. 또 文殊師利여 菩薩摩訶薩이 後 末世 法 滅호려 홀 쩨 이 法華經 디닐 싸르믄 在家커나 出家커나 사름 中에 大慈心을 내오 菩薩 아닌 사름 中엔 大悲心을 내야(又文殊師利여 菩薩摩訶薩이 於後末世法欲滅時예 有持是法華經者는 於在家出家人中엔 生大慈心ᄒᆞ고) 〈法華5:51a〉

다. 나 간 七十年에 두 菩薩이 東方으로서 와 ᄒᆞ나흔 出家ᄒᆞ고 ᄒᆞ나흔 在家ᄒᆞ야 ᄒᆞᆫ 쁴 敎化ᄅᆞᆯ 니르와다 내 宗을 셰여 伽藍을 ᄆᆡᆼᄀᆞ라 法 니소미 盛ᄒᆞ리라(吾去七十年에 有二菩薩이 從東方來ᄒᆞ야 一은 出家ᄒᆞ고 一은 在家ᄒᆞ야 同時興化ᄒᆞ야 建立吾宗ᄒᆞ야 締緝伽藍ᄒᆞ야 昌隆法嗣ᄒᆞ리라) 〈육조下67a-5〉

(18) 가. 善知識아 ᄒᆞ다가 修行코져 홀뗸 지븨 이셔도 또 得홀 디라(師ㅣ 言ᄒᆞ샤ᄃᆡ 善知識아 若欲修行인댄 在家ᄒᆞ야도 亦得이라) 〈육조上115a-6〉

나. 또 묻ᄌᆞ오ᄃᆡ 지븨 이셔 엇뎨 修行ᄒᆞ리잇고(又問ᄒᆞᅀᆞ오ᄃᆡ 在家ᄒᆞ야 如何修行ᄒᆞ리잇고) 〈육조上115b-2〉

(17)과 (18)을 보면 모두 『육조법보단경언해』의 원문이 '在家'일 경우에도 (17다)에서는 '在家ᄒᆞ-'로 언해되었고, (18가, 나)에서는 각각 '지븨 이셔도, 지븨 이셔'로 언해된 것을 볼 수 있다. 그리고 '在家ᄒᆞ-'로 언해된 (17)의 예들은 모두 '在家ᄒᆞ-'가 '出家ᄒᆞ-'와 對句로 쓰인 문맥임을 알 수 있다. 한문 원문에서 '出家'와 對句로 쓰인 '在家'가 언해문에서 '在家ᄒᆞ-'로 번역되고 있어 대구가 되는 '出家ᄒᆞ-'의 영향을 받은 것이 아닌가 한다. 그리고 이런 경우라면 비록 불경 언해에 '在家ᄒᆞ-'가 쓰였다 하더라도 이를 근거로 '在家ᄒᆞ-'가 우리말 불교용어로 사용되었다고 볼 수 없다.

(15가)와 (15나)는 우리말 불교용어의 범주에서 논의할 수 있는 것임에 비하여 (15다)의 '演說ㅆ-'는 우리말 불교용어의 대상이 아니다.[16] 이는 구결에서 '演說ㅆ-'로 현토되었다 하더라도 불경 언해에서는 '演說ᄒᆞ-'로 해석되지 않고, '펴 니ᄅᆞ-'로 번역되었기 때문이다.

(19) 가. ᄯᅩ 보ᅀᆞ오ᄃᆡ 諸佛聖主師子ㅣ 經典이 微妙第一을 펴 니ᄅᆞ샤ᄃᆡ(又覩諸佛聖主師子ㅣ 演說經典이 微妙第一ᄒᆞ샤ᄃᆡ) 〈法華1:69〉

나. 그ᄢᅴ 부톄 겨샤ᄃᆡ 號ㅣ 日月燈明如來 應供 正徧知 明行足 善逝 世間解 無上士 調御丈夫 天人師 佛 世尊이러시니 正法을 펴 니ᄅᆞ샤ᄃᆡ 初善 中善 後善이러시니(爾時예 有佛ᄒᆞ샤ᄃᆡ 號ㅣ 日月燈明如來應供正徧知明行足善逝世間解無上士調御丈夫天人師佛世尊이러시니 演說正法ᄒᆞ샤ᄃᆡ 初善中善後善이러신 〈法華1:89〉)

(19)를 보면 불경의 한문 원문이 '演說'인 경우에도 불경 언해에서는 '演說ᄒᆞ-'가 아닌 '펴 니ᄅᆞ-'로 언해된 것을 볼 수 있다. 따라서 이런 경우에는 구결에서 '演說ㅆ-'로 현토되었다고 하더라도 언해에서는 '演'과 '說'을 각각 따로 번역한 것을 확인할 수 있으므로 여기에 사용된 '演說'을 우리말 불교용어로 볼 수는 없다.

---

16) '愛著ノ-'는 불경 언해에서 '愛着ᄒᆞ-'로 번역되지만 용례가 적어서 여기서 논의하지 않는다. 아래에 '愛着ᄒᆞ-'가 불경 언해에 쓰인 예를 제시한다.
相互妙德을 다 기리ᅀᆞ오샤ᄆᆞᆫ 녜 愛着ᄒᆞ던 거시 다 幻惑인 ᄃᆞᆯ 기피 아ᄅᆞ시니라(歷讚相好妙德者ᄂᆞᆫ 深悟昔所愛著이 皆幻惑也ㅣ라) 〈法華7:148〉

IV. 결 론

지금까지 『한국한자어사전』의 불교용어를 향가, 이두, 구결 등 차자자료에서 보완할 수 있는 방법에 대해 알아보았다. 앞서의 논의를 요약하면 아래와 같다.

첫째, 신라나 고려시대의 향가, 이두, 구결 등 차자 자료가 많지 않은 실정이므로 이들은 모두 『한국한자어사전』의 우리말 불교용어 보완 작업에 반영할 필요가 있다.

둘째, 향가나 이두는 우리말 표기를 위해 사용된 차자표기이므로 이들 자료에 사용된 불교용어는 우리말 불교용어로 간주할 수 있다.

셋째, 구결에 사용된 불교용어는 향가 · 이두에 사용된 불교용어와는 달리 이들을 모두 우리말 불교용어로 볼 수 없다. 따라서 구결에 사용된 불교용어는 이들이 우리말 불교용어인지 아닌지 여과하는 방법을 개발하는 작업이 필요하다. 이러한 방법의 하나로 불경 언해에서 'NP ᄒᆞ-'로 언해된 어휘를 우리말 불교용어로 판정하는 것이 하나의 방법이 될 수 있다.

〈참고 문헌〉

김성주, 「보현행원품과 균여 향가」, 2011년 여름 구결학회 학술대회 발표논문집, 2011.

김성주, 「주본화엄경 권 제14의 현대역에 대하여」, 2013년 여름 구결학회 학술대회 발표논문집, 2013.

김성주, 「『東大寺 華嚴經』의 신라 구결과 고려 석독구결의 비교 연구」, 2015년 구결학회 학술대회 발표논문집, 2015.

김성주 · 박용식, 「영태2년명(永泰二年銘) 석비로자나불(石毘盧遮那佛) 조상기(造像記)에 대하여」, 『배달말』 56, 배달말학회, 2015.

김지오, 「均如傳 鄕歌의 解讀과 文法」, 동국대학교 박사학위논문, 2012.

남풍현, 「永泰二年銘 石造毘盧遮那佛 造像記의 吏讀文 考察」, 『新羅文化』 5, 동국대학교 신라문화연구소, 1988.

남풍현, 「신라(新羅) 화엄경(華嚴經) 사경(寫經) 조성기(造成記)의 해독(解讀)」, 『古文書硏究』 2: 1, 한국고문서학회, 1992.

남풍현, 『吏讀硏究』 태학사, 2000.

박찬규, 「『한국한자어사전』에 수용된 이두 · 구결 · 차자어의 구성과 출전 문헌」, 『東洋學』 52, 단국대 동양학연구원, 2012.

안정희, 「참회업장가」, 2010년 구결학회 월례발표회 발표요지, 2010.

이건식, 「『華嚴經傳記』 德圓傳과의 내용 비교를 통한 「新羅華嚴經寫經造成記」 語彙의 해독 재고」, 『구결연구』 29, 구결학회, 2012.

이선이(태경), 「均如 향가에 나타난 澄觀의 영향」, 『普照思想』 34, 보조사상연구원, 2010.

池炯律, 칭찬여래가(稱讚如來歌), 『문학미디어』 15, 문학미디어사, 2009.

사전류 :

望月信亨 編, 『(望月)佛敎大辭典(增訂版)』 東京: 世界聖典刊行協會. 1967/1980.

佛光大辭典編修委員會 編, 『佛光大辭典』 台北: 佛光出版社 1989.

李智冠 編著, 『(伽山)佛敎大辭林』, 서울: 伽山佛敎文化硏究院, 1998.

[*이 글은 단국대학교 동양학연구원 학술지 『동양학』 63집(2016.4.30)에 수록된 것이다. 이후 동양학연구원 사전학총서 5집 간행의 취지에 부응하여 재수록하였다.]

釋讀口訣 자료와 『韓國漢字語辭典』*

이 병 기

Ⅰ. 서 론

이 논문의 목적은 '한국한자어사전 증보편찬 방향의 모색'이라는 공동 주제 아래 석독구결 자료에 나타나는 '한국한자어'를 『한국한자어사전』에 반영하는 방안에 대하여 논의하는 것이다. 구체적으로는 거시구조 차원에서 석독구결 자료에 담긴 어휘 중 '한국한자어'의 범위에 포함되는 어휘는 어떠한 것들이 있는지 고찰하고 미시구조 차원에서 이들에 대한 정보는 어떻게 제시되어야 하는지를 고찰하고자 한다.

이러한 고찰을 위해서는 먼저 한국한자어가 무엇이고 이 범주에 과연 구결자 및 석독 한자들이 포함되는지에 대한 논의가 필요하다. 하지만 이미 편찬된 『韓國漢字語辭典』의 증보편찬 방향을 논의하는 이 논문의 성격상 '한국한자어'가 무엇이냐를 본격적으로

* 이 논문은 제7회 동양학연구원 사전학 학술회의(2015.10.23)에서 발표한 내용을 보완한 것이다.

논의하는 것은 어울리지 않는다. 따라서 『韓國漢字語辭典』 편찬 당시에 규정한 '한국한자어'의 개념과 범주를 분석하고 이 틀에 따라 석독구결 자료를 고찰하기로 한다.

이에 대한 이전의 연구는 『한국한자어사전』에 구결자가 어떻게 반영되었는가를 소개한 박찬규(2012)가 있는데 『한국한자어사전』이 편찬될 당시에는 아직 석독구결 자료에 대한 연구가 시작 단계였기 때문에 이들 자료가 논의에 아예 포함되지 않았다. 따라서 이 논문에서는 먼저 석독구결 자료를 소개하고 이들 자료에 나타나는 한자어의 특성을 분석하여 『韓國漢字語辭典』에서 규정한 '한국한자어'의 범주에 어떻게 반영할 것인지를 논의해 나가기로 한다.

II. 석독구결 자료 소개

구결은 한문 원문을 해독할 때 그 의미나 문법적 관계를 표시하기 위해 한문 어구 사이에 덧붙이는 우리말 조사나 어미와 같은 요소를 말하는 것인데 구결 자료라 함은 이러한 구결이 달린 한문 경전을 지칭한다고 할 수 있다. 그리고 구결 자료 중 석독구결 자료는 이 한문 경전을 좀더 우리말에 가깝게 그리고 정확하게 읽어내고자 하는 노력의 소산이었다고 할 수 있다. 이렇게 한문 경전을 모태로 한 석독구결 자료는 엄밀한 의미에서 한국한자어와 무관하다고 할 수도 있다. 그러나 후술하겠지만 한국한자어를 어떻게 보는지에 따라 석독구결 자료에 담긴 많은 한자 및 구결자들이『한국한자어사전』의 직접적인 기술 대상이 될 수 있다. 실제로『한국한자어사전』에는 구결을 한국한자어의 범주에 포함하여 다루고 있다.

먼저 지금까지 알려진 석독구결 자료에 대하여 간단하게 소개하기로 한다.[1] 구결은 신라 義湘(625~702)이 활동하던 시대부터 발달된 것으로 보이는데(남풍현 1988, 정재영 2006: 127-8), 유형별로 분류하면 점토(부호, 각필) 구결과 자토(문자) 구결로 나누고 각각을 다시 석독구결과 음독구결로 나눌 수 있다. 남풍현(2003), 장윤희(2004, 2006), 백두현(2005), 정재영(2006) 등은 석독구결 자료가 10세기 중반부터 13세기 후반까지의 자료이지만 반영되어 있는 언어 현상은 아주 보수적이어서 이전 시기의 향가나 이두와 표기 양상 및 언어 사실이 유사하고 석독구결 이후의 음독구결이나 언해 자료에 나타나는 양상과는 다르다는 점을 강조하고[2] 석독구결 자료를 고대국어 자료로 간주하고 있다. 석독구결 자료의 현황을 보이면 다음과 같다.

---

1) 석독구결 자료에 대한 소개는 이병기(2014)에서 서술한 내용을 약간 보완한 것이다.

2) 정재영(2006: 154-5)은 15세기에도 석독구결의 흔적이 남아있는 자료가 있다는 것을 지적하였다. 예를 들어 화엄사판『父母恩重經』(1441, 불갑사 소장)은 음독구결이 주로 기입되어 있지만 부분적으로 석독구결의 흔적도 남아 있다고 한다. 하지만 이러한 자료는 말 그대로 흔적이고 석독구결 자료에서 보이는 언어 사실이 그 이후의 자료에서 보이는 언어사실과 대별된다는 설명을 반박할 수 있는 정도는 아니다. 그런데 정재영 외(2016)에서는 조선초기 석독구결 자료에 대하여 적극적으로 소개하고 있어 이에 대한 체계적인 검토가 이루어져야 하겠다.

먼저 자토석독구결 자료 현황이다.

〈표 1〉 자토석독구결 자료

문헌명(판본)	약호	시기[3]	영인	비고
釋華嚴教分記		10세기 중엽. 均如(923~973)		2문장
大方廣佛華嚴經疏 卷35	華疏	12세기 초기//11세기말내지12세기초//11세기말~12세기초//12세기 중엽 혹은 그 직후//12세기	남권희 (2002)	
大方廣佛華嚴經 卷14	華嚴	12세기 중기//12세기 중엽//12세기 중후반//12세기말에서 13세기초 //12세기 후반에서 13세기 초	구결연구1	
舊譯仁王經 卷上	舊仁	13세기 후기//13세기 중엽//12세기 중엽 이후//13세기 중엽 이후//13세기	구결연구2	5장 낙장본
(合部)金光明經 卷3	金光	13세기 중기 이후[4]//13세기 초엽 //13세기 중엽//13세기 중엽 이후 //13세기		각필, 유가 계열
瑜伽師地論 卷20	瑜伽	13세기 후기//13세기 후반//13세기 후반//석독구결엽//13세기 후반	남풍현 (1999)	再雕大藏經
慈悲道場懺法 卷4	慈悲	13세기		卷4 殘片

3) 시기는 기본적으로 구결 기입 시기를 말한다. 안병희(1992)에서 소개하고 있는 『釋華嚴教分記』를 제외하고 시기 추정은 남권희(1997)//남풍현(1998)//장윤희(2004)//백두현(2005)//정재영(2006) 순으로 제시하였다. 그리고 『慈悲度量懺法』은 남권희·남경란(2016)의 견해만을 제시하였다. 남권희·남경란(2016)은 이 문헌의 구결이 『大方廣佛華嚴經疏 卷35』와 같이 정밀하다는 것과 구결자의 쓰임 등을 보여주었는데 앞부분에서 설명한 '자비도량참법'의 여러 판본과 연결하여 설명하지 않아 더 구체적인 시대 세분에 대한 정보는 없어 발표 제목에서 밝힌 13세기를 따랐다.

4) 남권희(1997)은 『(합부)금광명경』 권3 중에서 필체가 다른 앞뒤는 吐의 기입 연대를 13세기 중기라고 추정하고 있다.

다음은 정재영(2006), 장경준(2008)을 바탕으로 점토석독구결 자료를 정리한 것이다.

〈표 2〉 점토석독구결 자료

문헌	소장처	영인	비고
晉本華嚴經 卷20[5]	성암고서박물관	이승재 외(2009a)	
周本華嚴經 卷6	성암고서박물관	이승재 외(2006b)	국보230호 木版卷子本
周本華嚴經 권22	성암고서박물관	이승재 외(2009a)	
周本華嚴經 권31	호림박물관	이승재 외(2009b)	
周本華嚴經 권34	호림박물관	이승재 외(2009b)	
周本華嚴經 권36	성암고서박물관	정재영 외(2003) 이승재 외(2006a)	국본204호 木版卷子本
周本華嚴經 권57	성암고서박물관	이승재 외(2006b)	
瑜伽師地論 권3	호림박물관		
瑜伽師地論 권5	성암고서박물관	이승재 외(2005)	
瑜伽師地論 권8	성암고서박물관	이승재 외(2005)	
合部金光明經 권3			卷子本을 線裝本으로 改裝
法華經 권1	연세대박물관		

이 외에도 정재영(2006)에서는 다양한 형태의 구결이 섞여, 석독구결 자료라고 하기는 어려운 기타 점토(부호) 구결을 여러 편 소개하였으며 2015년 구결학회 여름 전국학술대회에서는 새로 소개된 구결 자료들에 대하여 검토하였다. 그리고 정재영·안대현·하정수(2016)에서는 고려시대 자토석독구결 자료로 南禪寺 소장

5) 정재영(2006: 151)에 따르면 13장 17행 위의 欄上에 원문의 내용을 수정하여 묵서로 기입한 "有本云 衆生ラ 身ヒ 中ㄋ十"와 같은 자토 석독구결이 있다.

『四分律』 권40과 조선초기 자토석독구결 자료로 원각사 소장 『法華經』과 『圓覺經』 몇 권을 소개하였다.

이들 석독구결 자료 중 『한국한자어사전』의 대상이 될 수 있는 것은 일차적으로 자토석독구결 자료라고 할 수 있다. 〈표 1〉에서 『釋華嚴敎分記』와 아직 본격적으로 연구되지 않은 『慈悲度場懺法』을 제외한 5종의 고려시대 자토석독구결 자료를 대상으로 이후의 논의를 진행하기로 한다.

석독구결 자료에 나타나는 구결자들의 구체적인 양상에 대한 설명은 생략하기로 하고 대표적인 몇몇 글자들에 대해서는 후술하기로 한다. 다만 석독구결 자료에 나타나는 석독 한자어와 약체 구결자가 『한국한자어사전』의 증보 편찬과 관련한 논의의 직접적인 관심의 대상이 되며, 석독구결 자료의 원전이 우리나라에서 읽힌 초기 한문 경전이라는 점에서 이들 자료에 나타나는 한자어 자체도 『한국한자어사전』의 편찬과 증보에 있어서 이차적인 관심의 대상이 될 수 있다는 것을 강조하고 다음 논의로 이어가기로 한다.

III. 한국한자어의 범위와 『韓國漢字語辭典』

『韓國漢字語辭典』(1992) 序文에는 다음과 같이 기술되어 있다.

> 『漢韓大辭典』은 韓·中·日 각국에서 통용되는 漢字 語彙를 포괄적으로 수용하되 우리 조상들이 고유하게 만들어 써 온 이른바 國字

및 韓國 固有 漢字 語彙를 수집 정리하기로 하였다. 이렇게 하기 위해서는 漢字 文化圈에서 쓰는 공통적인 漢字 및 어휘는 주로 국내외의 旣成 辭典을 널리 활용하되 검토 정리하여 취사선택하는 작업을 추진하는 한편, 기성 辭典에 빠진 어휘를 조사 정리함과 아울러 한국의 고전 문헌 중에서 한국인만이 독특하게 써 내려온 漢字 어휘를 그 出典과 함께 채록 정리하는 작업이 보태어져야 하였다. / 이번에 출간하는 『韓國漢字語辭典』은 곧 한국어 고전 문헌에서 한국인이 독특하게 써 내려온 어휘만을 뽑아 엮은 것이다. 그것이 비록 『漢韓大辭典』의 한 부분에 불과한 것이라 할지라도, 내용면에서는 그 핵심이 되는 부분이므로, 편찬 작업 전과정에 있어서 인력과 시간과 정성이 가장 집중적으로 담긴 부분이라 하겠다. / (중략) 여기에 수용된 漢字는 韓國 漢字語와 관련된 漢字로 제한하고, 그 字解도 漢字語의 語義 풀이와 관련되는 범위에 한정하였다. 한국 특유의 國字는 수백 자 정도 정리하여 수용하였고, 기존 漢字라도 다른 音・義로 사용된 借用語의 例가 없지 않아서, 그런 경우 國音・國義라 하여 본래의 音・義와 구별하여 수용하기로 하였으며, 한국 고래의 이두와 구결도 가능한 한 모두 취합하여 수록하였다.

이를 보면 『한국한자어사전』의 성격에 대하여 어느 정도 파악을 할 수 있는데 기본적으로 우리 조상들이 고유하게 만들어 써 온 이른바 國字 및 韓國 固有 漢字 語彙를 한국 한자 및 한국 한자어로 보고 있다. 그런데 음과 뜻이 원래 한자와 다른 경우 國音, 國義로 구분하여 이들 글자도 한국 한자(어)에 포함시켰으며 이의 연속선상에서 이두와 구결도 포함하고 있다는 것을 알 수 있다.

한자는 형태, 의미, 소리가 복합되어 있다. 셋 모두 새롭게 한국에서 만들어진 한자는 물론이고 이들 중 하나라도 한국에서 새롭게 됐다면 한국 한자의 범주에 포함시킬 수 있을 것이다. 그리고 이들이 포함된 한자어 역시 한국한자어로 볼 수 있을 것이다. 그렇기 때문에 『한국한자어사전』에서도 이두, 구결, 차자어를 포함시켰다고 생각한다. 예를 들어 표제어 '伊'가 포함된 한자어로 '伊阝大阝'이 있는데 '伊阝大阝'은 '인댄'으로 읽히는 구결 표기이다. '伊'와 '大'는 본래의 의미와 관련이 없고 '阝'은 의미뿐만 아니라 형태도 '隱'의 왼쪽 부분만을 취하여 크게 변하였다.

이러한 『한국한자어사전』의 편찬 태도를 본다면 석독구결 자료에 나타나는 많은 글자와 단어가 『한국한자어사전』에 녹아들어 있을 것이 예상이 된다. 박찬규(2012: 215-6)에 따르면 『한국한자어사전』에 실린 이두 · 구결 · 차자어는 4,475개로 총 89,705개 단어의 약 5%를 차지한다. 그리고 이두 · 구결 · 차자어 중에 구결은 7.79%에 해당하는 349개의 단어가 실려 있다. 그리고 구결어를 이용한 출전문헌을 다음과 같이 소개하였다.

1 古今釋林(1건)	9 吏讀便覽(5건)
2 農圃集(1건)	10 吏文襍例(1건)
3 大明律直解(3건)	11 壬辰狀草(1건)
4 童蒙先習(60건)	12 正俗諺解(38건)
5 審理錄(1건)	13 朱子增損呂氏鄕約諺解(19건)
6 龍飛御天歌諺解(24건)	14 註解語錄總覽, 吏文語綠(2건)
7 儒胥必知(2건)	15 地藏菩薩本願經(226건)
8 義禁府謄錄(1건)	16 豐基境淸禪院慈寂禪師凌雲塔碑(1건)

이를 보면 전체 16종 문헌에서 386건의 전거 자료를 채록한 것을 알 수 있다. 그런데 이들 문헌은 조선시대에 간행된 이두 자료나 간단한 음독구결이 달려 있는 것들이다. 그리고 석독구결 자료

가 전혀 포함되어 있지 않았다. 이는 석독구결 자료인『구역인왕경』발견 이후 축적된 구결에 관한 연구 성과가『한국한자어사전』에 거의 반영되어 있지 않다는 것을 말해 준다.

윤승준(2012: 154-7)에 따르면 사전 작업이 1978년에 시작되었으나 첫 권의 출간이 1988년으로 계획되었던『한국한자어사전』이 2차에 걸친 편찬 계획의 수정을 거치면서 1992년에 가서야 비로소 출간되었다고 한다. 口訣硏究會가 1987년에 결성되고 1990년부터 매월 강독회를 열게 된 것을 생각하면『한국한자어사전』에 구결에 대한 연구 성과가 반영 안 된 사정이 이해가 된다.

이제 구체적으로 각 한자의 집필 양상을 살펴봄으로써 석독구결 자료에 나타나는 한자 어휘와 구결자에 대한 정보가 얼마나 포함되어 있는지 살펴보기로 한다. 대표적으로 '是'를 대상으로 하는데 '是'는 석독구결 자료에서 한자 어휘로서 가장 높은 빈도로 나타나며[6] 그 자체가 약체자 '丶'로 음독구결자료에서 구결자로도 사용되는 것이기도 하다.

〈표 3〉 '是'의 집필 양상(2권 740-753)

是 이 시 [吏讀] -이. 주격을 나타내는 토. ≪大明律, 名例律, 稱與同罪, 直解≫ 凡與同罪人是當死爲在乙良 … [是加尼 이더니] [吏] -이더니. 是等尼. (용례) [是加喩 이던디] [吏] -이던지, -이든지. 是等喩. (용례) [是加隱喩 이던디] [吏] "是加喩"와 같다. (용례) … [是遣 이고] [吏] -이고. 以遣, 只遣 (용례)

6) 석독구결 자료에 나타나는 어휘의 빈도별 양상은 4장에서 소개된다.

> …
> [是尼 이니] 回 -이니. 伊尼. ≪童蒙先習, 君臣有義≫ 雖然是那, 吾君不能乙, 謂之賊是尼. ≪吏讀便覽≫ 是尼 이니.
> …

'是'의 집필 양상을 보면 먼저 '是'의 훈과 음을 제시한 뒤 이두로 주격조사로 쓰임을 밝히고 있다. 그리고 이어서 '是'가 포함된 '한국한자어'의 예로 200개 가까이 정리하고 있다.[7] 가장 먼저 눈에 띄는 것은 이두 용법으로 주격을 나타내는 토로만 제시한 뒤 이어지는 한자어들은 모두 서술격조사로 사용된 예들이라는 점이다. 구결이나 이두에서 문법형태로 제시되는 것들은 한국어의 교착성을 그대로 가지고 있는 것이므로 '是'가 무엇으로 사용되었는가라는 질문에 주격조사와 서술격조사로 사용되었다는 정보가 제일 위에 제시될 것이 예상되는데 실제로는 뒤에 다른 형태가 덧붙지 않은 주격조사로서의 정보만 제시하였다.

그런데 석독구결 자료에 나타나는 '是'를 고려하면 더 많은 정보가 빠져 있다는 것을 알게 된다. 석독구결 자료에서는 '是'가 단독으로 사용되는 경우로 지시사 '이'를 나타내었다.

(1) 가. {此}刂 菩薩𠃍 <u>{是}刂 事</u> 有七𠃍入⺌ 故支 {是}刂 事 有七㢱 〈화소01:04-05〉

나. <u>{是}刂乙 名下</u> 菩薩摩訶薩尸 九 第七 持藏氵ノ𢒠𠂇丨 〈화소24:16〉

나'. <u>是乙 名下</u> 說法三昧七 力氵ノ𢒠𠂇丨 〈화엄20:15〉

7) 이렇게 많은 예를 들고 있음에도 불구하고 [是尼 이니] 항목의 용례에 포함되어 있는 '是那'는 따로 등재되어 있지 않아 현재의 틀을 유지한다 하더라도 수정이 필요하다.

다. {是}刂 如支丷1 一切乙 皆七 能支 現ㅎ卜ㅎ1入1 海印 三昧七 威神七 力刂ナ丨
〈화엄15:02〉

다'. 是 如支丷1 十種乙 名下 內外乙 依丷1 生圓滿亠ノオ丨
〈유가03:18-19〉

(1 가)를 보면 是가 전훈독자로 쓰여[8] 뜻인 '이(刂)'로 읽게 된다. 『화엄경소』는 원래 한문으로 된 중국 불경이지만 구결을 통해 우리말에 가깝게 읽게 된 구결 자료 『화엄경소』는 우리 문헌이라고 할 수 있으며 전술했듯이 이 문헌에서 형태, 뜻, 소리에서 한국화한 요소가 있다면 한국한자어의 범주에 포함된다고 할 수 있다. 따라서 '是'에 대하여 석독구결 자료에서 지시사 '이'로 사용되었다는 정보가 사전에 담겨야 할 것이다. 혹시 (1 가)의 예가 '是'의 예가 아니고 '{是}刂'의 용례라고 볼 수도 있는데 (1 나)와 (1 나')의 비교 (1 다)와 (1 다')의 비교를 통해 '是'가 후행하는 '刂' 없이도 '이'로 읽힌다는 것을 알 수 있으며 이들의 '是'는 '이'로 읽히는 글자라는 것을 알 수 있다.

(1)을 통해 구결자와 관련하여 더 생각할 것은 구결자 '刂'를 표제 한자에 포함시킬지, 원자인 '伊'에 포함시킬지, 아니면 엄밀한 의미에서 한자가 아니므로 제외할 것인지에 대한 고려이다. 현재 『한국한자어사전』에서는 '伊'에 대하여 "國義 우리말의 조사 "ㅣ"의 음차(音借)로 쓰이는 글자. ≪行用吏文≫ 伊, 南克寬曰, 我國物名終於必有伊字, 如漢語兒字. 高麗史云, 方言, 呼猫高伊, 今猶然. 但

8) 전훈독자는 한자를 뒤의 구결자로 읽어 결국에는 한자를 우리말로 읽게 되는 글자를 말하며 전사하면서 '{ }'로 표시하였다.

聲稍疾, 合爲一字."라는 정보를 제공하고 있다. 이두로 쓰일 때 그 기능적 설명과 이에 대한 전거에 대한 문제는 차치하기로 하고 구결자 '刂'에 대한 정보가 전혀 없다. 아래 제시된 한국한자어로 '伊ㅅ(羅)', '伊ㅜ' 등의 예를 고려했을 때 구결자 '刂'에 대한 정보가 빠진 것은 체계적이라고 할 수 없다.

종합적인 고찰이 더 필요하겠지만 '刂'의 원자가 '伊'가 확실하다는 전제 아래 표제항 '伊' 아래 '刂'에 대한 정보가 포함되어 지시사, 서술격 조사, 주격 조사 등의 용법이 유기적으로 제공되도록 하는 것을 원칙으로 하여 그 방안을 강구하여야 할 것으로 생각한다. 또한 『한국한자어사전』에서 '去乃'에 대하여 이두와 구결을 일반 사전에서 다의어를 제시한 것처럼 구분한 바와 같이[9] 일반 한자로서의 용법, 구결에서의 용법, 이두에서의 용법이 모두 함께 제시되어야 할 것이다.

다음 장에서는 석독구결 자료에 나타나는 한자 어휘들을 출현 빈도순으로 그 용법을 분석하여 제시함으로써 이후 석독구결 자료에 나타나는 어휘들을 『한국한자어사전』에 추가할 경우 참고가 되도록 하고자 한다.

---

9) 박찬규(2012: 216)에 따르면 이두와 구결의 겸용 사례로 '乙良(으란)', '去乃(이두 - 거나, 구결 - 커나)'를 들고 있다.

IV. 고빈도 석독구결 어휘 분석

이 장에서는 석독구결 자료에 나타나는 한자 어휘들의 출현 빈도를 조사하고 각 어휘별로 용법 및 출현 양상을 제시하고자 한다.[10] 출현 빈도를 파악하는 것은 빈도가 높을수록 많이 사용된 어휘임을 나타내고 이들을 우선적으로 사전에 담아야 하기 때문이며 모든 어휘를 한 편의 논문에서 다룰 수 없기 때문이기도 하다. 그리고 전훈독자와 음독한자어를 구분하지 않고 빈도순으로 제시하였는데 음독 한자어의 경우는 한자어의 토착화를 논하는 데 있어서도 참고 자료가 될 수 있기 때문에 역시 『한국한자어사전』의 증보 편찬에 참고가 될 수 있을 것이다. 5종의 석독구결 자료에 나타나는 한자어의 종류(Word Types)는 총 3,401개이고 이들에 각각 현토된 구결자를 고려하여 중복된 경우를 모두 헤아리면(Word Tokens) 17,737개의 어휘가 산출된다.

구체적 양상을 알기 위하여 3,401개의 어휘 종류 중 고빈도 순으로 7위까지만 살펴보기로 한다. 7위 '衆生'까지만 살펴보면 구결자료에 나타나는 한자 어휘와 구결자에 대한 대략의 양상을 파악하고 사전에 어떠한 정보들을 담아야 할지 가늠할 수 있으리라 판단되기 때문이다.

---

10) 빈도 조사와 용례 추출을 위하여 Antconc 3.4.4w 프로그램과 Uniconc 프로그램(서울대 박진호 교수 개발)을 사용하였으며 텍스트 자료는 고려대 장경준 교수가 제공한 2015년 7월 버전의 교감본 자료를 이용하였다.

(2) 1위 고빈도 : 是

가. 출현 빈도 : 355[11)]회

나. 출현 환경 : {是}刂, 是氵七, 是七(爾七ソ丁), 是 등

'是'는 355회 출현하며 구결자 '刂'와 현토되어 전훈독자로 읽는 예가 86회나 되며 출현 환경을 고려했을 때 역시 지시사 '이'로 읽어야 하는 경우가 대부분이다. 한편 '七(ㅅ)'이 현토된 경우도 있는데 확실하지는 않지만 이 경우의 '是' 역시 '이'에 기반하여 읽는다.

(3) 2위 고빈도 : 於

가. 출현 빈도 : 318회

나. 출현 환경 : 명사나 구에 결합하여 부독자로 쓰임

'於'는 명사나 구에 결합되어 있고 '於'가 아닌 전체 명사구 뒤에 처소를 나타내는 구결자가 현토되어 그 자체로는 부독자로 간주된다. 다만 "端正人乙 見 當 願 衆生 {於}佛刂 菩薩尸十 常刂 淨信乙 生ソヒ立 〈화엄06:08〉"에 나타나는 '於'의 경우는 문맥상 필요가 없어서 구결 현토자가 독법에 따로 제시하지 않은 것일 텐데, 부독자라고 할 수 있을지 잉여적으로 '於'를 그냥 읽었다고 보아야 할지 단언하기 어렵다.

(4) 3위 고빈도 : 如

가. 출현 빈도: 283회

나. 출현 환경: {如}亠, {如}丨ソ, 乙 如八ソ/如八, 如支/如支丨/

11) 어휘의 출현 수, 즉 'word tokens'을 나타낸다. 각 어휘가 그 자체로 하나의 어휘가 되므로 다른 복수 음절의 어휘에 포함된 경우는 당연히 제외된다. 즉 '毗邏是', '於是處' 등은 별개의 어휘로 따로 제시된다.

如支ᄒ/如支ソ; 명사[12] 등

‘如’는 훈독하는 경우 그 용법이 복잡하여 독법에 대해서도 아직 의견의 일치를 보지 못하는 어휘이다. 일반적으로 ‘{如}這’은 ‘ᄀᆞᆮ’으로 읽고 “같이”를 뜻하는 어간형 부사로 파악되고, ‘{如}丨ソ’는 ‘다ᄒᆞ’로 읽고 “같다”를 뜻하는 것으로 파악하고 있다. ‘如ハソ’ 역시 ‘ᄀᆞᆮᄒᆞ’로 읽히는데 항상 대격을 논항으로 취하는 특징이 있다. ‘如支’는 구결자 ‘支’에 대한 견해가 일치되지 않아 단언하기 어렵다. 한편 ‘如’는 명사로도 나타나는데 이 경우는 음독하고 ‘眞如’와 유사한 불교 어휘로 사용된 것이다.

(5) 4위 고빈도 : 無
 가. 출현 빈도 : 282회
 나. 출현 환경 : 無ㄴ-, 無+어미(ㇰ,ㄱ, 去, ㄱ, ㅌ, ᄒ, ロ, ナ, 示, 二 등), 無リソ, 無ㅎ, 無ソ; 명사 등

‘無’는 ‘ㄴ(ㅅ)’이 현토되어 ‘없-’으로 읽힌다. ‘ㄴ’ 없이 어미가 직접 결합하는 경우나 접미사(リ)가 결합하는 경우도 이에 준하여 읽을 수 있다. 그런데 ‘一切 法ㄱ 異ソㄱ 無ソㄱ入灬{故}ㅗ’, ‘量無ㇰ 數 無ソㄱ 種種ㄴ 妙色リㄱ 清淨ソㅌㄴ{之} 寶’, ‘量 無ソㄱ 衆寶’ 등과 같이 ‘無’에 ‘ソ’가 현토되어 ‘무ᄒᆞ-’로 음독해야 하는 경우도 간혹 나타나며 ‘有ㅅ 無ㅅㄱ’에서와 같이 음독하는 명사로 사용되는 경우도 있다.

(6) 4위 고빈도2 : 爲

12) ‘色∶ 如∶’에서와 같이 명사로 사용된 예도 보인다.

가. 출현 빈도 : 282회

나. 출현 환경 : {爲}ソ+어미, {爲}氵, リ尸{爲}入乙ソ, {爲}入, 爲ハ, 爲ㅎ(ノ) 등

'爲'는 '無'와 같은 282회의 출현 빈도를 보인다. '爲'는 'ソ(ᄒᆞ)'가 현토되어 동사 'ᄒᆞ-'로 읽히는 경우가 대부분이지만 동사 '삼다'의 어간을 나타내는 '{爲}氵'으로도 나타나며 'リ尸{爲}入乙ソ, {爲}入'와 같이 "되다"의 의미나 소망의 의미를 나타내는 구문에서 부독자로 나타나기도 한다. '爲ハ'은 『유가사지론』에만 12회 나타나고 동사 어간으로 사용되었는데 피동 구문으로 파악되기는 하지만 그 독법은 확실하지 않다. '爲ㅎ(ノ)'는 "위하여"라는 의미의 부사어로 사용되었다.

(7) 6위 고빈도 : 故

가. 출현 빈도 : 256회

나. 출현 환경 : 故支, 故灬, 故去, 灬{故}, 故七, 故ノ

'故'는 음독자로 파악되며 '灬(로)' 뒤에 나타나는 '故'는 읽지 않는 부독자로 파악된다. 하지만 '故支', '故去', '故七', '故ノ' 등 부사어로 사용되는 '故'가 과연 음독 되었을지는 확실하지 않다. '支(히/?), 去(거), 七(ㅅ), ノ(오)' 등이 현토되는 일련의 부사어들에 대하여는 이병기(2014)에서 정리한 바 있는데[13] 중세국어와의 대응을 통해 고유어 부사로 읽을 수 있는 경우도 있었지만 그 독법을

13) 이병기(2014)에서는 '故支', '故去', '故七', '故ノ' 등을 모두 음독하는 것으로 파악하여 논의에 포함하지 않았는데 다시 생각해 보아야 할 부분이다.

알 수 없는 경우가 대부분이다.

(8) 7위 고빈도 : 衆生
가. 출현 빈도 : 256회
나. 출현 환경 : 조사 결합, 관형어 수식

7위 고빈도로 출현하는 '衆生'은 불경에서 그대로 음독하는 한자어 명사이다. 따라서 한국한자어의 범주에 포함된다고 할 수 없다.[14) 하지만 '衆生'이라는 어휘는 현대 한국어에서도 많이 사용되는 어휘이며 이러한 사용은 석독구결 자료와 같은 옛날 자료에서 한자어로 많이 사용되어 토착화했기 때문일 것이다. 특히 석독구결 자료는 그 자료의 특성상 훈독하지 않은 어휘는 한자어 그 자체로 사용되었다는 것을 함의하며 이렇게 고빈도로 나타난다는 것은 이 한자어의 한국 토착화에 크게 영향을 미쳤다는 것을 말한다. 따라서 '衆生'은 '한국한자어'라는 기준에서 1회씩 등장하는 '矜念', '離垢念' 등과는 다른 위상을 가지며 적어도『漢韓大辭典』에서라도『석독구결 자료』의 용례가 의미 있게 제시되어야 할 것이라고 생각한다.

이상 7개 한자 어휘를 보면 그 소리와 뜻에 있어서 원래 중국 한자 어휘와 매우 다른 양상을 보이고 있다. 그리고 일부 한자 약체자로서의 구결자는 형태, 소리, 뜻 모두에 있어 한국화한 것이다. 이러한 이유로 이들은 한국한자어의 범주에 포함시켜 논의해야 할 것인데 현재『한국한자어사전』에서는 이들을 담아내지 못하고 있어서 이들을 담아낼 수 있는 거시구조 및 미시구조의 개발이

14) 실제로『한국한자어사전』에는 '衆生'이라는 어휘가 실려 있지 않다.

이루어져야 할 것이다. 이후 증보 편찬에 참고할 수 있도록 빈도 8위 이하의 어휘들을 마저 정리하여 보이면 다음과 같다.

〈표 4〉 8위~70위 고빈도 한자

순위	빈도	어휘	출현 환경
8	242	有	有七, {有}ナ, {有}斗, 有ソ
9	240	不	不ソ, 不矢, 不(ノ)能, 不参, 不ハ,
10	237	諸	諸ㄱ, 諸
11	229	得	得阝[15], 得尸, 得リ(-), 得ㄅ, 得匕, 得ㄹ, 得亓, 得ナ, 得ホ, 得ノ
12	222	若	若七, 若
13	211	當	當ハ, 當
14	207	所	所阝[16]
15	202	能	能リ矢, 能支, 能矢, 能ㄅ
16	195	此	{此}リ, 此, 此+조사
17	170	一切	一切, 一切+조사
18	156	願	願ロ, 願ソ, 願ノ, 음독 명사
19	145	法	음독 명사
20	139	名	名下, 名阝, 名+조사 결합([火], 七, ㄱ)
21	138	說	說+어미
22	132	心	心亓, 心+조사
23	127	佛	佛ㄷ, 佛矢, 佛+조사
24	122	以	以阝, {以}氵(+어미), 以ソ, 以ホ
25	119	又	又ソㄱ(2), 又刀(2), 又(115)
26	118	見	見+어미, 見ソ-, +조사
27	117	知	知+어미
28	110	等	{等}丨ソ-(화소, 화엄), 等阝ソ, 等ロ亽, 等ソ(유가, 금광, 구인)
29	109	彼	彼リ, 彼リ十, 彼ラ十(+조사), 彼, +조사, 彼ム("저곳에"), 彼ラ十
30	106	或	或刀, 或ソㄱ, 或ナ丨, 或
31	103	生	生+조사, 生ソ, 生リ, 生+어미
32	102	一	一ㄱ(화엄), 一十ㄱ(유가), 一+조사, 一, 一ㄅ[17]
32	102	而	而灬, 而ㄱ, 而

순위	빈도	어휘	출현 환경
34	99	菩薩	菩薩尸(十), 菩薩+조사, 菩薩
35	92	謂	謂+어미
36	91	中	中⺀+(十, 七 85)[18], 中+조사(6)
37	84	由	由氵丁入灬, 由[三]⺀, 由⺀
38	82	其	其
39	80	時	時十, 時氵(亠)十, 時刂十, 時+조사
40	79	則	則支(화엄, 화소), 則(화엄, 화소), 則丿(유가)
41	68	亦	亦刀(화엄, 화소), 亦ソ丁(화엄, 화소, 구인), 亦(금광, 유가)
42	66	之	{之}刂, 之+조사(1), {之}(七)
42	66	令	令刂(화소, 화엄, 금광), ソ{令}刂(금광, 유가)[19]
44	64	善男子	善男子⺀, 善男子亠, 善男子
44	64	悉	悉⺀, 悉
44	64	我	{我}乂, {我}乂+조사, {我}千, 我, 我+조사[20]
47	62	何	何ㅎ, 何丿, 何七, 何ソ[21], 何亠, 何
48	61	至	至刂, 至刂ソ, 至+어미[22]
49	59	入	入ソ-, 入丿-, 入刂-, 入+어미
50	57	云何	云何七, 云何七ソ, 云何ソ, 云何亠[23]
50	57	及	及七, 及八, 及
52	56	一切	一切, 一切之七
53	55	已	已氵, 已(2)
53	55	皆	皆七, 皆
55	51	依	依⺀[24], 依ソ, 依丿
55	51	者	{者}, 者亠, 者+조사, 者
57	50	修	修七+어미(1)[25], 修ソ-, 修丿-, 修+어미
57	50	種	種七(45), 種么刂{爲}入ソ𠄌, 種一尸 未刂𠄌, 種⺀十, 種
59	49	作	作ソ, 作丿, 作么刂, 作尸(3)
60	48	乃	乃ソ氵(화소, 화엄), 乃氵(화엄, 구인, 유가)
60	48	清淨	清淨ソ, 清淨ㅎ, 清淨+조사, 清淨
60	48	量	量丿亠可七ソ丁, 量刂, 量
63	47	二	二尸, 二, 二+조사
64	46	身	身亠, 身+조사, 身
64	46	隨	隨ㅎ, 隨丿, 隨丿ソ, 隨(3)
66	45	住	住ソ, 住丿, 住么刂, 住

순위	빈도	어휘	출현 환경
66	45	卽	卽支, 卽ㄱ, 卽丷, 卽丿, 卽ㅎ, 卽
66	45	成就	成就丷, 成就亽刂, 成就丿, 成就尸
66	45	菩薩摩訶薩	菩薩摩訶薩尸, 菩薩摩訶薩+조사, 菩薩摩訶薩
70	44	衆	衆+조사, 衆

석독구결 자료에서 분석한 70위까지의 고빈도 한자(어)들은 '是'를 '이'로, '有'를 '잇' 또는 '두'로 읽는 것과 같이 대부분 한자를 그 원래 소리로 읽지 않고 그 의미로 읽는 것들이다. 그런가 하면 '衆

15) 得𠄌ㅎ示可七丷乛, 得𠄌乛亠 등을 고려 하면 '得𠄌'가 동사 어간일 가능성도 있다.

16) '所𠄌亇丨', '所𠄌十刀'를 고려하면 '𠄌'는 말음 첨기일 듯하다. 所에 다른 조사가 직접 결합한 예는 많으나 '所𠄌'에 조사 결합 예는 3예 뿐이다.

17) "世間乛 一亽 異丷乛 不矢刂乛矢 譬入乛 空谷𠄌七 響 如支丷𠄌 〈금광13:14-15〉" 예가 참고된다.

18) "皆七 {是}刂乛 假誑丷乛矢 空中𠄌七 花 {如}丨丷ナ乛刂罒 〈구인14:12-13〉" 예가 참고된다.

19) 문헌별 현토 양상에 경향성을 보이지만"不八令刂尸入灬 〈유가14:20난상〉", "其𠂉 {爲}氵 方便乙灬 妙法乙 說𠄌 悉𠄌 得𠄌尒 眞實諦乙 解丷{令}刂ㅎ乛厶 〈화엄20:07〉"와 같이 예외도 보인다.

20) "亦 憂慮丷𠄌尒 謂尸 我𠂉 我乛 今艮{者} {爲}何 所𠄌十 在丷去乛刂𠄌七口丿尸 无亐丷ㆆ丷{令}刂ナ矛亠 〈유가22: 22-23〉" 예가 참고된다.

21) '何丷'는 '何七丷'와 같은 구문으로 '丷'가 생략 표기된 것이다.

22) "{於}一(切 法自在灌)頂位𠄌十 (至)丷去乛入灬 故丿 是乙 名下 智波羅蜜因亠丿矛丨〈금광02:18-19〉"에서와 같이 '丷去乛入灬'로가 포함된 구문이 10개 반복하여 출현한다.

23) "云何亠亐尸入乛 彼灬 正七 修行丷𠄌尒 轉丷{令}刂𠄌丿矛乛刂𠄌七口丷二尸入灬 〈유가06:05〉" 예가 참고된다.

24) '依𠄌丿尸厶'는 예외인데 '依𠄌#丿尸厶'로 볼 가능성이 있다.

25) "若 {於}觀乙 修七去乛丨十乛 當 願 衆生 如實理乙 見𠄌尒 永去 乖諍無𠤎立 〈화엄04:02〉" 예가 참고된다.

生', '菩薩', '善男子', '成就', '菩薩摩訶薩'과 같이 원래 소리로 읽는 한자(어)들도 존재한다. 전자는 '國音'의 연장선상에서 '한국한자어'에 포함시켜야 할 것이고 이러한 정보를 효과적으로 기술하기 위한 사전의 미시구조 개발이 필요하다고 할 수 있다. 그리고 후자는 중국 문헌에서부터 쓰이는 한자어 어휘로서 '한국한자어'의 범주 밖에 놓이는 것이기는 하지만 우리말화한 석독구결 문장 내에서 사용되었다는 점에서 한자어의 토착화에 유의미한 것이며 이 양상을 간취하여『한국한자어사전』이나『漢韓大辭典』에 용례로 활용할 가능성을 살펴보아야 할 것이다.

Ⅴ. 결 론

이상으로『韓國漢字語辭典』증보편찬 방향을 모색하는 차원에서 석독구결 자료와 이 자료에서 분석되는 한자어 및 구결자에 대하여 살펴보았다. 현재『韓國漢字語辭典』에는 구결을 포함하고 있기는 하지만 석독구결 자료는 전혀 반영되지 않았다. 그렇기 때문에 석독구결 자료에 나타나는 한자어 및 구결자에 대한 정보 증보편찬 시에 반영되어야 하는지 반영된다면 어떤 점에 주목하여야 하는지 살펴볼 필요가 있으며 이를 위하여 그 양상과 특징을 고빈도 글자를 중심으로 개략적으로 고찰하였다. 그 결과 석독구결자의 특징, 즉 '是'를 '이'(지시사, 주격 조사, 서술격 조사 등)로 읽는 것과 같은 정보를 반영하기 위한 사전의 미시구조 개발이 필요하다는 것을 제안하고 한자어의 한국 수용과 정착 과정을 이해하기 위해 적절한 용례를 석독구결 자료에서 취할 필요가 있다는 점도 강조하였다.

윤승준(2012: 153)에는 車柱環 박사가 『韓國漢字語辭典』의 교열 작업에 관계하면서 짤막하게 밝힌 소회를 "그동안의 작업으로 어휘 채록은 대략 10만을 헤아릴 정도에까지 이르렀으나 거기에는 취사 선택이 가해져야 하고 추가 채록할 어휘도 적지 아니 남아 있으며, 그 중에는 처음으로 語音과 語義와 說明을 써내야 하는 어휘가 의외로 많아서 한정된 사업 기간에도 불구하고 시간과 정력을 쏟지 않을 수 없고, 조사 연구에 시간과 정력을 쏟더라도 시원하게 해결되지 않는 사례도 적지 않다"라고 정리하였다. 『구결연구』 학술지가 2016년 2월까지 36집이 발간되는 정도로 구결에 대한 연구가 이루어졌지만 아직도 이 소회에서처럼 시원하게 해결되지 않는 사례가 많고 또 이들을 사전에 담아내는 것은 역시 처음으로 기술해야 되는 것들이다.

증보 편찬 과정에서 석독구결 자료에 담긴 한자어 및 구결자를 『한국한자어사전』에 담아내는 것은 처음 편찬할 때와 마찬가지로 감당하기 어려운 작업이 될 것이다. 만약 이러한 정보를 담아내기로 결정한다면 여러 연구자들이 참여하여 각 표제어의 정보에 각 어휘 및 글자가 사용되는 범주별로, 그리고 유기적으로 모두 포함될 수 있는 방안을 논의하여야 할 것이다.

〈참고 문헌〉

권인한,「한자사전자음처리의 원칙과 실제에 대한 비교」,『東洋學』59, 단국대학교 동양학연구원, 2015.

김영만,「口訣語 如(丨, 支, 亡, 印)의 解讀法 硏究」,『한민족어문학』40, 한민족어문학회, 2002.

남권희,「高麗 口訣資料 《大方廣佛華嚴經》卷第十四의 書誌的 分析」,『口訣硏究』1, 구결학회, 1997.

남권희,『高麗時代 記錄文化 硏究』, 청주고인쇄박물관, 2002.

남권희 · 남경란,「13세기 高麗 釋讀口訣本『慈悲道場懺法』卷4 殘片의 구결 소개」,『국어사학회, 연세대 언어정보연구원 공동 학술대회 발표문(2016. 01. 13)』, 2016.

南豊鉉,「釋讀口訣의 起源에 대하여」,『국어국문학』100, 국어국문학회, 1988.

남풍현,「고대 국어 자료」,『국어의 시대별 변천 연구 3』, 국립국어연구원 편, 1998.

남풍현,『≪瑜伽師地論≫ 釋讀口訣의 硏究』, 태학사, 1999.

남풍현,「字吐釋讀口訣에 나타난 不讀字에 대한 考察」,『구결연구』18, 구결학회, 2007.

남풍현,「韓國語史 硏究에 있어 口訣資料의 寄與에 대하여」,『口訣硏究』25, 구결학회, 2010.

박성종,「고대 국어 어휘」, 국립국어연구원 편,『국어의 시대별 변천 연구 3』, 1998.

박진호,「『漢韓大辭典』의 뜻풀이에 대하여」,『東洋學』59, 단국대학교 동양학연구원, 2015.

朴燦圭,「『한국한자어사전』에 수용된 이두 · 구결 · 차자어의 구성과 출전

문헌」, 『東洋學』 52, 단국대학교 동양학연구원, 2012.
백두현, 『석독구결의 문자체계와 기능』, 한국문화사, 2005.
윤승준, 「『漢韓大辭典』의 편찬과정과 향후 계획」, 『東洋學』 52, 단국대학교 동양학연구원, 2012.
이병기, 「구결 자료의 어휘」, 『口訣研究』 33, 口訣學會, 2014.
장경준, 「점토구결 연구의 성과와 당면 과제」, 『口訣研究』 21, 口訣學會, 2008.
장윤희, 「석독구결 및 그 자료의 개관」, 『구결연구』 12, 口訣學會, 2004.
정재영, 「韓國의 口訣」, 『口訣研究』 17, 구결학회, 2006.
정재영 · 안대현 · 하정수, 「조선 초기 釋讀口訣의 발견과 그 의미」, 『구결학회(제51회), 한국법사학회 공동 전국학술대회 발표문(2016. 01. 12)』, 2016.
정형도, 「『漢韓大辭典』의 構件과 자형 정비」, 『東洋學』 52, 단국대학교 동양학연구원, 2012.
車柱環, 「韓國漢字語辭典의 編纂과 校閱」, 『東洋學簡報』 4, 단국대학교 동양학연구원, 1986.
황선엽 외, 『釋讀口訣辭典』, 태학사, 2009.

[*이 글은 단국대학교 동양학연구원 학술지 『동양학』 63집(2016.4.30)에 수록된 것이다. 이후 동양학연구원 사전학총서 5집 간행의 취지에 부응하여 재수록하였다.]

『한국한자어사전』의 음독구결*

하 정 수

Ⅰ. 서 론

음독구결은 우리말의 문법적 요소 즉 조사와 어미의 표기에 대응하는 요소를 한자를 빌어 나타내고 이를 기입한 것이다.

(1) 1

가. 樊遲 問仁한대 子曰 愛人이니라(論語 第12 顔淵篇 中에서)

나. 樊遲 問仁爲隱大 子曰 愛人是尼羅

다. 樊遲 問仁ソ 1 ㅊ 子曰 愛人丶ヒ소

(1가)는 현재의 한문 학습에 활용되는 구결이 달린 논어의 한 구절이다. (1가)의 원문 '樊遲問仁子曰愛人'에 (1가)의 음독을 나타내는 음독구결을 정자 구결로 나타내면 (1나)와 같이 되고, 이를

---

* 이 연구는 제7회 동양학연구원 사전학 학술회의(2015년 10월 23일)에서 발표된 '단어(명사, 동사) 및 단어 상당 구절에 후행하는 음독구결의 양상'을 제목을 바꾸고 내용을 수정하고 보완한 것이다.

약체자 구결로 나타내면 (1다)와 같이 된다. (1나), (1다)와 같은 음독구결이 기입된 형태의 문헌 자료는 조선 초기 자료를 비롯하여 1950년대 자료까지 존재한다. 한글이 창제되기 전까지 언중들의 문자생활에서 표기 측면을 살펴보면 한자를 이용한 借字 표기 이외의 것을 찾기는 어려울 것이다. 한글 창제 이후로는 음독구결 표기는 한글로 표기되기도 하였다. 그러나 여전히 한자를 사용하여 기입되는 음독구결이 사라지지는 않았고 그 전통이 (1)과 같이 현재까지도 활용되고 있다. 高正儀(2004: 19)에서는 음독구결 연구를 대체로 13세기에서 15세기 한글 창제 이전까지의 언어를 보여주는 자료들에 대한 논의로 이들에 의해 이 시기의 언어상을 살피고 구결의 시대적인 변천상을 파악할 수 있다고 보았다. 이 시기 이후의 음독구결의 자료는 아직 체계적인 정리와 연구에 이르지 못한 것으로 볼 수 있다. 남경란(2008)은 음독구결의 연구 성과를 문자론적 연구, 형태·통사론적 연구로 나누고 이를 각각 시기별로 1970년대, 1980년대, 1990년대, 2000년으로 나누고, 나머지 부분을 기타로 정리하였다.[1] 이러한 연구 성과들 중 전자파일 입력본은 대부분 『음독구결사전』에 수록되었다.

본고는 음독구결 영역에서 지금까지의 연구 성과를 『한국한자어사전』의 증보편찬에 어떻게 활용할 것인가를 살펴보는 데 목적이 있다. 이 목적을 이루기 위해 첫째, 『한국한자어사전』의 구결

1) 남경란(2008: 125)는 음독구결의 연구에 대한 전망에서 학계에 소개되었으나 아직 연구되지 않은 자료를 체계적으로 분석하고 연구할 인적 자원의 확보가 시급한 과제이며, 또한 아직도 발굴되지 않은 채 쌓여 있는 유불경의 많은 음독구결 자료들을 분류하고 정리해야 하는 것도 당면한 과제라고 하였다.

정보를 분석한다. 이때 『한국한자어사전』에 수록된 구결의 전거 문헌에 대해 검토하고, 이 전거 문헌에 음독구결 자료가 추가되어야 함을 논의한다. 둘째, 음독구결 연구 성과를 『한국한자어사전』의 증보편찬에 반영하는 방안을 제시한다. 구체적으로는 예문 자료가 포함된 『음독구결사전』의 정보를 활용하여 『한국한자어사전』에 수록할 한자어를 수집하는 방법을 제시한다. 셋째, 후행하는 음독구결의 출현 양상과 『한국한자어사전』의 단어 판별 기준과의 관련성을 논의한다.

II. 『한국한자어사전』의 구결 정보

1. 출전문헌과 사전에 수용된 구결자

『한국한자어사전』은 한국 고유의 한자 및 한자어를 수집 정리하여 체계적으로 정리한 공구서로서 『삼국사기』를 비롯한 150여 종, 총 3,500여 책의 우리나라 고문헌에서 우리 고유의 한자 및 한자어 자료만을 채록하여 수록한 것이다(朴燦圭 2012: 214). 이 사전은 한국의 고문헌 속에 포함된 우리식 단어를 이두 · 구결 · 차자어로 나누어서 수록하고 있다. 이 사전에서 제시하고 있는 이두 · 구결 · 차자어에 대한 정보 중에서 구결에 관한 내용만을 정리하면 〈표 1〉과 같다.

〈표 1〉 『한국한자어사전』에 수용된 구결의 구성과 출전문헌 정보[2)]

<table>
<tr><th>구분</th><th colspan="4">이두 · 구결 · 차자어</th><th colspan="3">구결</th><th colspan="3">총 수록 단어 항목 수</th></tr>
<tr><td>개수(비율)</td><td colspan="4">4,475(4.98%)</td><td colspan="3">349(0.39%)</td><td colspan="3">89,705(100%)</td></tr>
<tr><td rowspan="5">출전 문헌
이용례</td><td colspan="2">출전문헌</td><td>횟수</td><td>출전문헌</td><td>횟수</td><td>출전문헌</td><td>횟수</td><td colspan="2">출전문헌</td><td>횟수</td></tr>
<tr><td colspan="2">古今釋林</td><td>1</td><td>農圃集</td><td>1</td><td>大明律直解</td><td>3</td><td colspan="2">童蒙先習</td><td>60</td></tr>
<tr><td colspan="2">審理錄</td><td>1</td><td>龍飛御天歌
諺解</td><td>24</td><td>儒胥必知</td><td>2</td><td colspan="2">義禁府謄錄</td><td>1</td></tr>
<tr><td colspan="2">吏讀便覽</td><td>5</td><td>吏文襍例</td><td>1</td><td>壬辰狀草</td><td>1</td><td colspan="2">正俗諺解</td><td>38</td></tr>
<tr><td colspan="2">朱子增損呂
氏鄕約諺解</td><td>19</td><td>註解語錄總
攬,
吏文語綠</td><td>2</td><td>地藏菩薩
本願經</td><td>226</td><td colspan="2">豐基境淸禪
院慈寂禪師
凌雲塔碑</td><td>1</td></tr>
<tr><td rowspan="3">출전문헌
시기별 분포 및
이용횟수</td><td>10C</td><td>14C</td><td>15C</td><td>16C</td><td>17C</td><td>18C</td><td>19C</td><td>20C</td><td>미상</td><td>계</td></tr>
<tr><td>1종</td><td>1종</td><td>1종</td><td>4종</td><td>1종</td><td>5종</td><td>1종</td><td>1종</td><td>1종</td><td>16종</td></tr>
<tr><td>1회</td><td>3회</td><td>226회</td><td>118회</td><td>1회</td><td>6회</td><td>5회</td><td>2회</td><td>24회</td><td>386회</td></tr>
</table>

〈표 1〉에서 이두 · 구결 · 차자어 중 구결이 차지하는 비율은 전체 4,475항목 중에서 349항목이다. 구결 용례는 수록된 단어 전체 89,705항목을 기준으로 할 때 0.39%로 매우 낮은 비율을 차지한다. 이두 · 구결 · 차자어만을 기준으로 하여도 7.80%에 불과하다. 동일한 기준에서 이두는 4,475항목 중에서 1,427항목으로 31.89%를 차지한다. 이두와 구결 자료의 분포 양상을 고려할 때 불균형한

2) 〈표 1〉은 朴燦圭(2012)에서 제시된 자료를 종합한 것이다. 朴燦圭(2012: 216)에서는 이두 · 구결 겸용 단어를 '乙良, 去乃' 2개, 차자 · 이두 겸용으로 '別音' 1개, 합계 3개를 제시하였다. 그러나 이두와 구결은 약체자와 정자 중 무엇을 사용하였는가에 따라 같은 독음을 갖더라도 그 구분이 달라지는 경우도 있다. 예를 들어 '是乃'는 『한국한자어사전』에서 '是' 字 항목에서 吏讀로 등재되어 '-이나, -이지마는'의 뜻으로 풀이되었다. 『음독구결사전』에서는 표제어 '丶乃'가 '-이나, -이지만'의 뜻으로 풀이된다. 약체자와 정자를 구분하지 않는다면 이러한 겸용 사례는 더욱 증가할 것이다.

현상을 나타내고 있다. 또한 구결자 자체만 살펴보았을 때 구결 용례 349항목 중에서 '爲' 字 항목에 수록된 구결 용례는 모두 135개로 전체의 3분의 1이 넘는다. 구결자의 분포가 하나의 항목에 지나치게 편중되었다고 할 수 있다.[3] 이는 '爲' 字를 어간으로 해석하여 '爲'에 후행하는 요소 즉 활용형을 수록한 것으로 '爲' 字가 가진 특수성에 기인한다.

『음독구결사전』은 1,615항목의 표제어를 수록하고 있다. 이 자료를 『한국한자어사전』에 포함시킨다면 이 사전에 수록된 구결 용례의 편중 현상을 해결할 수 있다. 여기에는 약체자 구결의 포함 여부가 먼저 해결되어야 한다. 즉 『한국한자어사전』을 보완하는데 약체자로 표기된 음독구결을 포함할 것인가에 대한 것이다. 朴盛鍾(2005: 69)은 구결자 중 생획자들은 한자의 일부를 과감히 떼어내거나 그 일부만을 취하여 매우 독창적이고 혁신적인 성격을 띤 것으로 파악하였다. 따라서 문자론적인 면에서도 이례적이며 한국인의 문자사 및 문자생활사에 중요한 의미를 가진다고 보아 『한국한자어사전』의 國變字의 하위 분류에 귀속시키고 있다. 이때 구결자 중에서 '五, 女, 言, 丁' 등과 같이 正楷字를 그대로 사용하는 경우 字形이 기존 한자와 완전히 똑같다는 점이 문제시된다고 보고, 이를 音으로 읽는다 하더라도 이를 일종의 음성부호로 보아 符號字에 귀속시키고 있다. 『한국한자어사전』에서 실제 예를 찾아보면 '伊應同小豆', '伊叱椵'와 같은 실사에 대한 차자어는 '잉동팥'과 '이깔나무'와 같이 뚜렷한 대응 관계를 형성한다. 따라서 차자가

3) '爲' 字를 어간으로 해석하여 '爲'에 후행하는 요소별로 정리할 수 있다. 『음독구결사전』에서도 'ヽ'로 시작하는 표제어 항목이 533개로 전체 1,615항목 중에서 약 3분의 1을 차지한다.

나타내는 대상과 실제 사물과의 관계를 직접적으로 확인할 수 있다. 반면 조사와 어미와 같은 문법 형태를 표현하는 구결자는 그 대응 관계가 뚜렷하더라도 그것이 표현하는 대상이 문법적 기능이므로 표현되는 대상의 실체를 확인하기가 어렵다. 그러나 문법적 요소를 차자로 표현하는 근본적인 대응 관계는 차자어와 동일한 방식으로 표현된 것이다.

『한국한자어사전』은 正字 구결자만을 수록하고 있으며 '阝', '亽', '尒' 등을 제외한 약체 구결자는 수록하고 있지 않다. 본고는 약체 구결자도 한국한자어로 보아야 한다는 입장이다. 왜냐하면 음독구결에 사용되는 약체자는 한국에서만 쓰이는 고유한 형태이며 이들은 각각 고유의 기능을 갖기 때문이다. 그러므로 正字, 약체자에 상관없이 음독구결자가 가지는 기능적 측면은 『한국한자어사전』의 취지에 부합한다.[4] 그러므로 구결자는 우리나라에서 借字라는 특수한 용법으로 사용된 점을 고려하여 正楷字를 기본적으로 國變字에 귀속시키고, 略體字는 그 글자의 원형인 正楷字의 형태적 변이로 보아 正楷字의 하위 항목으로 구분하여 수록할 수 있다.

다음으로 구결에 사용된 正字에 대한 내용을 살펴보자. 구결은 주로 경전에 기입하여 그 경전의 내용을 바르게 이해하면서 읽기 위해 사용한 것이다(南豊鉉 1999: 36). 略體字는 印刷吐가 아닌 記入吐에 널리 쓰였다. 『한국한자어사전』에는 '阝', '亽', '尒' 등과 같은 예를 제외하고는 대부분 正字로 표기된 형태를 구결 용례로 수

4) 『한국한자어사전』의 일러두기에 "이 사전에는 우리 고문헌을 독해하는데 도움이 되는 일반어 · 제도어 · 전문어 · 인명 · 지명 · 서명 · 자호(字號) · 이두 · 차자어 · 동식물명 · 성구(成句) · 속담(俗談) 등을 선별하여 수록하였다."라고 되어 있다.

록하고 있다. 우선 正字 구결자에 대해서 살펴보자. 南豊鉉(1999: 400)은 安東本 楞嚴經의 구결자 총 95종 중에서 正楷體와 略體가 함께 쓰인 구결자로 15종을 제시하였고, 南京蘭(2005: 76)은 正楷體에 해당하는 本字와 略體가 같이 쓰이는 것으로 29종을 정리하였다. 이에 해당하는 목록 30개를 아래에 〈표 2〉로 나타냈다. 이 목록에 있는 正楷體 또는 本字 한자만을 대상으로 이 글자들이 『한국한자어사전』에 주석된 양상을 살펴보았다.[5)]

〈표 2〉 『楞嚴經』 구결 자료에 나타난 正楷體(本字)의 『한국한자어사전』 수용 양상

正楷體 (本字)	略體	南豊鉉 (1999: 400)	南京蘭 (2005: 76)	『한국한자어사전』 내용 구결자 포함	『한국한자어사전』 출전
可	可/冂[6)]	×	○(す/ア)	×	1권 744쪽
去	厺	○	○	○	1권 720쪽
古	ロ	○	○	○	1권 745쪽
果	人	○	○	○	2권 992쪽
只	ハ	×	○	○	1권 795쪽
大	ナ	○	○	×	1권 1022쪽
加	カ	○	○	×	1권 621쪽
宁	丁	×	○	×	1권 744쪽
刀	ヲ	×	○	×	1권 532쪽
矣	ム	○	○	×	3권 567쪽
面	丆	×	○	○	4권 821쪽

5) 이 목록에 있는 정자체 구결은 正字들끼리만 나타나지 않고 略體字 구결과 함께 나타난다. 판각구결은 正字는 正字끼리 나타나지만 필사구결에서 正字와 略體字가 섞여 사용되기도 한다. 그러므로 구결 용례를 채록할 때 약체자까지 포함하는 것이 구결의 전체적인 모습을 잘 보여 줄 수 있다.

6) 南京蘭(2005: 76)에서 'す/ア'으로 제시된 것이다. 해당 글자는 일본어 가나 문자여서 혼란을 줄 수 있어 모양이 유사한 한자 '可'와 '冂'을 작게 줄여서 나타냈다.

正楷體(本字)	略體	南豊鉉(1999: 400)	南京蘭(2005: 76)	『한국한자어사전』 내용 구결자 포함	『한국한자어사전』 출전
叱	七	○	○	○	1권 795쪽
舍	全	○	○	○	3권 932쪽
立	亣	×	○	×	3권 689쪽
西	一	×	○	×	4권 744쪽
所	户	×	○	×	2권 500쪽
沙	氵	×	○	×	3권 97쪽
時	时	○	○	○	2권 760쪽
言	亠	○	○	×	4권 106쪽
午	𠂉	○	×	○	1권 679쪽
衣	ラ	○	○	×	4권 43쪽
伊	刂	×	○	○	1권 265쪽
戶	尸	○	○	×	2권 492쪽
為	丷	○	○	○	3권 313쪽
中	十	○	○	×	1권 121쪽
亦	亠/ミ/ニ/亣/丷	×	○	○	1권 219쪽
26개	30개	15개	29개	12개	

〈표 2〉에서 『楞嚴經』 음독구결 자료에서 正字로 표현된 구결자 중 『한국한자어사전』에 해당 글자 항목에 구결 용례 항목이 있는 것은 30개 중 12개였다. 구결 용례 항목이 없는 14개 해당 한자는 구결 용례의 보완이 필요하다.[7] 이 보완 작업과 함께 『한국한자어사전』의 증보에는 正字뿐만 略體字로 표현된 다양한 구결 용례를 수록할 필요성이 있다.

앞의 〈표 1〉에서도 구결자의 출전 문헌의 종류와 시기를 살펴

7) 이러한 현상의 원인은 전거 자료의 특성에서 기인한 것으로 볼 수 있다. 구결 용례 출전 문헌을 〈표 1〉에서 살펴보면 전체 386개 전거 자료 중 226개가 『地藏菩薩本願經』에서 채록되었다. 전체의 절반이 넘는 58.55%에 해당한다. 이 『地藏菩薩本願經』의 구결은 正字로 판각된 인쇄구결이다.

보자. 먼저 출전 문헌과 이용한 용례를 보면 총 349개의 단어에 대한 386개 전거 자료에서 226개 항목이 『地藏菩薩本願經』에 편중되어 있다. 한 자료의 구결 용례가 58.55%에 해당하여 전체의 절반이 넘는다. 『童蒙先習』과 『正俗諺解』의 전거 자료를 포함하면 세 문헌에서 용례의 83.94%를 채록한 것이 된다.

채록 문헌의 시대별 구분을 보면 15세기 이전 구결 자료에 대한 정보는 매우 빈약하다. 15세기 이전의 문헌은 16종뿐이지만 앞의 〈표 2〉의 목록이 포함된 능엄경만 하더라도 40종이 넘는 구결 자료가 있다. 『한국한자어사전』에서 음독구결 용례의 채록 문헌은 15세기의 『地藏菩薩本願經』과 16세기의 『正俗諺解』에 편중되어 있다. 자료 목록을 살펴보면 麗末 鮮初의 다양한 음독구결 자료와 자토 석독구결 자료는 이 사전에 전혀 반영되어 있지 않다. 음독구결은 지금까지도 여전히 한문 학습에 사용되고 있다. 지금까지 발굴된 음독구결 자료를 모두 수용하지는 못하더라도 고려 말 조선 초기에 기입된 자료들은 『한국한자어사전』을 증보할 때 수용하는 것이 바람직하다. 이들은 대체로 한글 창제 이전의 언어를 보여 주는 자료로서 한자의 사용이 한국에서 어떠한 변화를 겪었는지를 잘 보여 준다. 鄭在永(2014: 136-137)에서 제시한 조선 초기의 『楞嚴經』 구결 자료와 『南明集』, 『直指心體要節』, 필사본 『蒙山法語略錄』, 『佛說四十二章經』, 『詳校正本慈悲道場懺法』, 『梵網經菩薩戒』, 『大方廣圓覺略疏注經』, 『永嘉證道歌』 등의 자료들이 이에 해당하므로 이들을 우선적으로 검토하여 『한국한자어사전』의 증보 편찬에 수용할 필요가 있다. 이 자료들은 자형에서 기능에 이르기까지 구결의 변화 과정이 잘 나타나 있기 때문이다.

국어의 차자 표기 측면에서 자토 석독구결 자료와 여말 선초의 음독구결 자료는 『한국한자어사전』의 증보에 반드시 포함되어야 한다. 이 중 음독구결 자료와 관련하여 우선 전자 파일 형태로 구축된 『음독구결사전』의 데이터베이스를 활용하는 것이 좋은 방안이 될 수 있다. 『음독구결사전』은 최근까지 전자파일로 작성된 음독구결 자료들이 대부분 포함되어 있고, 다양한 형태의 부가 정보들이 수록되어 있다. 음독구결 사전의 부가 정보를 활용하는 방안에 대해서는 다음 장에서 살펴볼 것이다.

2. 구결 용례의 수록 양상과 기술의 문제점

『한국한자어사전』에 수록된 구결 용례의 수록 양상을 살펴보자. 〈표 3〉은 일반어를 포함한 『한국한자어사전』 '伊' 字의 단어 배열을 정리한 것이다.

〈표 3〉 『한국한자어사전』 '伊' 字 단어 배열(일반어 포함)[8)]

단어	독음	종류	주석
伊彦	이언	일반어	여진어(女眞語), 일언(irgen)의 음역(音譯). 백성(百姓), 또는 부락・지방이란 뜻 이다.
伊言丁	이언뎡	구결	—이언정. —ㄹ지언정.
伊五	이오	구결	—이오.
伊五隱	이온	구결	—이온. —하거든.
伊溫	이온	구결	"伊五隱"과 같다.

8) 〈표 3〉은 朴燦圭(2012: 217)의 '〈표 3-1〉 『한국한자어사전』 '伊'자 단어 배열(일반어 포함)'을 그대로 가져온 것이다. 이 표를 기준으로 하여 〈표 4〉의 '是' 字와 '伊' 字 항목에 수록되어 있는 구결 용례를 정리하였다. 표의 구결에 해당하는 것을 나타내기 위해 필자가 음영을 표시하였다.

단어	독음	종류	주석
伊隱	인	구결	─인. ─은.
伊隱大	인대	구결	─인대.
伊阝大阝	인댄	구결	─인댄.
伊阝月爲也	인돌ᄒᆞ야	구결	─인달 하야, ─인들 하여, ─인가 하여.
伊乙每	이을매	차자	율무.
伊乙梅	이을매	차자	"伊乙每"와 같다.
伊乙士伊	일ᄉᆡ	구결	─일새. ─이기에.
伊乙吾音	이을오음	차자	"伊屹烏音"과 같다.
伊應同小豆	잉동퐛	차자	잉동팥.
伊广叱古	이잇고	구결	─잇고. ─입니까.
伊日	이일	일반어	그날.
伊齋	이재	일반어	조선 노수신(盧守愼)의 호(號).
伊之	이지	일반어	고려 윤신걸(尹莘傑)의 자(字).
伊珍買	이진매	일반어	현(縣) 이름. 강원도 이천현(伊川縣)의 고구려 때 이름 신라 경덕왕(景德王)때 이천현으로 고쳤다.
伊叱加	잇가	구결	─잇가. ─입니까.
伊叱可	잇가	구결	"伊叱加"와 같다.
伊叱椵	잇가나무	차자	이깔나무.
伊叱月女	이ᄯᆞ녀	구결	─이따녀. ─이겠는가.
伊叱月尼叱可	이ᄯᆞ니잇가	구결	─이따니잇가. ─하는 것입니까.
伊喰		일반어	"伊尺湌"과같다.

『한국한자어사전』의 '伊' 자의 단어 배열에서 구결만을 정리하고, 그 결과에 따라 구결자의 예로 든 '伊' 字에 수록된 단어 중 구결 용례를 〈표 4〉의 왼쪽 4칸에 정리하였다. 이에 대응하는 '是' 字에 수록된 단어 중 구결 용례를 〈표 4〉의 오른쪽 4칸에 정리하였다. '伊'는 '是'와 서로 대응하고 있어 〈표 4〉에서는 구결자 '伊'와

'是'의 두 항목에 나타나는 구결 용례가 『한국한자어사전』에서 어떻게 제시되어 있는지를 비교하여 살펴볼 수 있다.

〈표 4〉 '伊' 字 항목과 '是' 字 항목에 수록된 구결 용례

순번	단어	독음	주석	순번	단어	독음	주석
1	伊那	이나	—이나.	1	是奴多	이로다	—이로다.
2	伊奴多	이로다	—이로다. 是奴多.	2	是奴代	이로듸	—이로되. 伊奴代.
3	伊奴代	이로듸	—이로대. 是奴代.	3	是尼	이니	—이니. 伊尼.
4	伊奴所應多	이로소이다	—이로소이다. —로소이다.	4	是尼羅	이니라	—이니라.
5	伊尼	이니	—이니. 是尼.	5	是羅	이라	—이라. 伊亽. 伊羅
6	伊尼广多	이니이다	—이니이다.	6	是羅豆	이라두	—이라도. 伊羅豆. 伊亽刀.
7	伊尼叱古	이니잇고	—이니잇고.	7	是羅沙	이라사	—이라사. —이라야.
8	伊亽	이라	"伊羅"와 같다.	8	是羅爲尼	이라ᄒᆞ니	—이라 하니.
9	伊亽刀	이라도	"伊羅豆"와 같다.	9	是羅爲時尼	이라ᄒᆞ시니	—이라 하시니.
10	伊亽乎尼	이라호니	—이라 호니, —라고 하니.	10	是羅爲時尼羅	이라ᄒᆞ시니라	—이라 하시니라. 伊羅爲時尼羅.
11	伊羅	이라	—이라. 伊亽. 是羅	11	是驢尼	이러니	—이러니.
12	伊羅豆	이라두	—이라두. —이라도.	12	是驢時尼	이러시니	—이러시니.
13	伊羅爲古	이라ᄒᆞ고	—이라 하고.	13	是旀	이며	—이며. 伊尒.
14	伊羅爲豆多	이라ᄒᆞ두다	—이라 하두다. —이라 하도다.	14	是面	이면	—이면. 伊丆. 伊面.
15	伊羅爲時古	이라ᄒᆞ시고	—이라 하시고.	15	是於等	이어든	—이어든. —이거든. 伊於等.
16	伊羅爲時尼羅	이라ᄒᆞ시니라	—이라 하시니라.	16	是於時等	이어시든	—이어시든. —이시거든. 伊於時等.
17	伊羅爲時多	이라ᄒᆞ시다	—이라 하시다.	17	是於時乙	이어시늘	—이어시늘. —이시거늘.

순번	단어	독음	주석	순번	단어	독음	주석
18	伊里羅	이리라	—이리라.	18	是於乙	이어늘	—이어늘. —이거늘.
				'是' 총 18 항목			
19	伊里五	이리오	—이리오.				
20	伊尒	이며	—이며. 是旀.				
21	伊丆	이면	"伊面"과 같다.				
22	伊面	이면	—이면. 伊丆. 是面.				
23	伊舍多爲尼	이샤다하니	—이샤다 하니. —이시다 하니.				
24	伊舍豆	이샤두	—이샤두. —이셔도. —이시어도.				
25	伊舍叱多	이샷다	—이샷다.				
26	伊於尼臥	이어니와	—이어니와. —이거니와.				
27	伊於等	이어ᄃᆞᆫ	—이어든. —이거든. 是於等.				
28	伊於時等	이어시ᄃᆞᆫ	—이어시든. —이시거든. 是於時等.				
29	伊言丁	이언뎡	—이언정. —ㄹ지언정.				
30	伊五	이오	—이오.				
31	伊五隱	이온	—이온. —하거든.				
32	伊溫	이온	"伊五隱"과 같다.				
33	伊隱	인	—인. —은.				
34	伊隱大	인대	—인대.				
35	伊阝大阝	인댄	—인댄.				
36	伊阝月爲也	인ᄃᆞᆯ ᄒᆞ야	—인달 하야, —인들 하여, —인가 하여.				
37	伊乙士伊	일ᄉᆡ	—일새. —이기에.				
38	伊广叱古	이잇고	—잇고. —입니까.				
39	伊叱加	잇가	—잇가. —입니까.				
40	伊叱可	잇가	"伊叱加"와 같다.				
41	伊叱月女	이ᄯᆞ녀	—이따녀. —이겠는가.				
42	伊叱月尼叱可	이ᄯᆞ니잇가	—이따니잇가. —하는 것입니까.				
'伊' 총 42 항목							

위의 〈표 4〉의 '伊'와 '是'의 두 항목을 비교해 보면 '伊'의 '伊奴多' 항목과 '是'의 '是奴多' 항목이 서로 대응되고 있음을 알 수 있

다. 그런데 '伊奴多'의 주석에는 '—이로다. 是奴多.'로 '是奴多'를 제시하고 있지만 '是奴多'에서는 '—이로다.'만을 제시하여 서로 일치하지 않는다. 이러한 불일치는 '伊羅豆 – 伊羅爲時尼羅.', '是羅豆-是羅爲時尼羅' 항목에서도 나타나고 있다. '伊奴代-是奴代'의 주석에 있는 해석을 살펴보면 '이로되 – 이로대'로 서로 다르게 나타나고 있다. 주석상의 이러한 문제들 또한 『한국한자어사전』의 증보편찬 과정에서 수정되어 반영되어야 할 부분이다.

『음독구결사전』의 '伊'에 해당하는 약체 구결자는 '㇏'와 'リ'이다. 『음독구결사전』에서 '㇏'로 시작하는 표제항은 모두 297개이고, 'リ'로 시작하는 표제어는 2개이다. 이들은 모두 『한국한자어사전』의 증보편찬에서 '是'의 구결 용례 항목으로 보완할 필요가 있다.[9] 『한국한자어사전』의 구결 용례 수록 방식은 구결의 독음에 따르지 않고 일반어와 한데 아울러 한자의 음에 따라 배열하고 있다. 이러한 방식은 상호 관련되는 구결 용례의 연관성을 잘 표현하지 못한다.

9) 『석독구결사전』에서 '伊'와 독음이 같은 'リ'로 시작하는 표제어 항목은 235개이다. 이 사전에서 'リ'는 是의 약체자로 훈가자이다. 『석독구결사전』에서 '㇏'는 나타나지 않는다. 『석독구결사전』의 이러한 정보는 『한국한자어사전』의 '是' 항목에 보완하여 수록할 수 있다.

〈표 5〉『漢韓大辭典』의 사전 항목의 위계 구조[10)]

〈자료 2〉 漢韓大辭典의 '於'자 항목 수정안

❶ 동

① 있다, 존재하다
② 가다
③ 하다, 되다, 만들다
④ 뒤따르다, 친근하다
⑤ 의지하다
⑥ 살다
⑦ 후대하다, 환대하다

❷ 전 于로도 쓴다.

① …에. …에서. 지점이나 처소를 나타낸다.
② …에게. 대상을 나타낸다.
③ …에. …로. …을 향하여. 방향을 나타낸다.
④ …으로써. …에 따라. …을 가지고. 방식이나 대상을 나타낸다.
⑤ …를(을) 위하여. 목적을 나타낸다.
⑥ …에 의해. 피동을 나타낸다.
⑦ …에 관하여. …에 대하여. 동작의 대상을 나타낸다.
⑧ …로. …까지. 동작이 귀착할 대상을 나타낸다.
⑨ …에서부터. …부터. 기점을 나타낸다.
⑩ …대로. …에 따라. 동작이 발생하는 근거를 나타낸다.
⑪ …에서. …에게서. 원인을 나타낸다.
⑫ …보다.
⑬ 와. 과. 비교하는 대상이나 상대가 되는 대상을 나타낸다.
⑭ …처럼.

❸ 접

① 와. 과.
② …하고도. 그래서.
③ …면서. …지만

❹ 조

10) 〈표 5〉는 朴鎭浩(2015: 192)의 '〈자료 2〉 漢韓大辭典의 '於'자 항목 수정안'을 그대로 가져왔으며, 밑줄 친 곳이 필자가 추가한 부분이다.

① 실제의 뜻이 없는 어조사. 또는 어조나 기세를 나타낸다.
② …이. …가. 之와 같다.
❺ 명[고유]
① 땅 이름. 또는 邑 이름. 옛 터는 河南省 西峽縣의 동쪽에 있다.
② 姓
❻ 차 [구결]
① 正字 구결
② ォ, 略體 구결
2 오
❶ 명 새 이름. 까마귀.
❷ 감 아!
3 이 명 산 이름에 쓰는 글자.

〈표 5〉는 朴鎭浩(2015: 190-193)에서 제안한 『漢韓大辭典』의 뜻풀이 방식이다. 이 방식에서 이두 · 구결 · 차자어에 해당하는 항목을 추가할 수 있다. 〈표 5〉의 '於'는 구결에서 쓰이는 글자이므로 음을 '어'로 한다면 ❺ 다음에 ❻을 추가할 수 있다. 여기에 이두 · 구결 · 차자어에 해당하는 차와 같이 문자로 정보를 준다. 그리고 그 아래에 구결자 '於'에 대한 정보를 正字와 약체자 'ォ'로 나누어서 수록할 수 있다. 하위 항목인 구결자 '於'와 'ォ'의 내용에 대한 기술은 위의 표에 제시하지 않았다. 이에 해당하는 부분이 『석독구결사전』과 『음독구결사전』의 내용을 참고하고, 다른 구결 자료를 참고하여 수록해야 할 부분이기 때문이다. 이때 해당 내용을 체계화하여 기술 구결 항목에 대한 하위 기술 방법도 『漢韓大辭典』의 분류 체계를 참고로 새로 만들 필요가 있다. 『漢韓大辭典』과 『한국한자어사전』을 전산으로 통합하여 제공할 경우에도 이두 · 구결 · 차자어에 한정하여 사전항목의 위계구조를 변경하는 것이 필요하다. 즉 구결 용례로 사용된 예들을 동일한 용법으로 파악하여

용법별로 묶어서 구결 항목에 모아 기술하는 것이 사용자의 편의에 부합된다. 이러한 작업은 『漢韓大辭典』과 『한국한자어사전』이 공통적으로 하나의 통합된 체계 안에 있음을 보여 줄 수 있다.

Ⅲ. 『한국한자어사전』의 증보편찬에서 음독구결 자료의 활용

1. 『음독구결사전』의 표제항 정보의 활용 방안

安秉禧(1977: 17)은 훈민정음의 한자 주석에 대한 검토에서 한자를 4群으로 나누고 있다. 第1群은 명사류, 第2群은 동사류, 第3群은 부사류, 第4群은 허사류이다. 구결은 원전을 읽을 때 文意의 바탕이 되는 원문구절에 들어가서 文意를 더욱 밝히는 것이다. 한국의 구결은 한문을 우리말로 번역하거나 해석하면서 읽는 방식으로, 한국의 한문 독법 방법으로 개발된 것이다(鄭在永, 2014: 103). 구결은 그 표기 방식에 따라 부호구결과 문자구결로 나눌 수 있고, 문자구결은 차자구결과 한글구결로 나뉜다. 이들을 한문독법 방식에 따라 분류하면 釋讀口訣(訓讀口訣)과 音讀口訣(順讀口訣)로 나눌 수 있다. 음독구결은 한문의 순서대로 음독하되 한문의 구두에 해당하는 곳에 토를 넣어 읽는 구결이다. 음독구결은 대체로 13세기 말 무렵부터 사용된 것으로 보고 있다. 鄭在永(2014: 133-134)

에서는 음독구결의 특징은 다음과 같이 3가지로 논의하였다. 첫째, 한문의 어순을 바꾸지 않고 대개는 한문의 구두처에서 끊어 읽으면서 그 자리에 토를 달아서 읽는다. 둘째, 한문 원문의 한자들은 반드시 한국 한자음으로 음독한다. 셋째, 음독구결문에 기입되어 있는 토들은 완벽하지는 않지만 한문의 문장 구조를 우리말 구조로 바꿀 수 있도록 하는 것이다. 석독구결을 읽는 전통은 사라졌지만 음독구결은 오늘날까지 전해지고 있다. 실제 경전이나 경문을 소리를 내어 읽을 때 한문 원문에 토를 붙여 읽는 전통은 지금까지 남아 있다.

『음독구결사전』은 음독구결의 자료를 모은 것이다. 완성된 출판물 형태가 아닌 전자 파일로 제공되기 때문에 활용 측면의 불편함이 있지만 『한국한자어사전』의 구결 부분을 보완하는 데에는 적합한 자료라고 생각된다.[11] 『음독구결사전』에 수록된 다양한 정보는 『한국한자어사전』의 증보에 충분히 활용될 수 있다. 먼저 『음독구

11) 심사위원 한 분은 『음독구결사전』의 이용에 앞서 대다수의 조선 후기의 음독구결 자료와 문화재로 지정되지 않은 수많은 음독구결 자료들이 『음독구결사전』에서 배제되어 있다는 점을 지적하였다. 본고는 『한국한자어사전』의 증보편찬에 있어서 『음독구결사전』의 정보를 이용할 수 있다는 점과 그 방법에 대한 것이 논의의 초점이다. 따라서 실제로 『한국한자어사전』 증보편찬 시에 『음독구결사전』 이외의 구결 자료에 대해서도 충분히 고려해야 한다는 데에 동의한다. 이러한 목적을 이루기 위해서는 먼저 조선 후기 자료를 포함한 음독구결 자료를 집성하는 작업이 선행되어야 한다. 『한국한자어사전』의 증보편찬에 음독구결 자료를 보완한다면 시대순으로는 여말 선초, 조선 초기(임란 이전), 조선 중기, 조선 후기 이후로 나누어 시대가 앞선 자료를 우선적으로 고려해야 한다. 영역별로는 불교 관련 자료와 유교 관련 자료로 구분할 필요가 있다. 또한 석독구결과 음독구결은 그 자형과 기능의 유사성을 고려하여 이 둘의 통합 기술 여부에 관한 논의도 필요할 것이다.

결사전』의 일러두기를 살펴보자.

(2)『음독구결사전』의 일러두기

1. 사전의 미시구조는 다음과 같다.
   - #1 표제항
   - #2 讀音
   - #3 문법적 분석
   - #4 의미(현대어)
   - #5 문법 사항
   - #6 용례
   - #7 관련형
   - #8 선 · 후대형
   - #9 비고
2. 각 내용의 기술 방법 역시 석독구결 사전과 비슷하나 '#7 관련형'의 경우는 이표기를 중심으로 제시한 후 기타 관련되는 형태들을 제시하였다.
3. 용례는 가능한 한 다양한 구문을 보이고자 하였으며 문헌별로도 하나씩은 반영하도록 하였다. 용례의 제시 순서는 이본이 많은 문헌부터 연대순으로 배열하도록 하였다.
4. 표제항 및 예문에서 이체자들은 전산처리의 필요상 가능한 한 통일하였다.
5. 음독구결 자료에는 좌토를 추가로 기입한 경우가 많은데 이 사전에서는 주로 우측토를 중심으로 기술하였다.
6. 일부 문헌에는(예 : 남권희본 능엄경) 선대의 구결과 후대의 구결이 같이 기입되어 있는 경우가 있으나 이를 일일이 구분하는 것이 어려워 일괄적으로 처리하였다. 즉 같은 문헌에 나타나는 토는 주서와 묵서, 연대 등을 일일이 밝히지 않고 출전만을 제시하였다.

7. 유니코드 구결자 폰트에 들어 있지 않은 구결자는 폰트가 없는 구결자는 '[我]/*구결자*/'와 같이 표시하여 두었다.

『음독구결사전』의 수록 내용은 『한국한자어사전』의 구결 용례를 수록하고 보완하는 데 세 가지 측면에서 활용할 수 있다. 첫째 『음독구결사전』에 수록된 표제항, 독음, 의미 정보는 『한국한자어사전』의 구결 용례의 주석에 수록할 수 있다. 둘째 『음독구결사전』의 관련형과 선·후대형은 보조적인 추가 정보로 수록할 수 있다. 셋째 『음독구결사전』의 용례 정보는 『한국한자어사전』의 주석에서 전거 문헌과 동일한 역할을 할 수 있다.

2. 『음독구결사전』의 활용 방안의 실제

실제 표제어를 살펴보면서 『음독구결사전』의 정보를 『한국한자어사전』의 증보편찬에서 활용하는 방법을 논의해 보자. 『음독구결사전』의 표제항 중에서 용언 활용형의 하나인 'ソ去ヒト', 계사 활용형 중 하나인 'リ才ㅌ', 대격조사 '乚', 구격조사 '丶ヌ', 주격조사 '丶'를 각각의 수록 정보로 나누어서 살펴보자.12)

(3) 'ソ去ヒト'의 수록 정보

#1 ソ去ヒト

#2 ᄒᆞ거니와

12) 5가지 예를 든 이유는 첫째 용언에 해당하는 '爲'와 그 약체자 'ソ', 'ᄒᆞ-'의 활용형인 'ノ'로 시작되는 용례가 많기 때문이다. 둘째 계사는 그 쓰임이 뒤에 활용형을 나타내는 요소가 후행하므로 그 용례가 다양하기 때문이다. 셋째 조사는 격조사에서 용례가 많은 순서로 셋을 선택하였다.

#3 ソ/동사+去/선어말어미+ヒ/선어말어미+ト/연결어미;ソ/동사+去ヒト/연결어미

#4 하거니와. 하지만.

#5

#6 覺知丶 滅則意丶 幽閑▶ソ去ヒト◀然乃 彼幽閑者刀 猶是法塵影事丶· 〈1248楞嚴1:23a_5_해〉

#7 ソ去ヒト

#8 (이두)是在果

#9

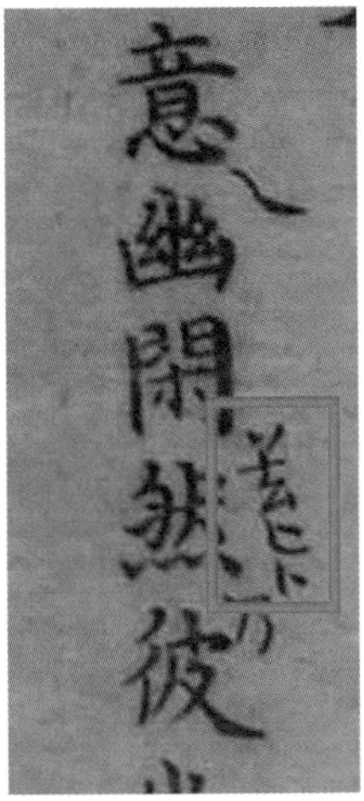

〈그림 1〉

(3가)는 『음독구결사전』의 450쪽에 수록된 표제어 'ソ去ヒト'의 내용을 그대로 가져온 것이다. 'ソ去ヒト'는 『한국한자어사전』의 '爲' 字 또는 '爲' 字의 하위 항목 구결 용례의 'ソ'의 하위에서 구결 용례로 수록할 수 있다. 이때 독음 'ᄒᆞ거니와'와 현대어 의미 '하거니와. 하지만.'을 수록할 수 있다. 주석에 포함되는 내용 중에 관련 형태로 이두 '是在果'는 '爲' 항목의 이두 단어인 '是在果'(2권 751쪽)에 보충 정보로 넣을 수 있을 것이다. 용례 정보에서 전거 문헌에 대하여 보물 제1248호 『楞嚴經』 1권 23장 앞면에 해당하는 정보를 파악할 수 있다. 〈그림 1〉은 문헌의 해당 부분 이미지에서 'ソ去ヒト'를 오려낸 것이다.

(4) 'リオㅌ'의 수록 정보

#1 リオㅌ

#2 이어늘

#3 リ/계사+オㅌ/연결어미

#4 -이거늘.

#5

#6

心知ㄱ 非眼▶刂オㅌ◀ 爲見亽ソㄱ大ㄱ 非義ヒ刂丨 〈남01楞嚴01:15a_4_본〉

眞明妙理ㄱ 本無能所ソ㇒ 元一圓融淸淨寶覺▶刂オㅌ◀ 由所妄刂 旣立ソ㇒ 遂成隔礙ソヒ 故灬 明 理刂 不踰ソヒ亽 〈남01楞嚴04:32b_17-18_해〉

阿難 當知 是根ㄱ 非一ソ尒 非六▶刂オㅌ◀ 由無始来㇒ 顚倒淪替ノㄱホ灬 故於圓湛㇒ 一六義生ソヒ亽 〈남01楞嚴04:51b_1-3_본〉

妙湛刂 圓明ソ㇒ 本非見 覺▶刂オㅌ◀ 由黏妄失真ソ㇒ 於是十 發見去七丨 〈남01楞嚴04:52a_8_해〉

若用錢物去乃 或役其力去乃ロ 償足 自停▶刂オㅌ◀ 如其中間㇒ 殺彼身命ソ尒 或食其肉ソ丆 如是乃至經微塵刧ㄎ 相食相誅ノム 轉輪刂 互爲高下ソ㇒ 無有休息ソオヒ 〈남01楞嚴08:54b_9-10_본〉

作是說者ㄱ 名爲正說▶刂オㅌ◀ 若他說者ㄱ 卽魔王說ソヒ亽 〈남01楞嚴09:9b_22_본〉

幻陰ㄱ 一體亽 遷流 一相▶刂オㅌ◀ 而且執是迷非ソ尒 見今忘昔ソ㇒ソㄱ 故 以流者乂 爲常ロ 遷者乂 爲滅去七丨〈남01楞嚴10:5a_9_해〉

此刂 識陰盡之相也 性 本一眞▶刂オㅌ◀ 由塵隔越ソ㇒ 性用之間㇒ 同異刂 失准ソしㅗし 名爲命濁亽ソ又ヒ 爲識陰之體ヒ故 識盡則超之去七丨 〈남01楞嚴10:7a_3_해〉

此 能直超 不歷者 諸位進修ㄱ 爲治惑習▶刂オㅌ◀ 今㇒ 識盡 無習ソ入ナ 故 能超之去七丨〈남01楞嚴10:17b_11_해〉

臨高ㄱ 空想▶刂オㅌ◀ 而酸澁し 眞受去ニ尒 違順ㄱ 皆妄▶刂オㅌ◀ 而損益刂 現馳ソㅌヒ 則受陰刂 無體ソ㇒ 虛有所明ソ入ナ 故 名虛明妄想亽ソ又ヒ亽 〈남01楞嚴10:19b_8_해〉

由汝ㅋ 念慮ㅅㅅ 使汝色身ㅅㅌㄴ 身非念倫▶ㅣㅊㅌ◀ 汝身ㅣ 何因ㅊ 隨念所使ㅅㅊ 種種ㅊ 取像ㅅㅊ 心生形取ㅅㅊ 與念ㅊ 相應ㅊㄴ午 〈남01楞嚴10:19b_10_본〉

虛實ㅣ 不倫▶ㅣㅊㅌ◀ 而能相使者 由想而融也ㄴㅅ 〈남01楞嚴10:19b_14-20a_1_해〉

精眞ㅅㄱ 不容妄習▶ㅣㅊㅌ◀ 今能藏昔ㅅㅊ 宛不遺失ㅅㅅ大 卽妄習也ㅋㅌㅣ 〈남01楞嚴10:20b_5_해〉

#7 ㅊㅌ, (ㅅ)ㅊㅌㄴ, (ㅅ)令ㅌ, (ㅣ/ㅅ)ㅊㄴ, (ㅅ)令ㄴ, ㅊㅌ, ㅊㄴ

#8 (이두)是去乙, (15)-이어늘/이어늘

#9

(4)는 『음독구결사전』의 418쪽에 수록된 표제어 'ㅣㅊㅌ'의 내용을 그대로 가져온 것이다. 'ㅣㅊㅌ'는 『한국한자어사전』의 '是' 字 또는 '是' 字의 하위 항목의 구결 용례로 수록할 수 있다. 이때 독음 '이어늘'과 현대어 의미 '-이거늘.'을 수록할 수 있다. 주석에 포함되는 내용 중에 관련 형태로 이두 '是去乙'는 '是' 항목의 이두 단어인 '是去乙'에 보충 정보로 넣을 수 있을 것이다. 또한 용례 정보의 전거 문헌을 『楞嚴經』 등으로 파악할 수 있다.

(5) 'ㄴ'의 수록 정보

#1 ㄴ

#2을

#3 ㄴ/대격조사

#4 −을.

#5

#6

行 爲萬化ㇷ 生滅 根元丶ㄱㄡㄱ 故 其相丶 披露 則ㄱ 十二類生之元▶乚◀ 無不彈見ㅊㄴㅣ〈가람楞嚴10:1b_2_해〉

識陰刂盡者ㄱ 銷磨六門ㄓㄋ 諸根▶乚◀ 互用ㄓㅌㄴ 今此ㄱ 未盡 則纔得隨順而已ㅊㄴㅣ〈남01楞嚴10:14b_2_해〉

四者 是人丶 有無▶乚◀ 俱見ㄓㄋ 其境丶 枝故ㄡ 其心丶 亦亂ㄓㄋ 有人丶 來問ㅊ入ㄱ〈0939楞嚴10:7a_9_본〉

欽奉如來▶乚◀ 而稱慈嚴者ㄱ 慈ㄱ 以恩⺣ 言ㅁ〈가람楞嚴1:6b_13_해〉

此暗中人ㅏ 與彼群盲乚ㄡ 二黑▶乚◀ 校量ノㄱㅿㄱ〈0759楞嚴1:41b_3_본〉

文殊丶 云ㄓ入ㅿ 法▶乚◀ 稱爲內塵丶丶ㄓ二ㄴ〈1248楞嚴3:4b_19_해〉

二者▶乚◀合辯ノㄱㅿ 身觸二處丶 皆無實也ㅊㄱ大〈일사楞嚴3:7b_24_해〉

地水火風▶乚◀ 各各發明ㅊ入ㄱ 則各各現ㅁ〈9592楞嚴4:6b_15_본〉

顙▶乚◀喩根元 則ㄱ 鼓ㄱ 喩浮根ノㄴㄴ〈소곡楞嚴4:16b_27_해〉

一生敗闕▶乚◀ 已一一呈似ㄓㄋㄴ 必能洞照此心ㄓ二才丶ㅣ 望委曲提警ㄓ小一〈大慧:1b_5_해〉

又見菩薩丶 頭目身體▶乚◀ 欣樂施與ㄓㄋ 求佛智慧ㄓㅈ〈1306法華1:17a_8_본〉

心懷大歡喜ㄓㄋ 疑網▶乚◀ 皆已除果丶ㅣ〈1153法華2:3a_4_본〉

長者 有疾ㄱ 譬方等之後ㄋ 名相▶乚◀ 未遣ㄓㄋ 人多法執之病ㄓ乚ㅊ丶 佛亦病之入乚ノㄴ〈소06法華2:54a_8_해〉

今世後世▶乚◀ 如實知之ㄓㄋ〈소02法華3:5a_6_본〉

如是等衆惡▶乚◀ 念佛告勅故⺣ 皆當忍是事ノ刂丶〈1306法華4:60a_9_본〉

聞香▶乚◀ 知所在ㄓㅈ〈소01法華6:14b_17_본〉

序分流通▶ㄴ◀ 見于上中下丷ㅌ 〈0694四二:1b_15_해〉

佛言學佛道者ㄱ 佛所言說▶ㄴ◀ 皆應信順ノ卄ㅌ 〈0695四二:12a_4_본〉

阿羅漢者ㄱ 能飛行變化丷ㄋ 曠劫ㄋ 壽命▶ㄴ◀ 住動天地丷ㄋ 次爲阿那含リㅌ 〈佛祖三經:4ㄱ_2_본〉

丹霞淳頌卓示▶ㄴ◀ 難將正眼窺 逈超今古丷ㅌ 類何齊丷午 〈9592禪門5:2a_1_본〉

心如幻者▶ㄴ◀ 亦復遠離丷ㅈ 〈1016圓略상2:5c_9_본〉

便須靜坐思惟丷ㄋ 聞思修慧▶ㄴ◀ 圓明オㄱ丁 〈0938圓略상2:9c_8_해〉

何時ㄋ 當得所作▶ㄴ◀ 已辦ノリㅁ 〈자비참1:13a_7_본〉

一劫之內 所積塵數▶ㄴ◀ 盡充爲劫丷ㄋカ 〈지장上:4a_6_본〉

故ㄡ 向下ㄋ 名數▶ㄴ◀ 更不再列ノリ丶 〈천태:11a_17_본〉

贈死ㄴ 不及尸丷ホ 弔生▶ㄴ◀ 不及哀丷ホ 豫凶事丶 非禮也스 〈春秋1:10a_3_전〉

不出塵寰丷ㅈ 不去妻子丷ㅁ 斷愛欲 免輪回▶ㄴ◀大聖丶垂慈丷숲ㅁ 〈현정론:5b_3_본〉

#7

#8

#9

(5)는 『음독구결사전』의 218쪽에 수록된 표제어 ‘ㄴ’의 내용을 그대로 가져온 것이다. ‘ㄴ’은 『한국한자어사전』의 ‘乙’ 字 또는 ‘乙’ 字의 하위 항목의 구결 용례로 수록할 수 있다. 이때 독음 ‘을’과 현대어 의미 ‘-을.’을 수록할 수 있다. 용례 정보의 전거 문헌에 관하여 불교 문헌인 『楞嚴經』뿐만 아니라, 『春秋』와 같은 유교 문헌 자료에도 공통적으로 나타나고 있다는 점을 수록할 수 있다.

(6) '丷 乙'의 수록 정보

#1 丷 乙

#2 이로

#3 丷 乙/구격조사

#4 -으로.

#5

#6

覺觀ㄱ 卽身識也 以合離二境▶丷 乙◀ 爲緣才 七丨〈가람楞嚴03:13a_12_해〉

鏡 因手執ㅁ 日 從天來午 艾 本地生丷才ニヒ 火 從何方▶丷 乙◀ 遊歷於此午〈0759楞嚴03:32b_11_본〉

縱彼障深丷 彡 未得見我丷 彡 ㄲ 我與其人▶丷 乙◀ 暗中 彡 摩頂丷 彡 擁護安慰丷 彡 令其乙 成就丷 乙丨 〈일사楞嚴05:13a_4_본〉

雖未得無漏 法性之妙身丷 乃 以清淨常體▶丷 乙◀ 一切 於中 現丷 ㅌヒ 〈소01法華6:20a_11_12_본〉

#7 乙, ㄴ乙, ㄴ灬, ㄴ…

#8 (15)ᄋᆞ로/으로

#9 /*몇몇 예에서 丷는 매개모음처럼 쓰임.*/

(6)은 『음독구결사전』의 307쪽에 수록된 표제어 '丷 乙'의 내용을 그대로 가져온 것이다. '丷 乙'는 『한국한자어사전』의 '是' 字 또는 '奴' 字의 하위 항목 구결 용례로 수록할 수 있다. 이때 독음 '이로'와 현대어 의미 '-으로.'를 수록하고, 주석 내용 중에 특이 사항으로 몇몇 예에서 '丷'가 매개모음처럼 쓰이는 것을 수록할 수 있다.[13] 이는 '是' 字의 용법에도 추가할 수 있는 사항이다. 용례 정

13) '丷'가 매개모음처럼 사용되었다고 수록된 내용은 본문의 문맥을 잘못 이해한 결과일 가능성이 있다. 『한국한자어사전』의 증보편찬 후에 이를 웹

보에서 전거 문헌으로 『楞嚴經』, 『法華經』 등이 있다.

(7) '丷'의 수록 정보

#1 丷

#2 이

#3 丷/주격조사

#4 -이/가.

#5

#6

此ㄱ 集者▶丷◀ 依佛立言丷ヒヒ 〈가람楞嚴01:5a_17_해〉

菩薩聽衆▶丷◀ 皆住本國者ㄱ 心量▶丷◀ 本周丷ス 心聞▶丷◀ 本洞也ㅊㅣ 〈가람楞嚴01:18a_19_해〉

〈생략〉14)

夫三乘五乘▶丷◀ 皆所以治其情也ノム 人天乘ㄱ 所以治其染垢𠂉 三乘ㄱ所以治其淨垢也ヒ 〈현정론:1b_4_5_본〉

由是ㅈ 吾佛世尊▶丷◀ 丁父之喪丷人 躬自執爐丷ニヒ 〈현정론:17a_4_본〉

#7

#8 (석독)丷 (15)이

#9

으로 서비스할 경우 가능한 경우에 한하여 해당 부분의 이미지를 연계하여 사용자가 찾아볼 수 있도록 하는 것도 필요하다.

14) 이 부분의 예문은 앞과 뒤의 두 개씩만 남기고 중간 부분은 생략하였다. 생략된 부분을 포함한 예문 전체의 모습은 (15)에서 주격조사에 선행하는 한자를 논의하는 부분에서 다룬다.

(7)은 『음독구결사전』의 302쪽에 수록된 표제어 '丶'의 내용을 그대로 가져온 것이다. 표제어 '丶'의 용례들은 『한국한자어사전』의 '是' 字 또는 '是' 字의 하위 항목 구결 용례로 수록할 수 있다. 이때 독음 '이'와 현대어 의미 '-이/가.'를 수록할 수 있다. 이 항목에서는 용례가 188개가 나타나고 있고, 이에 대한 전거 문헌 또한 다양하게 보일 수 있다. 특히 이들 용례는 '丶'가 주격조사로 사용되었을 때이므로 '丶'에 선행하는 단어는 명사 또는 명사 상당어일 가능성이 높다. 이에 대해서는 Ⅳ장에서 자세히 살펴볼 것이다.

『음독구결사전』의 다른 표제어들도 위의 다섯 가지 예와 동일한 구조로 수록되어 있다. 따라서 이들을 일정한 반영 기준에 따라 『한국한자어사전』에 체계적으로 수록하면 구결 자료가 다양하게 반영되지 않은 『한국한자어사전』의 문제점을 해결할 수 있다.

Ⅳ. 단어(명사, 동사) 및 단어 상당 구절에 후행하는 음독구결의 양상

구결은 한문과 불가분의 관계를 갖는다. 왜냐하면 구결은 한문을 우리말 순서로 읽거나 그 뜻을 보다 잘 전달하기 위해서 부수적으로 우리말의 문법 형태소 등을 나타내기 위한 것이기 때문이다. 한문 없이 구결로만 된 글이 없다는 사실이 이러한 점을 잘 설명해 준다. 윤용선(2003: 25)에 의하면 구결문에서 한문 구절에 대한 품사적 판단은 구절에 현토되는 구결로 표현된다. 조사가 현토된 구절은 명사구로 판단된 것이다. 구결문에서 통합되는 구절에 동사 성분이 포함되어 있고 전체적으로 서술성을 갖고 있을지라도 그 구절에 조사가 현토되면 이는 명사로 취급된 것이다. 원칙적으로 'ᄒᆞ-'가 통합된 구절은 동사구로 기능하는 용법으로, 계사 '이-'가 통합된 구절은 명사 서술어로 기능하는 용법으로 쓰인 것이다. 따라서 'ᄒᆞ-'의 현토는 통합된 구절을 동사구로 인식했음을 보이는 것이다. 계사 '이-'의 현토는 명사적 용법으로 사용된 것과 구절 내 동사의 서술성을 표현하는 것 두 종류로 구분될 수 있다.

1. 『음독구결사전』을 활용한 동사 상당 한자어

『한국한자어사전』은 한자어를 대상으로 하는 것이므로 사전의 내용 기술에 음독구결 사전의 예문과 문법 정보를 이용할 수 있다. 예를 들어 'ᄒᆞ-'가 현토되는 구절이나 단어는 그것이 용언 또는 용언 상당어일 가능성이 높다. 이렇게 분류되는 자료는 한국에서 쓰이는 자료들이다. 구결의 분석을 통해 그 대상이 되는 기초 자료를 수집하는 일차적인 작업에 도움을 줄 수 있다. 이러한 작업은 『한국한자어사전』의 증보편찬에 적극적으로 참고할 수 있을 것이다. 이 자료들이 한국 고유의 것인지를 판단하는 일은 2차적인 작업이다.

(8) 發惡ᄒᆞ-

#1 ㅅ ㅣ ㄱ

#2 ᄒᆞ단

#3 ㅅ/동사+ㅣ[더/선어말어미+오/선어말어미]+ㄱ/관형사형어미
#4 하던.
#5
#6
依見ㅅ𠄌 貪味▶ㅅㅣㄱ◀ 故… 能爲然金石ㄟ𠂇ㄟㅈ 〈가람楞嚴08:49b_17_해〉
依聽ㅅ𠄌 發惡▶ㅅㅣㄱ◀ 故能爲利兵刃𠂇ニ𠃍 〈남01楞嚴08:49b_18_해〉
以合精▶ㅅㅣㄱ◀ 餘習ㄡ 能應節序ㅅㅌㄴ 卽社燕寒鴈蟋蟀類也、 〈0759楞嚴08:52a_6_해〉
貪物ㅅ𠄌 則恪着不釋▶ㅅㅣㄱ◀ 故… 附物爲恠𠫓ニㅈ 〈0939楞嚴08:52a_12_해〉
貪罔爲罪▶ㅅㅣㄱ◀ 是人ㄱ 罪畢ㅁ 遇幽爲形ㅅㅌㄴ 名爲魘鬼ㅅ ㅅㄡㄴㅅ 〈소곡楞嚴08:17b_28_본〉
我本無心有所希求▶ㅅㅣㄱ◀ 今此寶藏ㄟ 自然而至、ㅅㄴ 〈소06法華2:56b_3_본〉
#7 ㅅㅅㄱ
#8 (15)ᄒᆞ단
#9

(8)은『음독구결사전』에서 '發惡ㅅ-'의 예이다.『음독구결사전』용례에서 '發惡ㅅ-'는 모두 3회 검색된다. 이 용례를 면밀히 검토하면『한국한자어사전』의 '發' 字의 단어 항목의 내용을 보완하는 데 도움이 될 것이다.[15)]

15) 단어 항목의 내용을 보완하는 것은 사전항목의 위계구조를 변경하는 것과 밀접한 연관이 있다. 본고에서는『한국한자어사전』의 '發' 字 등 앞으로 제시하는 한자들의 단어 항목을 보완하는 구체적인 방법에 대한 논의는 보류한다.

(9) 發起ᄒᆞ-

#1 ッ소 ㄱ ㅊ

#2 ᄒᆞ샨디

#3 ッ/용언+소ㄱ[시/선어말어미+오/선어말어미+ㄴ/관형사형어미]+ㅊ[ᄃᆞ/의존명사+이/주격조사]

#4 하신 것이.

#5

#6

以無所不現故… 齊彰並照▶ッ소ㄱㅊ◀ 如百千日ㅊㅌ丨 〈소곡楞嚴01:11b_17_해〉

眞慈… 善救ッ소 縱橫激發▶ッ소ㄱㅊ◀ 亦至矣소 〈소곡楞嚴01:16b_2_해〉

曾不自知ッ소ㄱㅿ 則匿王ヽ 發起▶ッ소ㄱㅊ◀ 蓋有所警也ㅊㅌ丨 〈9594楞嚴02:2a_6_해〉

一蒙開示ロ 了獲本心▶ッ소ㄱㅊ◀ 卽不歷僧祇也ㅋㅌ丨 〈남01楞嚴03:26a_5_해〉

自第四卷… 決通疑滯ッニス 攝伏攀緣▶ッ소ㄱㅊ◀ 卽審除細惑之方也ㅋㅌ丨 〈9594楞嚴03:48b_6_해〉

觀音ヽ 初於聞中ㄋ 入流忘所ッ소 動靜二相ヽ 了然不生▶ッ소ㄱㅊ◀ 卽先得人空也、 〈0939楞嚴05:7a_5_해〉

如是漸增ッㄋ 聞所聞盡ッㄋ 盡聞不住ッㄋ 覺所覺ヽ 空▶ッ소ㄱㅊ◀ 卽成法解脫也、 〈0939楞嚴05:7a_6_해〉

空覺ヽ 極圓ッㄋ 空所空ヽ 滅▶ッ소ㄱㅊ◀ 卽俱空ヽ 不生也ヒ、 〈0939楞嚴05:7a_7_해〉

阿難… 起教ッヽロ 終復囑令弘ッヽ소ㄱ大 宣足知大教源流ヽ 浚發遐被▶ッ소ㄱㅊ◀ 無非阿難之力ヽㄡ丨 〈가람楞嚴09:28a_20-28b_1_해〉

則示遭魔事ッㄋヽㅏ 儆心辨見▶ッ소ㄱㅊ◀ 皆爲末法… 起大慈

悲ㅅ㕣 令不着魔ㅅ㇇ 〈가람楞嚴09:28b_2_해〉

始以阿難乙 起教ㅅ二ロ 終復囑令弘宣ㅅ二丶大 足知大教源流 淩發遐被▶ㅅ㕣丁ㅊ◀ 無非阿難之力乙丨 〈0939楞嚴09:28a_20-28b_1_해〉

導師丶 見捨ㅅ㕣 觀我ラ 心故灬 初不勸進ㅅ㕣 說有實利▶ㅅ㕣丁ㅊ◀ 如富長者丶 知子ラ 志劣ㅅ㇇ 〈소06法華2:64a_5_본〉

雖根有無量ㅅ乃 而皆令利喜▶ㅅ㕣丁ㅊ◀ 是謂冥化亠ヒ丨 〈소05法華3:5b_14_해〉

#7 ㅅ스丁ㅊ

#8 (15)ᄒᆞ샨 디

#9

(9)는 『음독구결사전』에서 '發起ㅅ-'의 예이다. 『음독구결사전』에서 '發起ㅅ-'는 모두 17회 검색된다. 이들은 모두 용례에서 검색된 것들이다. 이 용례들을 검토하여 『한국한자어사전』의 '發' 字의 단어 항목의 내용을 보완할 수 있다.

(8)과 (9)는 『한국한자어사전』 3권의 '發' 字에 수록된 '發惡'(481쪽), '發起'(479쪽)와 관련한 『음독구결사전』의 표제항 'ㅅ丨丁'과 'ㅅ㕣丁ㅊ'의 기술 내용이다. 이 표제항의 용례는 해당 한자 뒤에 구결자 'ㅅ-'가 결합하여 앞의 한자 즉 '發惡'과 '發起'가 동사성을 나타내고 있음을 보여 준다.

(10) 應知호-, 當知호-

가. 'ノ刂丶'

#1 ノ刂丶

#2 호리라

#3 ノ[ᄒᆞ/동사+오/선어말어미]+刂/선어말어미+丶/종결어미

#4 할 것이다. 하리라.
#5
#6
是故又 應知▶ノリ、◀ 非一、 終六ス 非六、 終一、ソ1 〈0939楞嚴4:51a_18_본〉
是故灬 應知▶ノリ、◀ 非一亽 終六ス 非六亽 終一ヒ 〈9594楞嚴4:43b_8_본〉
當知▶ノリ、◀ 眼 唯八百功德1入亠 〈0759楞嚴4:40a_10_본〉
亦爲未來一切衆生ソ全 爲出世因ソ3 作將來眼▶ノリ、◀ 〈일사楞嚴5:1b_10_본〉
我 當以佛法灬 而訓導之▶ノリ、◀ 〈1306法華6:2b_9_본〉
若有勸一人ソ3 將引聽法華ㅊ丶ソ3 言此經 深妙ソ3 千萬劫乚 難遇丶、ソ、 即受教 往聽ノム 乃至須臾 聞ソス1 斯人之福報乚 今當分別說▶ノリ、◀ 〈소01法華6:6a_16_6b_3_본〉
有一淫女丶 來白王言ノム 我當能降ノリ丶丨ソヒ、 王丶 聽ソ二丨 往彼3 禮拜道人ロ 摩觸身體ソ3 因起染心ソ3 便失神通ソヒ 雨澤滂流ㅊ乚 女人丶 騎道人頸ソ3 來見國王ソ二大1 王丶 乃嘉賞ソ二ヒ 故知▶ノリ、◀ 〈佛祖三經:11ㄱ_6_해〉
今3 但通決疑難ソ八 以成前義ソ二ヒ、 永斷疑悔ソリヒ 汝今諦聽ソ、 當爲汝說▶ノリ、◀ 〈1016圓略상2:26d_4_해_5_본〉
#7 ノ矛、, ノリ亽
#8 (15)호리라
#9

나. 'ノリ亽'
#1 ノリ亽
#2 호리라

#3 ノ[ᄒᆞ/동사+오/선어말어미]+リ/선어말어미+ᄉ/종결어미
#4 할 것이다.
#5
#6
帝釋ト 梵王ト 烏芻瑟摩ト 幷藍地迦ト 諸軍茶利ト 與毗俱胝ト 四天王等ト 頻那夜迦ㅅ、ㄱ 張於門側ッ３ 左右３ 安置▶ノリᄉ◀ 〈0759楞嚴7:8a_3_본〉
當知▶ノリᄉ◀ 鼻 唯八百功德ㄱㅅニ 〈9594楞嚴4:40b_9_본〉
利達ヽ 無窮▶ノリᄉ◀ 〈소04法華6:37a_5_해〉
我常思念此子ロ 無由見之ᄉヒ 而オㄴ 忽自來ᄉ 甚適我願ㅊ丨 我雖年朽ッ乃 猶故貪惜▶ノリᄉ◀ 〈소05法華2:51b_14_15_본〉
吾卽涅槃ッ３ 使汝早畢是願ㅊヽリヒ 吾亦無憂現在未來 一切衆生▶ノリᄉ◀
〈지장中:22b_12-23a_2_본〉
#7 ノリ、, ノオ、
#8 (15)호리라
#9

다. 'ッ、'
#1 ッ、
#2 ᄒᆞ라
#3 ッ/동사+、/종결어미
#4 하라.
#5
#6
是故 應知▶ッ、◀ 一切３ 無著ㄴ 名覺知心、ㄅ 無有是處ッヒ、 〈가람楞嚴01:17a_24-25_본〉
專門 舊學ㄱ 不免予盾ッ女ヒト 惟通人ㄱ 攷之▶ッ、◀ 〈남01

楞嚴01:5a_12_본〉
我 已宿齋ㅅ〻ㄴ 汝觀比丘▶ㅅ丶◀ 〈0759楞嚴01:21b_2_본〉
阿難ㄗ 極汝見源▶ㅅ丶◀ 從日月宮ㅅ氵ㄲ 是丶 物丶丶 非汝丶ス 至七金山ㄎ 周徧諦觀ㅅ丶 〈1248楞嚴02:9a_9-10_본〉
但汝丶 於心 微細揣摩▶ㅅ丶◀ 〈일사楞嚴01:20b_12_본〉
阿難氵 汝觀世間 解結之人▶ㅅ丶◀ 〈9592楞嚴04:13b_28_본〉
受報者ㄲ 亦實ㅅス 所證底法門 亦實▶ㅅ丶◀ 〈大慧:3b_6_본〉
彌勒ㄗ 當知▶ㅅ丶◀ 初佛後佛丶 皆同一字ㅅ亽 名日月燈明十號具足ㅅ二ㅁ 所可說法ㄱ 初中後善ㅅ二ㄴ 〈1153法華:23b_4_본〉
諸法實相義ㄴ 已爲汝等說ノㄴ 我今於中夜氵 當入於涅槃ノリㄴ 汝丶 一心精進ㅅ氵 當離於放逸▶ㅅ丶◀ 〈1306法華1:29a_4_본〉
汝等ㄱ 但當勤修精進▶ㅅ丶◀ 如來ㄱ 以是方便灬 誘進衆生ㄴ丶 〈소06法華2:21b_12-22a_1_본〉
須信道▶ㅅ丶◀ 劫火洞然ㅅ氵 毫末盡ㅅㄴ 靑山依舊白雲中ㄡ丨 〈佛祖三經:15ㄱ_12_해〉
直下氵 便承當ㅅ氵ㄲ 已落第二月ㅅリㄴ 且道▶ㅅ丶◀ 如何是第一月ㄘ 〈9592禪門5:15b_11_본〉
汝今諦聽▶ㅅ丶◀ 當爲汝說ノリ丶 〈1016圓略상2:3a_2_본〉
#7 ㅅ亽, ㅅ罒
#8 (15)ᄒᆞ라
#9

(10)은 동사로 파악할 수 있는 '應知ㅅ-', '當知ㅅ-', '應知ノ-', '當知ノ-'의 용례가 포함되어 있는 세 표제항 'ノリ丶', 'ノリ亽', 'ㅅ丶'의 『음독구결사전』 기술 내용을 보인 것이다. 『음독구결사전』에서 '應知ㅅ-'는 4회, '應知ノ-'는 9회, '當知ㅅ-'는 10회, '當知

ノ-'는 2회 검색된다.[16] (10가)는 'ᄒᆞ-'의 활용형이 포함된 'ノ-'가 결합한 구결자의 표제항 'ノ刂丶'의 내용이고, (10나)는 동일한 성격의 'ノ刂ᄉᆞ'의 내용이고, (10다)는 'ᄒᆞ-'로 시작하는 'ㅅ丶'의 내용이다. 여기에서 해당 한자와 결합한 용례들을 검토하여 『한국한자어사전』의 '應'과 '當' 字의 단어 항목의 내용을 보완할 수 있다. 즉 『한국한자어사전』의 2권 '應' 字 항목과 3권 '當' 字 항목에서 새로운 단어의 추가를 검토할 수 있는 근거가 되는 것이다.

(11) 妄計ᄒᆞ-

가. ㅅㅈㄱㅅㄱ

#1 ㅅㅈㄱㅅㄱ

#2 ᄒᆞ논ᄃᆞᆫ

#3 ㅅ/동사+ㅈ[ᄂᆞ/선어말어미+오/선어말어미]+ㄱ/관형사형어미+ㅅ/의존명사+ㄱ/보조사

#4 하면.

#5

#6

凡見道不眞 多歧 妄計▶ㅅㅈㄱㅅㄱ◀ 皆卽狂解丶ㄷ 是謂心魔丶ㄷ 最宜深防也ㅊㄷㅣ 〈가람楞嚴10:10b_9_해〉

如眼刂 觀見▶ㅅㅈㄱㅅㄱ◀ 後暗ㅁ 前明ㅅㄷ 〈남01楞嚴4:49a_16_본〉

富樓那 如是三種顚倒 相續▶ㅅㅈㄱㅅㄱ◀ 皆是覺明ㅏ 明了知性ㅏ丶 因了發相ㅅ彡 從妄見ㅈ 生ㅅㄷ 〈0939楞嚴4:34b_5_본〉

---

16) 검색 조건을 바꾸어 표제어에 해당하는 경우로 한정하면 '應知▶ㅅ-'는 1회, '應知▶ノ-'는 2회, '當知▶ㅅ-'는 2회, '當知▶ノ-' 2회로 나타난다. 예문에 다른 구결자가 있는 경우 중복되기 때문이다.

如眼丶 觀見▶ㅣ又丁入丁◀ 後暗ㅁ 前明ㅣ匕 〈9594楞嚴4:40a_5_본〉

雖具妙體ㅣ乃 而未丁 能運用▶ㅣ又丁入丁◀ 蓋爲受氵 所覆丶匕 〈소곡楞嚴9:10a_29-10b_1_해〉

士大夫學道刂 多不肯虛卻心阝 聽善知識氵 指示▶ㅣ又丁入丁◀ 善知識丶 纔開ㅣ又丂 口渠丶 已在言前ㅣ阝 一時阝 領會 〈大慧:40a_5_6_본〉

以諸因緣又 種種譬喩 開示佛道▶ㅣ又丁入丁◀ 是我氵 方便匕 〈소01法華3:14a_5_본〉

三界阝 輪轉▶ㅣ又丁入丁◀ 愛欲氵 爲因匕 割愛辭親丁 身出家也、 識心達本丁 心出家也、 〈佛祖三經:4ㄱ_7_해〉

不得捨離▶ㅣ又丁入丁◀ㅣ亽 故在此土ㅣ亽 救諸弊惡ノ刂厶 〈자비참1:7b_10_본〉

#7 ㅣ又丁ホ丁, ㅣ又丁月丁, ㅣ又丁厶丁, ㅣ又丁入, ㅣ金丁入丁, ㅣ亽丁入丁, ㅣ力丁入丁

#8 (15)ᄒᆞ논든

#9

나. ㅣ乚丁

#1 ㅣ乚丁

#2 ᄒᆞ란

#3 ㅣ/동사+乚/동명사어미+丁/보조사

#4 하는 것은.

#5

#6

凡見道不眞〃 多歧 妄計▶ㅣ乚丁◀ 皆卽狂解亽 是謂心魔丶匕 最宜深防也氵七丨 〈소곡楞嚴10:7a_7_해〉

使汝灬 流轉▶ㅣ乚丁◀ 心目丶 爲咎丶匕 〈가람楞嚴1:10b_2_본〉

前 云ノム 見眚▶ッㄴㄱ◀ 非病ᄉッニㅊ 此ㅋㄱ 云 見眚者ㄱ 無見咎ᄉッㅊ 〈9594楞嚴2:37b_3_해〉

此無始来ㅋ 發業 潤生▶ッㄴㄱ◀ 誰作 誰受ᄂ月ノ禾ᄉ 〈소곡楞嚴4:13b_21_본〉

於諸律儀ㅏ 愛樂隨順▶ッㄴㄱ◀ 是人ㄱ 應時ッㅋ 能行梵德ッ ㅌㄴ 〈가람楞嚴9:1b_8_본〉

今之行人ヽ 見性 不深▶ッㄴㄱ◀ 多滯於此ッㅌㄴ 〈소곡楞嚴 9:4b_39_해〉

殷勤精進ッㅋ 欲速出三界ッㅋ 自求涅槃▶ッㄴㄱ◀ 是名聲聞乗 、ッㅈㄴ 〈소06法華2:22a_12-22b_1_본〉

愍念安樂無量衆生ッㅋ 利益天人ッㅋ 度脫一切▶ッㄴㄱ◀ 是名 大乘菩薩ㄴ 〈소06法華2:23a_11_본〉

若諸菩薩ヽ 智慧堅固ッㅋ 了達三界ッㅋ 求最上乘▶ッㄴㄱ◀ 是名小樹ヽ 而得增長ㄴ、 〈소02法華3:13b_4_본〉

偈 云 聲聞緣覺ヽ 聞法得果▶ッㄴㄱ◀ 是名藥草ㅋ 各得增長、 ッㄴ 是也、 〈소06法華3:1b_8_해〉

然前明教ヽ 旣/*구결흔적 '▶ッㄴㄱ◀'*/漸頓ヽ 不同ッ、ㄱ大 〈천태:29a_12_본〉

#7

#8

#9

(11)은 동사로 파악할 수 있는 '妄計ッ-'의 용례가 포함되어 있는 두 표제항 'ッㅈㄱㅅㄱ', 'ッㄴㄱ'의 『음독구결사전』의 기술 내용을 보인 것이다. 『음독구결사전』에서 '妄計ッ-'는 2회 검색된다. 이들은 모두 용례에서 검색된 것들이다. 여기에서 해당 한자와 결합한 용례들을 검토하여 『한국한자어사전』의 '妄' 字 또는 '計' 字

의 단어 항목의 내용을 보완할 수 있다.

(12) 妄出ᄒᆞ-
#1 ソヒ、大
#2 ᄒᆞ니란대
#3 ソ/용언+ヒ[ㄴ/동명사어미+이/계사]+、大/연결어미
#4 하는 것이므로.
#5
#6
能聞 無知ソスㄱ 則 如草木▶ソヒ、大◀ 又不可也オセ丨〈일사楞嚴03:10b_4_해〉
本頭ヽ 不失ㅊㄴ 狂怖ヽ 妄出▶ソヒ、大◀ 曾無變易ㅊヒ 何藉因縁ヽ午 〈일사楞嚴04:15b_9_본〉
#7
#8
#9

(12)는 동사로 파악할 수 있는 '妄出ソ-'의 용례가 포함되어 있는 표제항 'ソヒ、大'의 『음독구결사전』의 기술 내용을 보인 것이다. 『음독구결사전』의 용례 '妄出ソ-'는 2회 검색된다. 여기에서 해당 한자와 결합한 용례들을 검토하여 『한국한자어사전』의 '妄' 字 단어 항목을 보완하여 새로운 단어의 추가를 검토할 수 있다.

(13) 魘人ᄒᆞ-
#1 ソ丨ㄱ人又
#2 ᄒᆞ단ᄃᆞ노
#3 ソ/동사+丨[더/선어말어미+오/선어말어미]+ㄱ/관형사형어미

+ㅅ/의존명사+ㅈ/구격조사
#4 하던 것으로.
#5
#6
舌 嚫生命ㅅ 3 使彼ㅈ 承忍▶ㅅㅣㄱㅅㅈ◀ 故歷嘗發苦ㅅ 3 使已ㅈ 承忍ㅅㄴ二ㅅ 〈남01楞嚴08:49b_16_해〉
身業ㄱ 多受惡觸ㅅ ㅈ 多起惡觸▶ㅅㅣㄱㅅㅈ◀ 故… 報招大山ㄱ 來合ㅅ ㅈ 及鐵城火狗等ㅅㅌㄴ 〈0939楞嚴08:50a_6_해〉
貪罔者ㄱ 潛心 陰昧▶ㅅㅣㄱㅅㅈ◀ 遇幽爲魘ㅅㅌㄴ 皆陰昧事也ㄴ、 〈0939楞嚴08:52b_9_해〉
着幽ㅅ 3 魘人▶ㅅㅣㄱㅅㅈ◀ 故 爲服類、 亦線着於人ㅅㅌㄴ 卽蠶虫牛馬類也、 〈0939楞嚴08:53b_14_해〉
明 而不幽▶ㅅㅣㄱㅅㅈ◀ 故ㅈ 爲休徵ㅅㅌㄴ 卽嘉鳳祥麟類也、 〈0939楞嚴08:54a_2_해〉
#7 ㅅㅅㄱㅅㅈ, ㅅㅣㄱㅅ…
#8
#9

(13)은『음독구결사전』의 용례에 나타난 '魘人ㅅ-'가 있는 표제항 'ㅅㅣㄱㅅㅈ'의 내용을 보인 것이다.『음독구결사전』에서 '魘人▶ㅅ' 형태로 2회 검색된다. 이 용례들을 검토하여『한국한자어사전』의 '魘' 字의 단어 항목을 보완하여 새로운 단어 추가를 검토할 수 있다.

(8)에서 (13)까지는 표제항의 용례에 'ㅅ-'가 후행하는 구결 구성이 2음절 한자에 결합한 것이 포함된 것에 관한 것이다.『음독구결사전』에서 문법 정보에 포함된 '#3 ㅅ/동사'를 검색하면 305개 항목이, '#3 ㅅ/용언'으로 검색하면 206개의 항목을 찾을 수 있다. 또

한 '#3 ノ/'로 검색하면 28개 항목이 나타난다. 이러한 검색 결과를 종합해 보면 음독구결 'ソ-'에 선행하는 구절이 동사의 어근으로 해석될 수 있다는 사실을 알 수 있다. 이들 용례 중에서 한국에서만 사용되거나, 한국에서 다른 의미로 사용된 용례를 파악하면 『한국한자어사전』의 새로운 단어 또는 용례의 추가할 수 있다.[17)]

2. 『음독구결사전』을 활용한 명사 상당 한자어

음독구결로 표현된 계사에 선행하는 요소는 명사 또는 명사 상당어일 가능성이 높다. 앞의 구결자 'ソ'의 경우와 같은 방법으로 계사의 검색 결과를 활용할 수 있을 것이다. 『음독구결사전』에서 문법 정보에 포함된 '#3 丶/계사'를 검색하면 1회, '#3 刂/계사'를 검색하면 11회가 나타난다. 또한 '#3 (丶)/계사'를 검색하면 21회가 나타난다. 계사에 대한 범위를 확대하여 '(이)/계사'를 검색하면 668회가 나타난다.

(14) '刂オヒ'

#1 刂オヒ

#2 이어니

#3 刂/계사+オ/선어말어미+ヒ/연결어미; 刂/계사+オヒ/연결어미

17) 'ソ-/동사'로 검색한 결과는 795회 'ソ-/용언'으로 검색한 결과는 239회로 문법 정보에서 검색되는 항목보다 많은 검색 결과를 보인다. 이는 'ソ'가 문법 정보의 내용 중간에 있는 경우도 포함되기 때문이다. 'ソ/형용사'의 검색 결과는 모두 10회였지만 이들은 모두 '丨'에 결합하여 '같다'의 의미를 나타내는 경우이다.

#4 -인데. -이거니. -이거늘.
#5 수사의문문이 후행함.
#6
鼻 非旃檀▶刂オヒ◀ 云何鼻中氵 有旃檀氣ソ矛午 〈남01楞嚴03:6b_2_본〉
阿難 若卽心者大 法 則非塵刂厶 非心ラ 所緣▶刂オヒ◀ 云何成處ソ矛午 〈남01楞嚴03:8a_14-15_본〉
舌 不自嘗▶刂オヒ◀ 孰爲知覺刂矛午〈남01楞嚴03:12a_18_본〉
阿難氵 演若達多ラ 頭本自然大7 本自其然ソ氵 無然丶 非自▶刂オヒ◀ 何因緣故乊氵 怖頭狂走午 〈0759楞嚴04:27b_3_본〉
若本自然 則 或狂 不狂氵 無所然而非自矣▶刂オヒ◀ 夫何又假照鏡因緣 而後氵氵 狂走刂午 〈0759楞嚴04:27b_5_해〉
或曰ノ厶 有漏空界7 乃衆生ラ 同感▶刂オヒ◀ 云何一人刂 而能消殞ソ矛午 〈남01楞嚴09:11a_14_해〉
#7 (丶)オヒ, (丶)仒ヒ, (丶)亠ヒ, 去ヒ, 去ヒ
#8 (15)-이어니
#9

(14)는 계사를 포함한 구결 표제항 '刂オヒ'의 『음독구결사전』의 기술 내용을 보인 것이다. 여기의 용례를 살펴보면 계사가 결합한 한자는 '非旃檀刂オヒ'과 같이 부정의 표현이 있는 경우에는 대체로 선행 한자 구성이 용언의 뜻을 나타낸다. 반면 '所緣刂オヒ', '同感刂オヒ'의 경우는 계사 앞에 결합한 한자 '所緣', '同感'을 명사로 판단할 수 있을 것이다. 문법 정보에서 파악할 수 있는 이러한 정보는 계사 앞에 선행하는 한자가 명사 또는 명사에 상당하는 단어일 가능성을 보여 준다. 이러한 결과를 검토하면 『한국한자어사전』의 증보편찬에 반영될 수 있는 기초 자료의 폭을 넓힐

수 있을 것이다.

명사와 관련하여 후행하는 음독구결이 조사로 파악되었다면 이에 선행하는 요소는 명사 또는 명사 상당 구절일 가능성이 높다. 〈표 5〉는 조사와 조사결합형의 검색 횟수를 정리한 것이다.

〈표 6〉 『음독구결사전』의 문법 정보에서 'X조사'의 검색 횟수

구분	조사	주격조사	속격조사	처격조사	호격조사	여격조사
횟수	606회	46회	9회	54회	6회	0회
구분	공동격조사	접속조사	보조사	대격조사	구격조사	
횟수	4회	14회	135회	117회	62회	

〈표 5〉를 살펴보면 조사 중에서 보조사가 135회로 가장 많이 나타나고 그 뒤로 대격조사, 구격조사, 처격조사, 접속조사, 속격조사, 호격조사, 공동격조사의 순서를 보인다. 여격조사가 결합한 형태는 나타나지 않았다. (15)의 용례를 통해 주격조사의 경우를 살펴보자. 용례로 제시된 예문 188개는 논의 자료로 충분하다고 생각한다.

(15) 주격조사로 쓰인 구결자 '丶'가 결합한 용례[18]

此ㄱ 集者▶丶◀ 依佛立言丶ヒヒ 〈가람楞嚴01:5a_17_해〉

菩薩聽衆▶丶◀ 皆住本國者ㄱ 心量▶丶◀ 本周ソス 心聞▶丶◀ 本洞也ㅿ丨 〈가람楞嚴01:18a_19_해〉

一切衆生▶丶◀ 不見身中ソロ 獨見身外ㆆ 亦如燈光▶丶◀ 居在室外ソろ 不能照室月七ソヒ 〈남01楞嚴01:12a_7_8_본〉

18) 앞의 (7)에 표제항 '丶'의 내용 중 용례만을 따로 떼어 낸 것이다.

而無滅盡相ᄼᅳᆫ 是名▶丶◀ 最上法之供養丶ᄼᅳᆫ〡⼤ 〈남01楞嚴01:1a_18_본〉

法華▶丶◀ 自燈明己還ᄌ 諸佛▶丶◀ 無時不說ᄼᅳ丶 菩薩▶丶◀ 無時不證ᄼᅳᆫ 〈1248楞嚴01:3a_17_18_본〉

如無手人〡 拳▶丶◀ 畢竟滅ᄎᆫト 彼無眼者〡 非見▶丶◀ 全無ᆫ 〈1248楞嚴01:25b_9_10_본〉

微塵國土▶丶◀ 一時開現者〡 本明▶丶◀ 洞照ᄼᄌ〡 妄塵▶丶◀ 不隔也ᆫ丶 〈0759楞嚴01:32b_1_해〉

三界▶丶◀ 唯心丶ᄼ 萬法▶丶◀ 唯識丶ᄉ大 故ᅟ 曰 諸法所生▶丶◀ 唯心所現스ᄉᆫ〡 〈소곡楞嚴01:12b_37_38_해〉

譬如國王▶丶◀ 爲賊ᄀ 所侵ᄼᄒ 發兵討除ᄼᄒ丶 是兵▶丶◀ 要當知賊 所在丶ᆫ 〈일사楞嚴01:10a_25-10b_1_본〉

何以故ノ 我年▶丶◀ 二十ᄒ 雖號年少丶ᄏ 顏貌▶丶◀ 已老初十歲時ᄼᄼ 〈1248楞嚴02:2a_19_20_본〉

此▶丶◀ 皆卽迷情ᄼᄒ 而難辯也丶丶 〈1248楞嚴02:12a_18_해〉

阿難▶丶◀ 一切衆生▶丶◀ 輪廻世間ノ木 由二顚倒ᄼ〡 分別見妄ᄼᄒ 〈1248楞嚴02:20b_5_본〉

精舍▶丶◀ 則狹ᄼ 戶堂▶丶◀ 又狹矣ᄀᆫ〡 〈9594楞嚴02:17a_14-17b_1_해〉

此 計界▶丶◀ 因味ᄼᄒ 生者▶丶◀ 妄也ᄀᆫ〡〈가람楞嚴03:12b_19_해〉

耳入▶丶◀ 虛妄ᄼᄒ 本非因緣丶ᄌ 非自然性丶ᆫ丶〈1248楞嚴03:2b_4_본〉

阿難ᄐ 風性▶丶◀ 無體ᄼᄒ 動靜▶丶◀ 不常ᄼᆫ〈1248楞嚴03:21b_17_본〉

若身▶丶◀ 卽觸丶ᅮ 則身▶丶◀ 非身矣リオ丶 若觸▶丶◀ 卽身大〡 則觸▶丶◀ 非觸矣丶リオᆫ〡〈0759楞嚴03:24b_2_3_

해〉

覽憶▶丶◀ 爲生𠂉 失忘▶丶◀ 爲滅丶ㅂ〈9594楞嚴03:6b_12_해〉

若香 臭 氣▶丶◀ 必生汝鼻丶大 則彼香 臭 二種流氣▶丶◀ 不生伊蘭及旃檀木ソ㢱ㅌ丨〈소곡楞嚴03:7b_9_10_본〉

鼻入之妄▶丶◀ 皆如是也丶ㅂ、〈일사楞嚴03:2b_7_해〉

唯同與異▶丶◀ 二性▶丶◀ 無成ロ㇈ 界 云何立リ𠂉〈일사楞嚴03:14a_10_본〉

周▶丶◀ 稱天子ソ𭕄 曰天王ㅅソ二ㅂ 簡㇈ 諸王也ノㅂ、〈가람楞嚴04:45a_12_해〉

昔本無迷ノム 而謂從迷ソ𭕄 覺▶丶◀ 名▶丶◀ 覺迷ソ㇈ 迷丶、〈1248楞嚴04:9b_4_해〉

菩提心▶丶◀ 生ソロ 生滅心▶丶◀ 滅大㇈ 此㇈ 但生滅丶ㅂ、〈1248楞嚴04:18a_8_본〉

入道㇈ 以見性乚又 爲本丶𠂉 了法▶丶◀ 次之ㅂ〈0759楞嚴04:1a_2_해〉

世尊𠄌 若地性▶丶◀ 徧丶大㇈ 云何又 容水ソ才丶ㅌロ〈0939楞嚴04:29a_3_본〉

知有知無ロ㇈ 自是聲塵▶丶◀ 或無或有言丁 豈彼聞性▶丶◀ 為汝又 有無ソリ𠂉〈0939楞嚴04:56b_4_5_본〉

縱汝▶丶◀ 形銷ソ𭕄 命光▶丶◀ 遷謝ソ乚入乚 此性▶丶◀ 云何為汝、刀 銷滅リ𠂉〈9592楞嚴04:19a_36_본〉

土 水▶丶◀ 生木ソ亠入㇈ 木 土▶丶◀ 生金ソ亠入㇈ 金 木▶丶◀ 生火ソ亠入㇈ 火 金▶丶◀ 生水ソ亠入㇈ 水 火▶丶◀ 生土ソㅂㅅ〈9594楞嚴04:9a_8_해〉

此▶丶◀ 乃根中𭕄 累生ソ㇈ 無始虛習ㅂ 三果𭕄氵 乃斷ソㅌㅂ 所以灬 阿難▶丶◀ 未知也ソ亠全ㅌ丨〈9594楞嚴04:43a_7_8_해〉

復 次 富樓那ㄕ 明妄ㄱ 非他ㅿ 覺明▶丶◀ 爲咎ㅿ 〈소곡楞嚴04:4a_1_본〉

土 水▶丶◀ 生木午 木 土▶丶◀ 生金午 金 木▶丶◀ 生火午 火 金▶丶◀ 生水午 水 火▶丶◀ 生土ヒ、 〈일사楞嚴04:5a_16_해〉

初生之月▶丶◀ 偃然ソヒ 舌相▶丶◀ 如之ㅿセㅣ 〈일사楞嚴04:25b_17_해〉

佛告阿難ソ八ム 根塵▶丶◀ 同源ソろ 縛脫▶丶◀ 無二ソヒ 識性▶丶◀ 虛妄ノㄱ＋ 猶如空華ソヒ、 〈0759楞嚴05:3b_1_본〉

此根塵識▶丶◀ 譬如束蘆▶丶◀ 互相依倚ソろ 雖粗有相ソ乃 其體▶丶◀ 全空ソヒ 〈9592楞嚴05:2a_3_4_해〉

舍利弗▶丶◀ 卽從座起ソろ 頂禮佛足ロ 而白佛言ノム 我ㄱ 曠劫來又 心見▶丶◀ 淸淨ソろ 如是受生ノム 如恒河沙ノ丶ㅣ 〈일사楞嚴05:12b_1_2_본〉

此大神力ㄱ 由我諦觀四大無依ソろ 妄想乂 生滅ノㄱ 虛空▶丶◀ 無二ソス 佛國▶丶◀ 本同丶ヒ 於同ろ 發明ソろ 得無生忍ノヒ 〈일사楞嚴05:18a_10_본〉

毗俱胝ㄱ 亦大神變者ヒ 毗盧神變經ろ 稱ソ八ム 左邊毗俱胝ㄱ 三目午 持鬔髻▶丶◀ 是也、 〈0759楞嚴07:8b_8_해〉

獄報ㄱ 情業午 鬼報ㄱ 想業ヒ 故又 鬼業▶丶◀ 盡ソろ 則二報▶丶◀ 俱空ㅿ入ㄱ 復償負業ㅿセㅣ 〈0939楞嚴08:53a_14_15_해〉

平等善根 性眞圓融ソろ 周徧法界ソㅿㄱ大 故灬 十方衆生▶丶◀ 皆我ラ 本性オセㅣ 〈가람楞嚴08:34b_7_해〉

欲習▶丶◀ 旣除ソろ 離欲心▶丶◀ 現ソろ 於諸律儀ト 愛樂隨順ソしㄱ 是人ㄱ 應時ソろ 能行梵德ソㅌヒ 〈가람楞嚴09:1b_7_8_본〉

二禪ㄱ 離憂ロ 得極喜樂ソ、大 故 云 憂愁▶丶◀ 不逼ヒ、

〈0759楞嚴09:4a_5_해〉

又彼定中ㄋ 諸善男子▶㇏◀ 見色陰▶㇏◀ 鎖ㅁ 受陰▶㇏◀ 明白丷ㄋ 〈0939楞嚴09:18b_21_본〉

唯心境▶㇏◀ 兩釋丷ㄋ氵 煩惱▶㇏◀ 斯斷ㅿ匕七丨 〈소곡楞嚴09:3b_18_해〉

四者 是人▶㇏◀ 知想陰▶㇏◀ 盡見ㅁ 行陰▶㇏◀ 流丷ㄋ 行陰▶㇏◀ 常流丷亽大 計爲常性㇏亽ㅁ 色受想㇏等ㄱ 今已滅盡丷亽大 名爲無常丷才丨〈가람楞嚴10:5a_8_본〉

四者 是人▶㇏◀ 有無乚 俱見丷ㄋ 其境▶㇏◀ 枝故又 其心▶㇏◀ 亦亂丷ㄋ 有人▶㇏◀ 來問ㅿ入ㄱ〈0759楞嚴10:12a_6_본〉

如是法門ㄱ 先過去世 恒沙劫中ㄋ 微塵如來▶㇏◀ 乘此心開丷全 得無上道丷二匕、〈0939楞嚴10:17b_4_본〉

三陰▶㇏◀ 爲滅相又ㄱ 故灬 見有 非有㇏亽二ケ 遷流▶㇏◀ 爲存相又ㄱ 故灬 觀無▶㇏◀ 不無ㄋ七丨〈소곡楞嚴10:6a_8_해〉

公▶㇏◀ 異日ㄋ 自見矣刂、大 不必山僧▶㇏◀ 註破也丷又、〈大慧:16a_11_본〉

趙州云 諸人ㄱ 被十二時ㄋ 使ㅿ入 老僧ㄱ 使得十二時匕 此老ㄋ 此說▶㇏◀ 非是彊爲、 亦法▶㇏◀ 如是故也匕、〈大慧:54b_2_본〉

古德▶㇏◀ 云 此事ㄱ 如八十翁翁▶㇏◀ 入場屋才ㅁ 豈是兒戲刂午丷ス〈大慧:87b_3_본〉

又覩諸佛聖主師子▶㇏◀ 演說經典▶㇏◀ 微妙第一丷八厶 其聲清淨丷八 出柔軟音丷八 教諸菩薩無數億萬丷二匕 〈1153法華:17b_1_본〉

祇夜ㄱ 云應頌二ㅁ 優婆提舍ㄱ 云論議二匕 此▶㇏◀ 小乘九部也、〈1153法華:50a_3_해〉

文句ㄋ 謂ノ厶 三界因果ㄱ 皆爲他事才匕ト 智斷功德㇏氵 乃名

▶丶◀ 已利ㄷ 逮得已利ソ㇁氵 乃堪爲人天福田丶ㅊ丶 〈1306法華1:6b_2_해〉

是時㇁□日月燈明佛▶丶◀ 從三昧起ソ人 因妙光菩薩ソ人 說大乘經ソニㄷ 名▶丶◀ 妙法蓮華ㄷ□敎菩薩法ソス 佛所護念丶、〈1306法華1:24b_2_본〉

無量無數劫㇁丶 聞是法▶丶◀ 亦難ソス 能聽是法者▶丶◀ 斯人▶丶◀ 亦復難ソㄷ 〈1306法華1:61a_1_본〉

華光佛住世㇕ 壽▶丶◀ 十二小劫午 其國人民衆ㇷ 壽命㇕ 八小劫刂、〈1153法華2:10a_4_본〉

此▶丶◀ 實我子午 我▶丶◀ 實其父ㇺㄷ 今我所有一切財物▶丶◀ 皆是子有丶ス 先所出內▶丶◀ 是子所知馰ㄷ、ソ㇁乚〈1153法華2:55a_12_13_본〉

舍利弗ㇿ 是長者▶丶◀ 作是思惟ノム 我▶丶◀ 身手▶丶◀ 有力ノㄷ 當以衣裓丶オ乃 〈1306法華2:14b_1_본〉

此㇕ 身子▶丶◀ 轉記堅滿ソ人 使傳續妙道也、〈소03法華2:8b_3_해〉

但與大車▶丶◀ 寶物ㇺ 莊嚴ソ㇁ 安隱第一ソ乃 然乃 彼長者▶丶◀ 無虛妄之咎ㇾセソㄷ〈소03法華2:24a_9_본〉

男女充滿㇕ 卽 所謂善心誠實▶丶◀ 男午 慈悲心▶丶◀ 爲女也ㄷ、〈소02法華3:57b_5_해〉

若諸菩薩▶丶◀ 智慧堅固ソ㇁ 了達三界ソ㇁ 求最上乘ソㅌㄷ㇕ 是名小樹▶丶◀ 而得增長午 〈소03法華3:13b_4_본〉

此佛▶丶◀ 以神… 應物オニ入㇕ 物▶丶◀ 資ソ㇁ 以生ノム 而其德▶丶◀ 常淨ソ㇁ 不累於物ㇷセ丨 〈소06法華3:47a_4_해〉

世界▶丶◀ 名▶丶◀ 天道ㄷ 〈소01法華4:48a_11_본〉

藥王㇁ 若有人▶丶◀ 問ノム 何等衆生▶丶◀ 於未來世㇁ 當得作佛午 〈소02法華4:22b_2_본〉

大神通力ㄱ 即具聞益壽▶丶◀ 是也、 樂說辯力ㄱ 即億歲 廣說▶丶◀ 是也、〈1306法華6:27a_10_11_해〉
當爾之時亠丶 三千大千世界▶丶◀ 六種▶丶◀ 震動ソス〈소01法華6:48b_22_본〉
亦曰深妙者ㄱ 是法▶丶◀ 皆爲一佛乘故亽〈소04法華6:39a_8_해〉
妄覺無明▶丶◀ 旣滅本覺性明▶丶◀ 常存ソヒ、〈0695四二:6b_10_해〉
佛言夫 爲道者ㄱ 譬如一人▶丶◀ 與萬人ろ 戰 挂ソ士丶 鎧出門ソろ 意或怯弱ソろ〈0695四二:10a_7_본〉
丈不肯ソニ大 時ろ 師▶丶◀ 爲典座户ニヒ 丈▶丶◀ 乃問師ソㄱ大 師▶丶◀ 踢倒淨瓶ソヒ 丈▶丶◀ 云首座▶丶◀ 輸却ソヒ 山子丶氵 了也ソろ丨〈佛祖三經:31ㄱ_9_해〉
老夫▶丶◀ 共語疇昔ソㄱ大 客▶丶◀ 嗟嘆之久、ㄱ大 凌晨備飯ソロ 贈白金伍兩ソロ 仍換一僕ソろ〈禪林寶訓上:5ㄱ_8_본〉
丹霞淳頌木人▶丶◀ 來問青雷路オし 玉女▶丶◀ 年尊ソろ 似不聞ス丨〈9592禪門5:26a_9_본〉
法真▶丶◀ 一▶丶◀ 舉此話至章敬▶丶◀ 云ノム 是是、ノヒし 師著語ソろ 云ソ亽ム 是什麼心行ロ 至不是不是ソろ 師▶丶◀ 代ノム 僧▶丶◀ 便喝リセ丨〈9592禪門6:23b_11_본〉
覔牛在 長慶稜ろ 拈你道ソ、 古人ろ 前頭▶丶◀ 爲人可 後頭▶丶◀ 爲人可〈9592禪門6:33b_2_본〉
一日不見▶丶◀ 如三月兮スタ〈시전:34a_5_본〉
此ㄱ 乃能所▶丶◀ 雙亡ソ丅 卽契圓覺ソリヒ 〈1016圓略상2:5a_3_해〉
故ス 智論ろ 云ノム 照色等ラ 空▶丶◀ 卽名爲實相、ソヒ〈1016圓略상2:19a_7_해〉
縱實有思惟ソろ刀 思惟ソ丅 尚不能證覺オし 何況此心▶丶◀

早已如於空華ソ3 自無其體入亠
向上ソ3 更欲求證ソ丆 何異空華▶丶◀ 結果扌午 〈0938圓略상2:31a_4_6_해〉
如是我聞ノヒ 一時佛▶丶◀ 住王舍城耆闍崛山中ソ入〈자비참3:8a_9_본〉
如華光比丘▶丶◀ 善說法要去ロし 有一弟子▶丶◀ 恒懷驕慢ソ3 和上▶丶◀ 爲說去シ 都不信受ソ3 卽作是言ノム 〈자비참5:11b_7_8_본〉
世尊下 我▶丶◀ 久知是大士衣 有如此 不可思議神力ホ 及大誓願力ソ見邑古 〈지장中:11a_8_본〉
說是語時曳 會中有厓 一菩薩ソ全ム 名▶丶◀ 虛空藏户时ヒ 〈지장下:18b_9_본〉
二3 未解者又 令解ヒ 卽煩惱▶丶◀ 無盡ソ𠤎ヒ 誓願斷リヒ 此ㄱ 緣集諦境ノヒ、〈천태:13b_6_8_본〉
以名生▶丶◀ 爲信五 以德命▶丶◀ 爲義五 以類命▶丶◀ 爲象五 取於物▶丶◀ 爲假五 取於父▶丶◀ 爲類亽 〈春秋3:20a_3-20b_1_전〉
夫人▶丶◀ 聞之ソロ 泣曰 先君▶丶◀ 以是又 舞也卩 習戎備也令ホし〈春秋7:10a_5-10b_1_전〉
羊舌大夫▶丶◀ 曰 不可ソ夕 違命▶丶◀ 不孝五 棄事▶丶◀ 不忠ヒ 雖知其寒乃 惡不可取亽〈春秋8:14b_7_15a_1_전〉
夫三乘五乘▶丶◀ 皆所以治其情也ノム 人天乘ㄱ 所以治其染垢午 三乘ㄱ所以治其淨垢也ヒ〈현정론:1b_4_5_본〉
由是又 吾佛世尊▶丶◀ 丁父之喪ソ入 躬自執爐ソニヒ 〈현정론:17a_4_본〉

(15)의 용례들을 살펴보면 '丶'에 선행하는 한자들은 문법적으로 주어의 역할을 하고 있다. 문장에서 주어의 역할을 할 수 있는 것

은 명사 또는 명사 상당어이다. 그러므로 '丶'에 선행하는 한자 구성 중에서 그 용법이나 독법이 한국에서만 쓰인 것으로 판단되면 그 글자나 단어는 『한국한자어사전』의 표제어 또는 표제어의 기술 항목에 포함될 수 있다. (15)에 제시된 두 번째 용례에서 '心量'과 '心閪'이 이에 해당한다.[19)]

이와 같이 후행하는 음독구결을 통해 그 대상이 되는 한자 단어 또는 단어 상당어를 선별하여 한국한자어로 판별될 가능성을 포함한 기초 자료를 수집할 수 있다. 이 방법은 『음독구결사전』의 용례뿐만 아니라 다른 음독구결 자료에도 충분히 활용할 수 있다. 이러한 일차적인 작업은 『한국한자어사전』의 증보편찬에 필요한 단어를 선별하는 데 적극적으로 활용될 수 있다.

V. 맺음말

음독구결 영역에서 지금까지의 연구 성과를 『한국한자어사전』의 증보편찬에 어떻게 활용할 것인가를 살펴보았다. 이를 위해 우선 『한국한자어사전』의 구결 정보를 분석하여, 구결 정보의 근간이 되는 전거 자료가 15세기의 『地藏菩薩本願經』과 16세기의

19) '心量'과 '心閪'은 『한국한자어사전』의 '心'자 항목에 단어로 나타나지 않는다. 이 용례에서는 '心量으로 본래 두루하다', '心閪이 본래 공허하다'의 뜻으로 명사적 용법으로 사용되었다.

『正俗諺解』에 편중되어 있는 문제점을 밝혔다. 이 때문에 『한국한자어사전』의 구결 정보는 구결이 가진 전체의 모습을 충분히 보여주지 못하였다. 따라서 『한국한자어사전』의 증보편찬 시에는 조선초기의 『楞嚴經』 구결 자료와 『南明集』, 『直指心體要節』, 필사본 『蒙山法語略錄』, 『佛說四十二章經』, 『詳校正本慈悲道場懺法』, 『梵網經菩薩戒』, 『大方廣圓覺略疏注經』, 『永嘉證道歌』 등의 자료를 우선적으로 검토하여 그 성과를 수용할 필요가 있음을 주장하였다. 그리고 앞의 제안에 따라 『음독구결사전』의 표제어를 수록하는 구체적 방안을 『한국한자어사전』의 '伊'와 '是'의 예를 먼저 정리하여 사전 기술의 항목위계의 불균형한 점을 해결할 수 있음을 주장하였다. 이를 위해 『漢韓大辭典』의 뜻풀이 방식을 참조하여 이두·구결·차자어에 한정하여 사전항목의 위계구조를 변경하는 것이 필요함을 주장하였다. 즉 구결 용례로 사용된 예들을 동일한 용법으로 파악하여 용법별로 묶어서 구결 항목에 모아 기술하는 것이 사용자의 편의에 부합된다. 마지막으로 음독구결에서 한자에 후행하는 음독구결의 출현 양상을 분석하여, 『한국한자어사전』의 단어 판별 기준과의 관련성이 있는 실제 예들을 검토하였다. 그 결과의 일부로 구체적인 예문 자료가 포함된 『음독구결사전』의 정보를 활용하여 『한국한자어사전』에 수록될 한자어로 판별될 가능성이 있는 단어를 일부 제시하였다.

궁극적으로 사전은 이용을 목적으로 하는 공구서의 역할을 담당한다. 『한국한자어사전』 또한 이러한 목적에서 벗어나지 않을 것이다. 채춘옥(2011: 247)은 한중 한자어 비교사전을 구축할 때 표제어 어휘 비교 유형을 자형과 의미가 같은 同形同義語, 자형이 같고 의미가 다른 同形異義語, 자형이 다르고 의미가 비슷한 異形同

義語, 동일한 형태부가 전도되어 쓰이는 同素反序語로 나누고 이를 사전의 추가 정보의 '[比] 항목(한 · 중 한자어 비교 설명)'에서 제시하고자 하였다. 한국에서만 쓰이는 특별한 용법을 중심으로 기술한 『한국한자어사전』의 표제어와 기술 내용은 이러한 용도의 사전 편찬에 큰 도움을 줄 수 있다. 『한국한자어사전』의 증보편찬이 이러한 활동에 큰 힘이 될 것이다.

〈참고 문헌〉

高正儀, 「口訣 研究의 現況과 課題」, 『口訣研究』 12, 구결학회, 2004.

金相大, 『口訣文의 研究』, 한신문화사, 1993.

南京蘭, 『麗末鮮初 音讀 입겿(口訣)의 綜合的 考察』, 景仁文化社, 2005.

남경란, 「音讀口訣 研究의 回顧와 展望」, 『口訣研究』 21, 구결학회, 2008.

南豊鉉, 『國語史를 위한 口訣研究』, 太學社, 1999.

檀國大東洋學研究所 編, 『韓國漢字語辭典』, 단국대학교 동양학연구소, 1992~1996.

檀國大東洋學研究所 編, 『漢韓大辭典』, 단국대학교 동양학연구소, 1999~2008.

朴盛鍾, 「韓國漢字의 一考察」, 『口訣研究』 14, 구결학회, 2005.

朴鎭浩, 「『漢韓大辭典』의 뜻풀이에 대하여」, 『東洋學』 59, 檀國大學校 東洋學研究院, 2015.

朴燦圭, 「『한국한자어사전』에 수용된 이두·구결·차자어의 구성과 출전 문헌」, 『東洋學』 52, 檀國大學校 東洋學研究院, 2012.

安秉禧, 『中世國語口訣의 研究』, 一志社, 1977.

윤용선, 『15세기 언해자료와 구결문』, 역락, 2003.

이건식, 「한국 고유한자 자형(字形) 구성(構成) 방법(方法) 연구 二題 - 기존 연구의 비판적 검토와 형성(形聲)으로 만들어진 한국 고유한자의 몇 가지 사례 -」, 『東洋學』 52, 檀國大學校 東洋學研究院, 2012.

이건식, 「『통합 漢韓大辭典』의 國字 처리에 대하여」, 『東洋學』 59, 檀國大學校 東洋學研究院, 2015.

鄭在永, 「祇林社 楞嚴經의 解題」, 『口訣資料集二(朝鮮初期 楞嚴經)』, 韓國精神文化研究院, 1996.

鄭在永, 「口訣의 종류와 각 시대별 특징」, 『大學院研究論集』 7, 중앙승가

대학교 대학원, 2014.
채춘옥,「한중 한자어 비교사전 구축을 위한 초보적 고찰」,『한국사전학』 17, 한국사전학회, 2011.
황선엽 외,『釋讀구결사전』, 박문사, 2009.
황선엽 외,『음독구결사전(釋讀구결사전 부록 시디롬)』, 박문사, 2009.

[*이 글은 단국대학교 동양학연구원 학술지『동양학』63집(2016.4.30)에 수록된 것이다. 이후 동양학연구원 사전학총서 5집 간행의 취지에 부응하여 재수록하였다.]

『韓國漢字語辭典』의 借字와 借字語, 吏讀와 吏讀語*

오 창 명

Ⅰ. 序　言

『韓國漢字語辭典』 권1~권4(1992~1996: 이하 ‘이 사전’이라 함.)는 올바른 고전 해독을 위하여, 그리고 국학 연구의 길잡이 역할을 위하여, 우리나라 문헌에서 채록한 한자와 고유 한자, 한자어를 모

* 『한국한자어사전』 권1(1993)의 〈일러두기〉에서 ‘國義, 차자어, 吏讀, 이두어’라는 용어를 썼기 때문에 가능한 이를 준용했다. 그러나 ‘借字’라는 말에는 음가자, 음독자, 훈가자, 훈독자 등으로 쓰인 글자를 아우르기 때문에, 이글에서는 가능한 한 ‘국의’라는 말을 쓰지 않았다. ‘차자어’라는 용어도 차자한 것이 형태소나 단어 단위 이상에 걸친 것을 이르는 듯하다. 한편 ‘이두’와 ‘이두어’라는 말도 ‘차자’와 ‘차자어’에 포함시키거나 동일한 뜻을 가진 용어로 쓰곤 한다. 그러나 이 사전에서는 이두 어휘집 따위에서 언급했던 ‘이두’에 한정한 듯하다. 그러므로 여기서도 그에 준용하도록 한다. 이글은 지난 2015년 10월 23일에 있었던 ‘제7회 동양학연구원 사전학 학술회의(단국대학교 동양학연구원 주최)’ 때 발표했던 것을 수정 · 보완한 것이다.

아서 주석한 사전으로, 1992년에 제1권과 제2권, 1995년에 제3권, 1996년에 제4권 등 4권이 세트로 간행되었다.

당시 『삼국유사』 등 150여 종의 3,500여 책을 대상으로 해서, 한자 약 6,000여 자, 어휘수 약 15만 단어를 수록했다.

앞으로 이 사전을 修正·增補한다고 하기에, 이 글을 통해서 한국 한자어의 借字와 그것에 연관된 어휘, 吏讀와 그것에 연관된 어휘 등에 대해서 검토하겠다. 먼저 기존 사전의 借字와 吏讀에 대해 검토하고, 수정·증보 사전에서는 借字와 吏讀를 어떻게 반영해야 하고, 어떻게 주석하고 설명해야 할 것인지에 대해서 생각해본다.

특히 효과적인 수정·증보 사전이 되기 위해서는 기존 사전의 문제와 오류를 바로 인식해서 바로 잡은 뒤에, 누락된 차자와 어휘를 대폭 추가해야 한다. 이 글에서 이런 것을 중점으로 논의한다.

우선 이 사전 제1권의 〈일러두기〉를 보면, "우리 문헌에서 채록한 한자 및 한자어를 모아 주석"했다고 했다. 또한 "우리 문헌에서 채록한 어휘를 바탕으로 하여 한자 및 고유 한자와, 중국·일본에서 간행된 자전과 사전에 수록되지 아니한 한자어들을 수록"했다고 했다.

결국 '한국 한자어'의 범위는 "우리나라 문헌에 기록된 한자와 고유 한자"를 말하되, "중국이나 일본에서 간행된 자전이나 사전에 수록되지 아니한 한자어"를 말하는 것이다.

한편 이 책의 같은 권 〈일러두기〉의 '문자 및 어휘의 선택과 배열'에서, "우리 고문헌을 독해하는 데 도움이 되는……인명·지명……이두·차자어·동식물명……등을 선별하여 수록"했다고 했다. 이들 중에는 중국 한자로 기록된 것도 있지만 고유 한자로 기록된 것도 있다.

이 책의 같은 권 〈일러두기〉의 '문자 및 어휘의 주석'을 보면, 다음과 같이 借字와 吏讀 주석 예를 보였다.

8. 우리 나라에서 만들어 써 온 고유 문자와 동일한 한자이면서 우리 나라에서만 쓰이는 음(音)·훈(訓)이 있는 글자는 한글로 적시한 음 앞에 부호 *를 써서 명시하고, 그 글자 아래에 [國字]·[字源]·[國義]·[吏讀]의 난을 두어 간단히 해설하였다. 다만, 동일한 한자이면서 음(音)은 같고 훈(訓)만 다르게 쓰이는 글자는 부호 *를 붙이지 아니하였다.

예 1:

乫 *갈

[國字] 음은 갈. 뜻은 없다. 《度支準折, 肉物》 牛乫非一代. [字源] 우리말의 "갈" 음을 표기하기 위하여, 加와 乙을 결합하여 만든 글자. 加의 음 "가"에, 乙의 음 "을"의 종성 "ㄹ"을 결합하여 "갈"이 된다.

예 2:

乙 새 을

[吏讀] 을. 를. 목적격 조사로 쓰인다.

예 3:

赤 붉을 적 *치

[國義] ❶틀림 없이. 분명히. 《朝鮮肅宗實錄 14 上, 補闕正誤, 9年2月甲戌》 時烈旣氣衰, 不能不牽繫情私, 遂變初見, 揚言少輩將殺益動, 斥得一甚峻. 閔鼎重赤以此見疎, 對人輒言左相豈非赤外戚(赤, 方言分明也). ❷치. 사람이란 뜻을 나타내는 말. 몽고어의 사람이란 뜻을 나타내는 "chi"의 음역으로 쓰는 글자이다. 《高麗史 82, 兵志, 宿衛》 十五年八月, 忠烈王卽位, 以衣冠子弟, 嘗從爲禿魯花者, 分番宿衛, 號曰忽赤. 《朝鮮太宗實錄 19, 10年5月癸酉》 上謂承政院曰, 內吹螺赤, 若常在闕門外, 遇有出令, 然後召入, 非有事機之緩, 人皆豫知, 可使分番, 入直于速古赤房.

예 4:

叔 아재비 숙

[國義] 아주버니. 남편의 형. 《與猶堂全書, 雅言覺非》 叔, 東俗, 夫兄亦謂之叔氏(呼之曰阿自般伊).

9. 어휘의 독음은 현재 통용하는 한자음에 따르고, 차자어·이두·구결은 고유의 독음에 따랐다.

예:

【古沙 고사】 [口] 一고사. 하고야. 《地藏菩薩本願經, 中, 如來讚歎品》 過是劫已古沙, 方受餓鬼爲也, 又經千劫爲也, 復受畜生爲也, 又經千劫爲古沙, 方得人身爲飛尼.

【不奈何 불내하】 어찌하지 못함. 어쩔 수 없음. 《古今釋林 15, 洛閩語錄, 釋語》 不奈何. 아모라타 못ᄒᆞ려니와.

【不毒只 부독기】 [借] 부디기. 夫都只. 夫獨只. 浮獨只. 《度支準折, 袱帒巾衣裝》 不毒只白苧布一尺五寸.

【不多 안돌】 [吏] 아니. 아니하다. 《瀋陽狀啓, 戊寅3月18日》 至今變通不多, 前頭之事, 亦甚難堪, 極爲悶慮爲白齊. 《大明律 10, 戶律, 市廛, 把持行市, 直解》 買者賣者, 和同不多, 市裡凡事乙, 擅權爲, 專取其利爲於. 《儒胥必知, 彙編》 不多, 안돌.

【地頭乙戶邑 따둘홉】 [借] 땅두릅. 두릅나무과에 속하는 다년초. 《鄕藥集成方, 鄕藥本草, 草部》 獨活, 鄕名地頭乙戶邑(따둘홉)뿌리·묏둘홉뿌리.

10. 동일 어휘의 첫자의 독음이 둘인 경우에는 ①❷의 부호를 써서 구별하였다.

예 1:

【去乃 ①거나 ❷커나】 ①[吏] 一거나. 하거나. 《大明律 20, 刑律, 鬪毆, 妻妾毆故夫父母, 直解》 必于舊奴婢去乃, 本主乙毆打爲乎第亦中, 罪重爲去有良尒. ❷[口] 一커나. 하거나. 《地藏菩薩本願經, 上, 忉利天宮神通品》 若未來世曳, 有善男子善女人伊, 聞是菩薩名字爲古, 或讚歎去乃, 或瞻禮去乃, 或稱名去乃, 或供養去乃, 乃至彩畫刻鏤塑漆形像爲面.

예 2:

【上使 ①상사 ❷우에브리】 ① 두 사람 이상의 사신 가운데서 정사(正使)를 부사(副使)에 상대하여 이르는 말. 《朝鮮成宗實錄 132, 12年8月丙午》 傳于吏·兵曹曰, 上使別通事金渚·崔潑, 副使別通事孫重根, 各加一資. ❷[吏] 위에 올리다. 《農圃集 3, 巡營牒報》 非但目所不見, 實爲耳亦不聞乙仍于, 上使不得爲於. 《壬辰狀草, 萬曆20年6月14日》 倭將頭段, 同李純信別標, 上使爲白有齊. 《紹修書院謄錄, 嘉靖26年3月初5日》 婢子以定屬爲去乎, 使押直同郡, 交付爲去乎, 受到付上使向事.

【上下 ①상하 ❷차하】 ① 시문(詩文)을 평정하는 아홉 등급 가운데의 세째 등급. 上之下. 《慵齋叢話 6》 孫永叔爲吏曹正郞……一日儒生持所製詩文, 來取品題, 妓問曰, 何以辨別優劣. 永叔曰, 最妙者爲上上·上中·上下, 其次爲二上·二中·二下, 又其次爲三上·三中·三下, 其不入品者爲次上·次中·次下, 最劣者爲更之更. ❷[吏] 치러 주다. 《壬辰狀草, 萬曆20年7月15日》 不至重傷人等段, 藥物上下, 十分救療亦, 各別嚴勅爲白齊. 《大明律 7, 戶律, 倉庫, 挪移出納, 直解》 各司捧上上下錢糧等物亦, 重記施行爲有去乙. 《儒胥必知, 彙編》 上下, ᄎᆞ아. 《古今釋林 40, 羅麗吏讀, 釋詁》 上下, 차하. 《五洲衍文長箋散稿 48, 語錄辨證說》 上下, ᄎᆞ하. 《行用吏文》 上下, 차하. 官財出給也, 如貢物價上下之類.

II. 기존 辭典의 현황과 문제점

1. 借字로 쓰인 고유 한자와 한자어

(1) 기존 사전에 수록된 고유 한자와 한자어

우리말의 특징 가운데 하나는 음절말에 자음의 받침을 가지고 있는 말이 많다는 것이다. 그리고 그 음절말자음을 어떤 글자로 표기할 것인가 하는 것이 이제까지 표기자나 표기법을 정할 때 관심거리였다.

향가에서 이미 우리말 '밤【夜】'을 '夜音'으로 쓰거나, '시름【憂】'을 '憂音'으로 쓰거나, '길【道】'을 '道尸'로 쓰거나, '잇【有】'을 '有叱'로 썼다는 것 등은 주지의 사실이다.

이 사전에 올라 있는 것 가운데, 음절말자음 표기의 예 몇 개를 살펴보면 아래와 같다.

우리말 음절말자음 'ㄱ'을 반영한 차자
[illegible]【걱】

우리말 음절말자음 'ㄹ'을 반영한 차자
乙部 : [illegible] · [illegible]【굴】 [illegible] · 乷【살】 乤【할】 [illegible]【글】 [illegible] · [illegible]【둘】(五+乙) · [illegible] · [illegible]【올】 乫【갈】 乬【걸】 [illegible]【들 · 걸】 [illegible] · [illegible]【놀】 乭 · [illegible]【돌】 [illegible]【몰】 [illegible]【졸】 乶【볼】 [illegible]【길】 [illegible]【뜰】 乺【솔】 乻【얼 · 늘】 乼【줄】 乽【잘】 [illegible]【골】 [illegible]【설】 - 29자

우리말 음절말자음 'ㅅ'이나 'ㄷ'을 반영한 차자

叱【ㅅ·ㄷ】 㖙·㖙【뿐】 𦮔【잇】 㖛【곳】 𠁰【끗】 乽【】 𠰳【븟】(艹+乃+叱)【늣】 㕹【똥】 𧦴【엿】 𦩖【엇】 𦮔【잇】 𧺝【즛】 𠷳【짓】(始+叱)【비롯】, 𧈠【잣】 𨖍【돗】 𥡛【씻】

(2) 기존 사전 누락된 고유 한자와 한자어

이 사전에 누락되어 있는 음절말자음 표기 가운데, 올려야 할 것 몇 개를 보이면 아래와 같다.

우리말 음절말자음 'ㄱ'을 반영한 차자

去ㄱ【걱】: 周去ㄱ【쥬걱】

召ㄱ【쇽?】: 召ㄱ丁·召ㄱ釘(이상 도구)

우리말 음절말자음 'ㄹ'을 반영한 한자

乫【갈】: 乫化 (지명)

去乙【걸】: 去乙安之【걸안지】

道乙【돌】: 道乙迪耳【돌쩌귀】

小乙【솔】: 小乙五【소로】

地乙【딜〉질】: 地乙介【딜개〉질개】[1)]

知乙【딜〉질】: 看知乙介【간딜개〉간질개】[2)]

助乙【졸】: 助乙里【죠릐〉죠리〉*쵸리〉조리】

草乙【촐】: 夫草乙【부촐】

乼【츨/츨/찰】: 付叱乼【부츨〉부출】, 扶乼【부츨〉부출】, 門浮乼【문부츨〉문부출】

---

1) 독음과 현대국어의 '딛개'와 '디딜개'와 통하는 것이 아닌가 한다.

2) 稍繩 간지개 〈『한청문감』(1770?) 5:23〉

⿱亽乙【둘】, ⿱丁乙【절】, ⿱卒乙【졸】

우리말 음절말자음 'ㅅ'이나 'ㄷ'을 반영한 차자

所叱【솟】: 所叱同【솟동】(물명)

⿱去叱【것】: ⿱去叱心【*것심】(물명), ⿱與乙⿱去叱【들것】(물명), ⿱去叱串嶺【*것곶재】(지명)

⿰加叱【덧】: ⿰加叱方 · ⿰加叱防 · ⿰加叱枋【덧방】, ⿰加叱朴只【덧박이】(물명)

付ㅅ【붓】: 付ㅅ朴只【붓바기】

우리말 음절말자음 'ㅁ'을 반영한 차자

耆【놈】: (『己丑 國恤謄錄』 권1)

인명이나 지명 등에 쓰였던 ⿱小叱(솟)은 이 사전에서 보이지 않는다. ⿱小叱이 小叱로 표기된 것은 두 글자로 표기하고 '솢' 또는 '솟'으로 읽을 수밖에 없지만, 한 글자 ⿱小叱으로 표기된 것은 ⿱小叱으로 쓰고 음이 '솢' 또는 '솟'이라 할 수밖에 없다. 물론 컴퓨터 프로그램에서 쓸 수 없다면 편의상 小叱로 쓸 수밖에 없다.

한편 각종 의궤에서 우리말 '솟'에 대응하는 표기로 썼던 所叱(윗자는 所, 아랫자는 叱. 프로그램에서 한 글자로 쓰지 못하기 때문에 편의상 두 글자로 표기했음.)도 보이지 않는다.

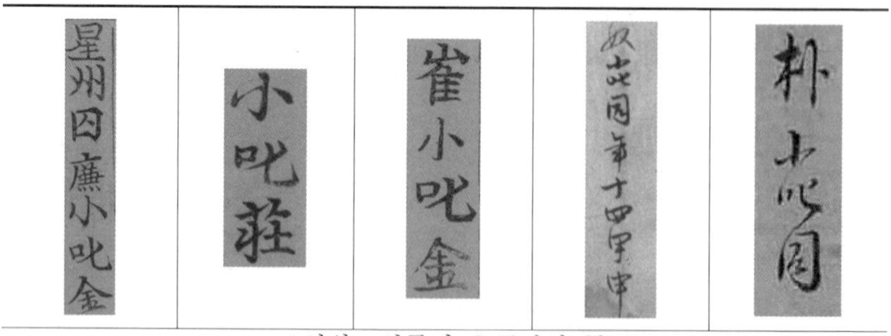

조선왕조실록과 호구단자 등

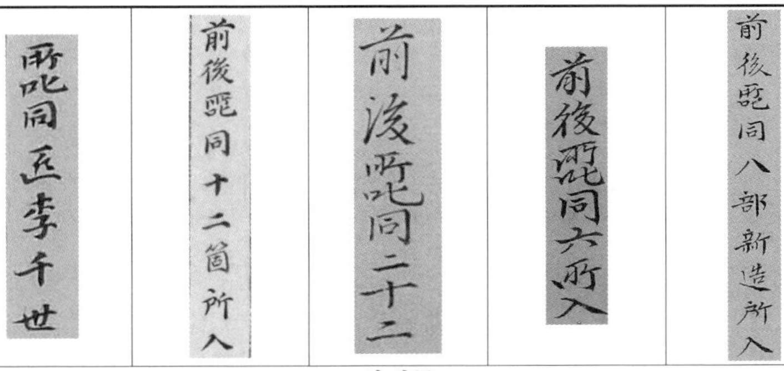

의궤류

仍과 艿은 우리말 차자 표기에서 '너-, 느-' 등으로 쓰이는데, 이 사전에서는 그에 대한 정보가 누락되었거나 제대로 소개하지 못하고 있다.

> 仍 인할 잉
>
> 【仍朴船 잉박선】 借 너벅선. 너비가 넓은 배. …….(제1권. 244~245쪽)
>
> 艿 풀싹 잉
>
> 【艿子 잉자】 넉자. 도장을 찍을 때에, 인발을 똑똑히 내기 위하여 밑에 받치는 사슴의 가죽.
>
> ≪行用吏文≫ 艿子, 넉자, 印方席也.…….(제3권. 950쪽)

지명이나 분재기 등에 보이는 仍邑이나 艿邑 등은 '넙'이나 '늡'으로 쓰인 것이기 때문에 이러한 정보도 사전에 포함되어야 할 것이다.

한편 地乙介【딜개〉질개】와 看知乙介【간딜개〉간질개】에서 확인되는 地乙과 知乙은 본디 고유어 '딜'을 표기한 것인데, 오늘날은 '질'로 읽는 사람이 많다.

현대국어 '작은'과 '적은'에 대응하는 중세국어는 '젹은[져근]', '쟉은[쟈근]' 등으로 실현되었다. 이 '젹은'이나 '쟉은'에 대응하는 표기는 小斤, 者斤, 子斤 등으로 차자되었는데, 이와 관련된 것들이 小 항목의 예문에 보이지 않는다.

婢 小斤夫萬, 婢 小斤自恭 (分財記)
次子 小斤老味 (事變日記 권24, 乾隆三十二年丁亥八月 初二日)
小斤古介 (攷事新書 권4, 烽燧)
李裕基女子 小斤召史 (莊陵謄錄, 成宗朝實錄)

金子斤伊【*김쟉은이】 (의궤, 인명)
金者斤同【*김쟉은동】, 朴者斤老味【*박쟉은쏭】, 朴者斤阿只【*박쟉은아기】 (의궤, 인명)

이 사전에 누락된 고유 한자와, 그 한자를 포함한 차자어는 조선 시대 고문헌에서 여럿 확인되고 있기 때문에 수정·증보 사전에는 가능한 한 이러한 것들을 많이 수록해야, 한국 한자에 대한 바른 정보를 제공하는 것이라 할 수 있다.

(3) 기존 사전의 독음과 주석의 문제

이 사전에는 차자어의 讀音과 注釋에 오류가 있거나 잘못되어 있는 것이 많이 눈에 띈다. 몇 예만 들어본다.

① 末乙飛介【말늘개〉마늘개】, 亇於乙介【말늘개〉마늘개】

【수飛乃 마날내】 借 마날개. 주전자. 亇飛箇. ≪行用吏文≫ 銅수飛乃, 구리 마늘개, 酒煎子也.

(제1권. 121쪽)

【亇飛介 마날개】 借 "亇飛箇"와 같다.…….(제1권. 180쪽)

【亇飛箇 마날개】 借 마날개. 주전자. 亇飛乃. 亇飛介. 末飛介. 亇飛阝, 末乙飛介.…….
(제1권. 180쪽)

【末飛介 말날개】 借 말날개. 마날개. 곧 주전자의 옛말. 亇飛乃. 亇飛介. 末乙飛介. 亇飛箇.…….(제1권. 180쪽)

【末乙飛介 말날개】 借 "亇飛箇"와 같다.…….(제2권. 844쪽)

위 예들을 통해서, 우리는 주석이 일관적이지 못하다는 것을 알 수 있다. 그러므로 수정·증보 사전에는 독음과 주석 따위를 일관되게 할 필요가 있다. 또한 차자어의 독음이 지나치게 현대적이라는 것을 알 수 있다. 이 현대적인 독음은 근거가 없는 것이다. 차라리 〈行用吏文〉 등에 보이는 근대국어의 '마ᄂᆞᆯ개'를 넣는 것이 더 효과적일 듯하다.[3)]

한편 이에 대응하는 표기로 이보다 앞선 자료를 추가해야 한다. 그것이 바로 亇乙介【마ᄂᆞᆯ개】, 亇於乙介【마ᄂᆞᆯ개】 등이다.

銅亇於乙介蓋具一 〈『仁敬王后國葬都監都廳儀軌』(1681) 권2〉

亇乙介一 重三斤四兩 〈光海君私親 追崇都監儀軌(1610) 三房所掌, 成陵祭所用鑄送〉

『仁顯王后 國葬都監都廳儀軌』(1701) 권下(稟目秩, 辛巳九月初四日)와 『端懿嬪喪葬謄錄』(1719) 권2(戊戌二月十一日)에서 확인되는

---

3) 銅仐飛乃【구리마ᄂᆞᆯ개○酒煎子也】〈行用吏文〉.

"銅子於乙介盖具"에서 子는 ケ의 오기로 보인다.[4] 그러므로 ケ於乙介는 【마늘개】의 차자표기이고, 銅ケ於乙介는 '구리마늘개'의 차자표기이다. 이들도 당연히 표제어로 등재해야 한다.

이 '마늘개'는 쇠로 만든 것과 사기로 만든 것이 있었는데, 쇠로 만든 것은 銅ケ飛介나 銅末飛介 등으로 표기한 것으로 보아, 원래 '마늘개'는 사기로 만든 것을 칭했던 것으로 보인다. 그래서 쇠로 만든 것은 일찍부터 '쥬젼ᄌᆞ'라 하고, 나중에는 酒煎子로까지 표기하고, 나중에는 '마늘개'라는 말이 사어화한 것이 아닌가 한다.

> 銚 燒器 無足鐺也 今俗呼銅銚 쥬젼ᄌᆞ 〈『사성통해』(1517)〉 하:14〉
> 銚 쥬젼ᄌᆞ 됴 俗呼銅銚 〈『훈몽자회(예산 문고본)』(1527) 중:6~7〉
> 茶壺子 쥬젼ᄌᆞ 〈『역어유해보(1775)』 43〉
> 酒注 注子 쥬젼ᄌᆞ 〈『물보』(1800?) 하:12〉
> 酒煎子鈔兒各一盞蓋具三部則 〈『英祖國葬都監都廳儀軌』(1776) 권1〉

② **法乃【졸뇌〉ᄌᆞ래】**

【法乃 거내】 借 거래. 〈제4권. 336쪽〉

위 예문의 法乃는 '거내'로 읽히는 차자가 아니라, 'ᄌᆞ래' 또는 '졸릐' 정도로 읽히는 것이다. 『표준국어대사전』에서도 '자래'로 등재되고, "심마니들의 은어로, '땔나무' 또는 '생나무'를 이르는 말"이라 했다. 그러나 제주방언에서는 '졸레'나 '졸리'로 전하는 말이 있는데, 바로 이에 대응하는 표기이다. 이 말은 한 짐으로 질만한 나무의 묶음을 세는 단위로, 땔나무를 한 발 한 뼘(뼘)으로 묶은 단

4) 이러한 오류는 ケ를 丁으로 기록하거나 丁으로 읽어버리는 데서 나오기도 했다.

위를 이른다. '단'보다는 묶음이 큰 것을 이른다. 이 '졸레'가 注乃에 바로 통하는 것이다.

『육전조례』를 보면, 正草薍은 양손을 벌려서 둥글게 한 묶음을 한 ᄌᆞ래'(兩手圍爲一注乃 卽一束)라 하고, 땔나무는 여섯 바리를 한 ᄌᆞ래(六駄爲一注乃)라 했다.

그러므로 이 사전의 독음이나 주석은 모두 잘못되어 있으니,[5] 수정되어야 한다.

③ 肝納【간납】 肝南【간남】 / 煎魚肉〉煎油魚・煎油兒・煎油阿・煎油花

【干納 간납】 借 간납. 제사에 쓰는 저냐. 소의 간이나 처녑, 또는 물고기로 만든다. 肝納. 〈제2권. 275쪽〉

【肝南 간남】 借 "肝納"과 같다.……. 〈제3권. 888쪽〉

【肝納 간납】 借 간납. 제사에 쓰는 저냐. 소의 간이나 처녑, 또는 물고기로 만든다. 肝南. 干納. 〈제3권. 888쪽〉

이 사전에는 干納과 肝納, 肝南 등이 등재되어 있는데, 각각 【간납】과 【간남】으로 읽은 뒤에, '간납'이라 하고, "제사에 쓰는 저냐"라고 했다.

필자가 파악하기로는 肝納 관련 주석에는 서너 가지 오류가 있다.

---

5) 이 영향인지는 모르나, 〈영조정순왕후 가례도감의궤〉 번역본에는 '거내'로 번역하고, 〈경모궁악기조성청의궤〉 번역본에서 '거래'로 번역했다. 'ᄌᆞ래〉자래'의 차자표기라면 '자래'로 번역해야 한다. 〈승정원일기〉 번역본에도 '거내'로 번역된 곳도 있고, '자래'로 번역된 곳도 있다.

첫째, 우리 고유 음식의 본말은 '간납'이 아니라 '간남'이라는 것이다. 그런데 현대국어사전에도 '간남'은 등재되어 있지 않고, '간납'만 등재되어 있다. 이것은 기존의 고유 음식 용어사전을 거의 그대로 베끼는 과정에 나온 오류로 파악한다.

둘째, '간남(간납?)'과 '저냐'는 다른 음식이라는 것이다. 『표준국어대사전』에도 "간납(干納/肝納) : 제사에 쓰는 저냐. 소의 간이나 처녑 또는 생선 살 따위로 만든다.", "저냐 : 얇게 저민 고기나 생선 따위에 밀가루를 묻히고 달걀 푼 것을 씌워 기름에 지진 음식."이라고 되어 있다.

셋째, '간남'은 제사에만 쓰는 것이 아니다.

이 세 가지의 오류를 증명할 수 있는 것이 『迎接都監宴享色儀軌』(1643)와 『莊祖獻敬后嘉禮都監儀軌』(1744)의 乾南과 煎魚肉·煎油魚이다.

> 下馬宴一牀所入…… 面俠牀……二行乾南五器式每器 猪肉半部式 鷄兒三脚式 生蛤三十介式 鷄卵八介式 大灰全鰒一貼式 三行煎魚肉五器式每器 煎魚中生鮮一尾式 軟鷄一首式 海參十介式 〈迎接都監宴享色儀軌(1643, 面俠牀)
>
> 同牢宴二牀每牀所入……面俠一牀式二牀所入……三行乾南五器式十器 生雁 鷄兒 鷄卵 生雉 熟全鰒 四行煎油魚五器式十器 鴨子 獐後脚 中生鮮 鳩子 小雀 〈莊祖獻敬后嘉禮都監儀軌(1744)〉

이 예문들은 下馬宴과 同牢宴 때 면 협상에 올린 음식을 기록한 것이다. 하마연 면 협상의 두 번째 줄에 乾南을 놓았는데, 이 乾南의 재료는 猪肉, 鷄兒, 生蛤, 鷄卵, 大灰全鰒 등이다. 세 번째 줄에 煎魚肉(煎油魚: 저냐)이 놓였는데, 재료는 煎魚인 中生鮮, 軟鷄, 海

蔘 등이다. 동뢰연 협상의 세 번째 줄에 乾南을 놓았는데, 재료는 生雁, 鷄兒, 鷄卵, 生雉, 熟全鰒 등이다. 네 번째 줄에 煎油魚를 놓았는데, 재료는 鴨子, 獐後脚, 中生鮮, 鳩子, 小雀 등이다.

이 예문은 보면, '간남'은 제사 때는 물론 진치 때도 쓰고, 魚肉을 재료로 썼다. '저냐'에 대응하는 煎魚肉과 煎油魚, 煎油兒의 재료도 魚肉을 썼는데, 기름에 지져내는 것이 다르다. 한편 17세기와 20세기 의궤류와 고문헌 등에서는 乾南과 干南, 肝南, 看藍, 看南, 干覽 등으로 표기되고, 일부에서는 干納과 肝納으로 표기되어 있다.

'저냐' 관련 어휘 설명에도 문제가 있다.

> 【煎油魚 전유어】 借 물고기로 만든 저냐.…….〈제3권, 291쪽〉
> 【煎油花 전유화】 借 저냐.…….〈제3권, 291쪽〉

> 兩勅使大通官別茶啖六度每一牀所入……乾南灰中全鰒三串式 煎油魚中生鮮三分幷一尾式 上末三合式 油三合式 猪肉六兩式 菜一器式隨 節都淸醬五夕式〈迎接都監宴享色儀軌(1643)〉
> 今閏四月十六日永興 本宮攝行 酌獻禮時 祭物單子……牂煎油花一器 肝煎油花一器 生鮮煎油花…….〈내각일력, 1792년 윤4월 23일〉
> 進宴敎是時大卓一牀所入……鴨子代生雉煎油魚一器 生鮮煎油魚一器〈景賢堂受爵時謄錄(1765)〉

위 예문에서와 같이 生雉煎油魚, 生鮮煎油魚, 生蛤煎油魚 등으로 쓰인 것을 볼 때, '전유어'는 "물고기로 만든 저냐"만 일컫는 것이 아니고, 魚肉이나 전복 따위를 기름에 지져 만든 음식을 이른다는 것을 알 수 있다. 그러므로 이 사전의 煎油魚 주석은 수정되어야 한다. 17세기 초반 의궤에서는 煎魚肉·煎油魚 등으로 표기된 것이 17세기 후반 의궤류에서는 煎油魚·煎油兒·煑油兒 등으로 표기되고, 18세기 의궤류에서 煎油魚·煎油花, 20세기 의궤류에서 煎油阿로도 표기되었다. 煎油魚와 煎油兒는 魚와 阿를 생략하여 煎油로도 표기되었다. 이 표기에 해당하는 것이 현대국어의 '저냐' 이다.

④ **加里【가리·갈이】 大加里【?】**

이 사전의 1권 623쪽에 加里를 등재하고 다음과 같이 풀이하고, 예문이 달려있다.

> 【加里 가리】 借 "加乃"와 같다. ≪仁祖國葬都監儀軌, 1房, 己丑9月初5日≫ 鑞染次長釜子一 長小釜子一 大加里三 禁火釜子三, ≪朝鮮光海君日記 153, 12年6月庚申≫ 營建都監啓曰……大加里二十六坐. 〈1권 623쪽〉
>
> 【加乃 가래】 借 가래.……. 〈1권 621쪽〉

이 사전에는 표제어 加里가 加乃와 같은 것이라 하고, 예문은 大加里를 들었다. 그런데 예문에 나오는 大加里는 현대국어 '다갈솥'에 대응하는 평북방언 '다가리'에 대응하는 차자표기이다.[6] 그러므로 大加里에 나오는 加里는 '가래'의 차자표기인 加乃와 뜻이 같은 것일 수가 없다. 한편 이 책에는 大加里도 등재되어 있지 않다. 大加里를 大+加里로 분석하고, 加里는 加乃와 같은 것으로 보았으니, 大加里가 별도 표제어로 등재하지 않은 듯하다. 이러한 것은 모두 수정되어야 한다.

---

6) '다가리'는 大加里로도 표기했지만, 多加里 尤加里로도 표기했다.

한편 加里는 加里匠【갈이장이】, 加里機【갈이틀】, 瑟加里棵【?】 등에서 보듯이 【갈이】의 차자표기로도 쓰이는데, 이에 대해서도 전혀 언급이 없고, 이에 대응하는 加里는 물론 加里匠도, 加里機도 표제어로 등재되어 있지 않다. 加里機一坐〈『貞聖王后魂殿都監儀軌』(1757) 권2〉. 加里匠 金得伊 〈『純祖大王追上尊號大王大妃殿加上尊號都監儀軌』(1853)〉. 竹散馬二匹……加里八箇〈『明成皇后國葬都監儀軌』(1895) 권2〉. 瑟加里棵五十箇〈『祭器樂器都監儀軌』〉

또한 加里【가리】는 "삼을 널어 말리려고 몇 꼭지씩 한데 묶은 것을 세는 단위"인 【가리】의 차자표기로도 쓰였는데, 그에 대한 풀이도, 예문도 누락되어 있다. 漆匠所用 手巾次 白紬白苧布鍊布各拾尺式 生綿子伍 加里拾兩 〈『璿源譜略修正儀軌』(1858)〉.

또한 加里ケ長道里 · 加里ケ掌道里【가리막장도리】 · 加里幕掌道里【가리막장도리】, 加里椽木【가리--】 등에서와 같은 어휘에서도 쓰였는데, 이들도 표제어로 등재되어 있지 않다. 加里ケ掌道里四介〈『思悼世子殯宮魂宮都監儀軌』(1762) 권2〉. 加里ケ長道里五介〈『孝純賢嬪殯宮魂宮兩都監二房儀軌』 권2〉. 丁字閣進排……加里莫掌道里一柄 〈『文孝世子禮葬都監都廳儀軌』(1786) 권2〉. 肩輿……加里椽木五介 〈『文孝世子禮葬都監都廳儀軌』(1786) 권1〉.

또한 '정금나무'에 대응하는 제줏말 '종가리'에 대응하는 차자표기는 鍾加里【종가리】로 표기되었는데, 이것도 등재되어 있지 않다. 鍾加里棨竹鐵二介〈『景慕宮樂器造成廳儀軌』(1777)〉.

⑤ 占佛 · 占弗 · 簟第 · 苫第【졈불】

이 사전에서 占佛을 찾으면 다음과 같이 설명되어 있다.

【占佛 점불】 말다래의 덧가죽.…….〈1권 709쪽〉
【障泥 장니】 말다래.…….〈4권 760쪽〉

이 설명은 제대로 된 것이 아니다. 더욱이 차자어로 인식을 하지도 못했다. 『표준국어대사전』에서는 현대국어 '말다래(말을 탄 사람의 옷에 흙이 튀지 아니하도록 가죽 같은 것을 말의 안장 양쪽에 늘어뜨려 놓은 기구)'에 대응하는 옛말 가운데 하나로 '졈불'(졈불 쟝 障泥 俗呼韂甲兒 又呼馬護衣 〈『훈몽자회(예산 문고본)』(1527) 중:13〉)이 쓰였다고 했다.

그러나 의궤류를 보면, '말다래'에 대응하는 月乃와 占佛이 같이 쓰였으니, 月乃와 占佛이 같은 것이라 하는 것은 잘못이다.

竹鞍馬十匹……占佛十【以青花眞粉畵龍鱗】 所入草席五立 休紙一斤 狀紙一卷 茜草三斤 眞粉三兩 白紙二卷 青花十五兩眞末五升 阿膠十一兩 白馬鬣一斤五兩 〈『顯宗國葬都監都廳儀軌』(1674) 권2, 凶儀仗〉

한편 이 문장에서 알 수 있듯이, 占佛이 '말다래의 덧가죽'이라 할 수도 없다. 占佛을 만드는 재료가 草席, 休紙, 狀紙, 茜草, 眞粉, 白紙, 青花, 眞末, 阿膠, 白馬鬣 등으로 확인되기 때문에, '말다래의 덧가죽'이라는 주석도 적절하지 않다는 것을 알 수 있다. 占佛은 말안장 위에 까는 자리와 같은 것이다.

또한 이 사전에는 占佛 하나만 등재되었는데, 이외에도 占拂·占弗·簟笰·苫笰 등이 쓰였다. 또한 이들보다 이른 시기에는 占甫老·占甫兒·粘甫老 등도 쓰였다. 이것을 만드는 틀은 占甫老機라 했다. 또 이것을 만드는 장인은 占拂匠·占弗匠·簟笰匠·苫笰匠, 占甫老匠·占甫兒匠·粘甫老匠이라 했으니, 이들도 모두 표제어로 올려야 한다.

> 仗馬鞍二部每部所入……占甫老二雙 每雙所入豆錫十二兩式 炭六斗式……占甫老匠所用 占甫老機二 於只條所一巨里 海長竹八介 樻子一[具鎖鑰] 空石一立 〈『景宗王世子册禮都監廳儀軌』(1690) 稟目秩〉

한편 占佛과 같은 뜻으로 障泥가 쓰였는데, 이 사전에서는 障泥를 '말다래'로 주석했다. 이것도 잘못된 것이다.

⑥ **召兒와 招兒의 독음과 주석**

이 사전의 召兒를 찾으면 다음과 같이 되어 있다.

이 사전의 주석과 그림을 보고서, 『표준국어대사전』의 '쵸의'의 설명과 〈행용이문〉의 풀이를 서로 비교해보자.

> 【召兒 초의】㊈ 초의. 음식을 볶거나 지지는 데 쓰는 국자처럼 생긴 기구. 招兒.《進宴儀軌(高宗壬寅) 3, 排設》茶亭一坐(……銀匙楪蓋具一坐, 銀玲瓏匙一箇, 銀召兒一箇, 銀箸一雙).《行用吏文》召兒, 쵸의. 鍮器煮具也.

〈召 兒〉

> **쵸의** 〈명사〉 [옛말] '쟁개비(무쇠나 양은 따위로 만든 작은 냄비)'의 옛말. 銅銚 쵸의 〈물보(1800?) 하:13〉
>
> **쟁개비** 〈명사〉 무쇠나 양은 따위로 만든 작은 냄비.
>
> 〈이상 『표준국어대사전』〉
>
> 銅銚 鐎 ㄱ솨 쵸의 〈『물보』(1800?) 하:13〉
>
> 召兒 쵸의 鍮器煮具也 〈行用吏文〉

이 사전의 召兒 주석에서는 "국자처럼 생긴 기구"라 하고 그림까지 보여주고 있지만, 『표준국어대사전』에서는 '쵸의'를 "작은 냄비"라 하고, 〈행용이문〉에서는 召兒를 놋그릇으로, 볶거나 지지는 기구라 했다.

그런데 의궤류를 보면 召兒나 招兒는 뚜껑【蓋】과 자루【柄】를 갖추기도 했다. 그렇다면 召兒와 招兒는 "국자처럼 생긴 기구"라 할 수 없다. 더욱이 이 사전의 炒兒의 설명에서는 "남비"라고 하고, 炒兒와 같은 뜻의 표기로 炒煨, 招兒, 召兒를 들고 있다. 그렇다면 이 사전의 召兒와 招兒의 주석에 오류가 있다는 것을 알 수 있다. 이 사전에서는 炒兒는 차자어로도 인식을 하지 못했다.

> 別宮進排……銀有柄招兒蓋具二內[一前減一代鍮器減付標啓下]……銀召兒一[前減] 〈『嘉禮都監都廳儀軌: 肅宗7年 辛酉(1681) 5月 日』, 大內進排秩〉
>
> 丙午閏七月初四日內下器皿……銀召兒一……銀有柄召兒一[蓋具] 〈『文孝世子墓所都監儀軌』(1786)』 권1, 內下〉
>
> 【抄兒 초의】 借 초의. 음식을 볶거나 지지는 데 쓰는 국자처럼 생긴 기구. 炒兒. 召兒.…….
> 〈3권 270쪽〉
>
> 【炒兒 초아】 남비.…….〈3권 270쪽〉

⑦ **於由味, 巨頭味, 絲陽髻**

조선시대 여자 머리에 얹던 가발과 관련된 고유 어휘로, "쏜머리, 밋머리, 낭ᄌᆞ머리, 사양머리(새앙머리), 어유미(에우미ᄃᆞ릭), 거두미, 쳡지(첩지머리), 조지미ᄃᆞ릭(조짐머리/쏘지미ᄃᆞ릭?/쏘짐머리?), 큰마리" 등이 있었다. 이에 대응하는 한자 표기는 각각 加髢·編髢加首, 本髮·本髮加首, 娘子雙髻, 絲陽髻, 於由味·於餘

髻, 巨頭味, 貼髢·貼只, 朝集髻, 佳羅治髻, 大末里 등이 쓰였다.

이 사전에는 이들 가운데 일부는 등재되어 있고 일부는 등재되어 있지 않은데, 그 독음과 주석에 문제가 있는 것이 보인다.

【娘子雙髻 낭자쌍계】 계집아이의 새앙머리.…….〈1권 1145쪽〉

【巨頭味 거두미】 借 부녀자가 머리 위에 다리로 틀어 얹는 큰머리.…….〈2권 233쪽〉

【於余未 어여미】 借 "於由味"와 같다.…….〈2권 704쪽〉

【於由味 어유미】 借 어여미. 어여머리. 於余未.…….〈2권 704쪽〉

【絲陽髻 사양상투】 借 새앙상투. 곧 새앙머리를 이르는 말.…….〈3권 780쪽〉

一 士族妻妾閭巷婦女凡係編髢加首【ᄯᅳᆫ머리】本髮加首【밋머리】之制一切禁止

一 代髢之式娘子雙髻【낭ᄌᆞ머리】絲陽髻【사양머리】係是嫁前之制不可用之以編髮後髻【본머리의 져근 쳡지와 ᄃᆞᆯ내를 죠곰너어 두가 ᄃᆞᆰ으로 ᄯᆞᆨ코 ᄭᅳᆺ츨 당ᄀᆡ로 감아 올녀 ᄶᅧ거 ᄶᅩ지미라】爲之頭上所戴貝依前以簇頭里爲之毋論綿絮涼竹皆以黑色外裹 〈중략〉

一 於由味【어유미】巨頭味【거두미】係是命婦常時所著人家醮婚所用勿爲禁斷 〈중략〉

一 常賤女人街上露面之類及公私賤竝許令以本髮加首而貼髢【쳡지】加髢【ᄯᅳᆫ머리】之制各別禁斷各宮房水賜里醫女針線婢各營邑女妓則本髮加首之上戴以加里ケ【가리마】以示區別等威之意內醫女仍用昌緞餘則用黑三升

〈이상『日省錄』1788년 10월 7일, 備局進加髢申禁節目〉

큰마리……에우미죡두리……조지미죡두리……텹지……에우미ᄃᆞᆯ릐……조지미ᄃᆞᆯ릐

〈『뎡미가례시일긔』(1847)〉

大末里……에우미簇頭里……조지미簇頭里……貼只……에우미月乃……조지미月乃

〈『憲宗妃慶嬪金氏順和宮嘉禮時節次』(1847)〉

거두미머리(巨頭味--) : '큰머리(예식 때에, 여자의 어여머리 위에 얹던 가발)'의 잘못. '큰머리'를 한자를 빌려서 쓴 말이다.

낭자머리 : 쪽 찐 머리.

새앙머리 : 예전에, 여자아이가 예장(禮裝)할 때에 두 갈래로 갈라서 땋은 머리.

생머리 : 새앙머리(예전에, 여자아이가 예장(禮裝)할 때에 두 갈래로 갈라서 땋은 머리).

어여머리 : 조선 시대에, 부인이 예장할 때에 머리에 얹던 큰머리.

어염 : 어여머리(조선 시대에, 부인이 예장할 때에 머리에 얹던 큰머리).

어유미[於由味] : '어여머리(조선 시대에, 부인이 예장할 때에 머리에 얹던 큰머리)'의 잘못. '어여머리'를 한자를 빌려서 쓴 말이다.

조짐머리 : 여자의 머리털을 소라딱지 비슷하게 틀어 만든 머리.

〈이상 『표준국어대사전』〉

이상의 예와 주석을 비교할 때, 낭자머리와 새앙머리는 다른 것이다. 그러므로 이 사전의 【娘子雙髻 낭자쌍계】와 【絲陽髻 사양상투】의 주석에 문제가 있음을 알 수 있다. 위 여러 자료를 비교해 보면, 娘子雙髻는 "낭자머리"로 주석을 달면 되고, 絲陽髻는 "새앙머리"로 주석을 달면 된다. 絲陽髻의 독음도 【사양머리】라 하면 된다.

한편 이 사전에서 於餘髻, 朝集髻, 佳羅治髻 등은 등재되어 있지 않다. 於餘髻는 【에우미ᄃᆞ릭】에 대응하는 차자표기이고, 朝集髻는 【조지미ᄃᆞ릭】에 대응하는 차자표기이다. 佳羅治髻는 【가라치ᄃᆞ릭〉가라치머리】[7] 정도로 읽을 법하나. '에우미'와 '조지미'는 각각 옛말 '에우-'와 '조지-'에 명사형성접사 '-ㅁ'이 붙은 다음 다시 '-이'가 덧붙어서 만들어진 말이라 할 수 있다. 현대국어에서는 각각 '어염'과 '조짐' 등으로 실현되고 있다.

이상의 몇 예와 같이 차자어에 대한 讀音과 注釋에 오류가 있는 것이 눈에 많이 띈다. 이런 것은 수정·증보판 사전에서는 반드시 고쳐져야 한다.

2. 이두와 이두어

(1) 기존 사전에 수록된 이두와 이두어

이두와 관련한 사전을 만들 때 고민하는 것 가운데 하나가, 이두문에 쓰인 낱자(이두)와, 형태소나 단어 단위 이상을 이루는 어구(이두어)를 어떻게 분리하여 사전의 표제어로 올릴 것인가 하는 것이다.

使奸慝校生無縱行奸之弊事特蒙天恩爲白良結望良白去乎 詮次 差啓向教是事望良白內臥乎事是亦在謹啓 〈『訓局謄錄』(1628~1881) 권23, 癸巳九月初四日〉

祭享段置 設置祠官雖或未易是白乎乃 一如羅陵之古例永定祠式春秋

7) 이는 현대국어의 '가랑머리(가락머리)'에 대응하는 것으로 추정된다. 加羅赤의 음상은 【가라치】일 듯하다.

禋享事特蒙天恩爲白良結望良白去乎 詮次 善啓望良白內臥乎事是在亦謹啓據戶曹啓目粘連啓下是白有亦 〈『駕洛三王事蹟考』(1851) 권1, 英廟朝 啓下關文〉

예를 들어 위 이두문을 읽다 보면, 望良白內臥乎事是亦在 또는 望良白內臥乎事是在亦로 쓰인 이두 묶음이 있다. 이 이두 묶음을 사전에 제대로 올리려면 다음과 같이 이를 분석한 것과 묶음의 것을 아울러 올리고 독음과 주석을 달아줘야 한다.[8] 그런데 기존 사전에서나 이 사전에서도 그것을 반영하지 못한 듯하다. 분석을 하게 되면 국어사전과 같이 붙임표(-)를 활용할 필요도 있는데 이것도 활용하지 못했다.

望-
望良
-良
-白-
-內-
-臥-
-臥乎
-乎
事
是-
-亦
-在
望良白內臥乎事

8) 한편 이 사전에는 向敎是事望良白內臥乎事是亦在라는 이두 묶음도 向 항의 한 표제어로 내세웠다.

是在亦
是亦在
望良白內臥乎事是亦在
望良白內臥乎事是在亦

이 사전의 望 항을 보면, 望良을 주표제어로 내세우고, 望良白內臥乎事와 望良白內臥乎事是亦在 2개를 부표제어로 내세웠다. 그리고 是 항에서 是亦在 1개를 표제어로 내세웠다.[9] 『유서필지』의 「이두휘편」을 보면, 7자류에 望良白內臥乎事만 등재되어 있고, 3자류에 是亦在나 是在亦은 등재되어 있지 않다.

이 사전의 '良' 항에서는 조사 乙良이나 良에 대해서만 언급하고 어미 良에 대한 것은 없다.

이 사전의 '白' 항에서는 동사로 쓰이는 경우와 어미로 쓰이는 경우 모두 들어서 주석했는데, 선어말어미로 쓰이는 경우를 "……겸양성을 나타내는 접미사의 하나이다."라고 해서 아쉬움을 주고 있다.

이사전의 '內' 항에서는 이두 內에 관한 설명이 없다.

이 사전의 '臥' 항에서는 이두 臥에 관해서, 음이 '누'라는 것만 밝히고 그에 관한 설명이나 주석이 없다. 臥乎는 표제어로 올라있지도 않다.

이 사전의 '乎' 항에서는 이두에서 '-온, -올 / -오'로 읽힌다고만 밝히고 그에 관한 설명이나 주석이 없다.

이 사전의 '事' 항에서는 이두에서 '일'로 읽힌다고만 밝히고 그에 관한 설명이나 주석이 없다.

---

9) 是在亦은 올라 있지 않고, 〈대명률직해〉에 보이는 是在而亦이 올라 있다.

이 사전의 '亦' 항에서는 독음이 '여, 이여'라고 하는 것, 주격조사, 부사형성접사, 인용의 어미, 명령의 어미 등으로 쓰인다는 것을 밝혔다.

이 사전의 '在' 항에서는 독음이 '견'이라는 것, '-인, -인 것, -인 사람'의 뜻으로 쓰인다는 것을 밝혔다.

(2) 기존 사전에 누락된 이두와 이두어, 주석 오류

① 的只【마기】 관련 이두어

的只는 예로부터 '마기'[10]로 읽혀온 이두이다. 이 사전의 的 항에는 다음과 같은 이두어들이 등재되어 있다.

【的是 마기】 吏 "的只"와 같다.…….(제3권. 507쪽)

【的只 마기】 吏 확실하다. 정확하다. 的是.…….(제3권. 507쪽)

【的只白乎事 마기ᄉᆞ온일】 吏 "的只乎事"와 같다.…….(제3권. 508쪽)

【的只是白乎事 마기이ᄉᆞ온일】 吏 "的只乎事"와 같다.…….(제3권. 508쪽)

【的只是乎事 마기이온일】 吏 "的只乎事"와 같다.…….(제3권. 508쪽)

---

10) 이 '마기'는 제주방언 '마기'와 대응하는 것인 듯하다. 제주방언 '마기'는 일어날 일의 결과가 좋아지기를 바랄 때는 "마기 경허민 좋주.(마기 그렇게 하면/되면 좋지.)와 같이 쓰이고, 일어난 일의 결과가 좋았어야 했는데, 좋지 않아서 마음에 차지 않을 때는 "마기 경헤시민 좋았주마는.(마기 그렇게 했으면/되었으면 좋았지마는.)"과 같이 쓰인다. 『표준국어대사전』에도 '마기'가 등재되어 있는데, 「표준어 규정」 3장 4절 25항에서 '막상'만 표준어로 삼고, '마기'는 버린다고 했기 때문에, '마기'는 "'막상(어떤 일에 실지로 이르러)'의 잘못"으로 설명하고 있다.

【的只臥乎事 마기누온일】 吏 "的只乎事"와 같다.…….(제3권. 508쪽)

【的只乎事 마기온일】 吏 확실한 일.…….(제3권. 508쪽)

이상과 같이 的是와 的只 외에 다섯 예를 들었다. 그러나 的只와 관련된 이두어는 많다. 위 예를 제외하고 몇 개를 더 들어본다. 이들도 사전에 모두 등재해야 한다.

的只侤音 的只教事 的只教是故 的只教是乎所 的只教是乎則 的只是如乎 的只是乎矣 的只是乎乃 的只是乎則 的只臥乎事是良尔 的只臥乎事是在果 的只爲白乎事 的只有乎事 的只行下教是乎所 的只乎乃 的只乎所 的只乎矣

的是 관련 이두어도 추가해야 한다.

的是去乎 的是旀 的是白遣 的是白如乎 的是白乎 的是白乎乃 的是白乎喩 的是白乎矣 的是如乎 的是喩 · 的是乙喩 · 的是隱喩 的是在 的是置 的是乎乃 的是乎旀

한편 이두 的只와 다른 차자어 的只【막이】, 的只板【막이널】, 前的只【앞막이】, 後的只【뒷막이】, 前的只板【앞막이널】, 後的只板【뒷막이널】도 등재되어야 한다.

左右杉板各三 道里前的只十二立 後的只四立……左右杉板各六 道里前的只板六立 後的只板八立 〈『黃海水營啓牒(1900)』 권1, 甲戌十一月初六日申時封〉

② 無 관련 이두와 이두어

이 사전에는 無 관련 이두와 이두어로 다음과 같이 20여 어가 등재되어 있다. 꽤 많은 이두어가 등재되어 있다.

> 無去等 無去沙 無去有等以 無去有乙 無去乙 無白去等 無白有齊 無白乎於 無不冬 無不冬爲白齊 無亦 無在 無在事乙 無在乙 無在乙良 無齊 無乎事

그런데 아쉬운 것은 이들은 '없-'의 훈독자인 無를 표제어로 등재하고, 이 표제어 밑에 부표제어로 이들은 등재시켜야 한다. 그런데 無去等, 無去沙 등은 가나다 순에 따라 표제어로 등재했는데, 無白去等과 無白有齊 등은 한자어 표제어인 無白 밑에 부표제어로 등재해 있다는 것이다. 그러니까 이두와 이두어 표제어와 부표제어 등재에 일관성이 없다는 것이다. 부표제어는 관련이 있는 표제어에 딸려서 배열되어야 하는데, 한자어 無白과 이두어 無白去等은 관련이 없는 것이다.

한편 다음 예문 등에서 확인되는 無遣, 無遣在, 無遺在是如, 無遺在是如爲去乙, 無遺在是如爲有昆 등도 등재되어 있지 않은데, 수정 증보 사전에는 등재해야 한다.

> 四張付油芚二浮等乙 前矣段 前排油芚以取用爲如乎 節段 前排油芚無遺在是如 他條以 取用無路 〈『懿仁王后山陵都監儀軌』(1601) 甘結, 七月二十四日〉

> 丙午年天使時 所用 銀器無遺在是如爲有昆 先運天使時 銀鉢里・銀匙貼・銀匙筯各二部 造作 銀子幾至八十四兩六錢是於 〈『迎接都監雜物色謄錄』(1608~1610)〉

徽陵段 無遺在是如爲去乙 行關查問 則參奉牒呈內 〈『思陵都監儀軌』(1699) 己卯二月十三日 戶曹了〉

③ 표제자, 표제어, 주석 등의 오류

中 가운데 중 吏讀 해. -에. 장소를 나타내는 토로 쓰였다. ≪壬辰狀草, 萬曆20年7月15日≫ 倭人四百餘名, 量勢窮力盡, 自知難逃, 閑山島良中, 棄船登陸.……. (제1권 121쪽)

良 어질 량 吏讀 -란, -랑. -라. ……. (제3권 941쪽)

良中【아히】 吏 -에. -에서. -에게. ……. (제3권 943쪽)

위에 보이는 이두 中은 예문을 보면 단독으로 쓰이지 않고 반드시 良中과 같이 쓰였다. 그러므로 良과 中을 분리하여 각각 따로 표제어로 처리하면 모를까, 그렇지 않는다면 따로 주석을 달 필요가 없다. 만약 따로 주석을 단다면 中은 이두에서 良中의 일부로 쓰인다고 하고, 그에 대한 자세한 설명은 良中을 참고하라면 될 것이다.

丫 가장귀 아 吏讀 -에. 행동의 방향을 나타내는 토로 쓰인다. ≪壬辰狀草, 萬曆20年4月16日≫ 先鋒倭人段, 東萊丫到來. (제1권 121쪽)

了 마칠 료 吏讀 -로. -으로. ≪瀋陽狀啓, 庚辰10月初5日≫ 十月初一日, 朔膳入來時, 戶部了, 咨文一道, 平安監司軍官朴時亮賫來爲白有如乎.……. (제1권 180쪽)

위에 보이는 표제어와 예문의 丫는 了를 잘못 기록한 것이다. 了를 쓰는 과정에서 丫와 같이 기록하는 경우가 많다. 그렇더라도 사전에서는 바로 잡아줘야 한다.

Ⅲ. 修訂·增補 辭典의 방향

1. 추가해야 할 고유 한자

현재 확인되거나 등재되지 않은 한국 한자는 매우 많다. 다행히 최근에는 여러 문헌이나 고문서가 인터넷을 통해 원문을 볼 수 있도록 하고 있기 때문에 이를 해독할 수 있는 연구원을 두고서 등재되지 않은 한자와 한자어를 찾아서 등재하는 노력을 기울여야 한다.

(1) 小乙【솔】

'솔'의 표기로 乺은 등재되어 있지만, 小乙은 등재되어 있지 않다. 그러다 다음 자료에서 보듯이 小乙과 小乙五 등에서【솔】로 표기된 것을 확인할 수 있다.

> 壹兩貳戔 修掃所用小乙回介價 〈『捧下會計』(1900) 권10, (辛丑)六月二十五日〉
>
> 碑閣九間所入……小乙五七十六箇 大工二坐 〈『肇慶壇濬慶墓永慶墓營建廳儀軌』(1900) 권1, 工役〉.

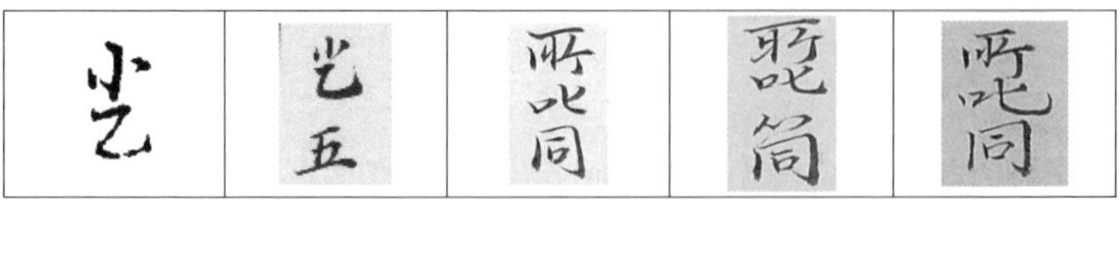

(2) 㖙【솟】, 所叱【솟】

‘솟’의 㖙이 쓰였는데, 이 사전은 물론 『동아 한한대사전』에도 등재되어 있지 않다. 그러나 흔글에는 㖙이 등재되어 있다.

> 竹鞍馬…… 鞍子 於赤 月乃 前後㖙同 占佛 周皮六鞍轡 乶皮音雙差 〈『莊獻世子永祐園遷奉都監儀軌(1789) 二房儀軌, 造成秩, 凶儀仗〉

이 예문에 보이는 㖙同은 ‘가슴걸이(말의 가슴에 걸어 안장에 매는 가죽끈)’에 대응하는 옛말 ‘솟동’(솟동 曰纓 〈『훈몽자회(예산 문고본)』(1527) 중:12〉)에 대응하는 차자표기로 쓰였다. 지명 㖙達山, 㖙灘(交灘) 등에서도 확인된다.

의궤류에서 확인되는 所叱同 · 所叱筒【솟동】, 所叱同匠【솟동장】[11], 지명 所叱古谷 등에서는 所叱【솟】이 확인된다.

> 竹鞍馬…… 鞍子 於赤 月乃 前後所叱同 占佛 周皮六鞍轡 乶皮音雙差 〈『莊獻世子永祐園遷奉都監儀軌(1789) 二房儀軌, 造成秩, 凶儀仗〉

(3) 㐙【덧】

㐙은 흔글이나 네이버 한자사전 등에서 ‘갓’으로 읽고, 우리나라 한자라 했다. 그러나 㐙防 · 㐙枋 · 㐙方 등은 ‘덧방(덧댄 지방)’의 차자표기이지, ‘갓방’의 차자표기가 아니다. 加㐙方은 ‘더덧방’의 차자표기이다. 㐙과 관련된 차자어는 㐙平【덧평 : 덧평고대】, 㐙耳

---

11) 呈 솟동 일빅 낫과 〈『번역노걸대』(1517) 하:69〉. 솟동 曰纓 〈『훈몽자회(예산 문고본)』(1527) 중:12〉. 所叱同의 叱은 所 밑에 붙은 표기이다. 그런데 同 앞에 붙은 것(㖙)으로 보는 경우도 있는데, 이는 잘못 본 것이다.

【갓귀】, 加叱斗【덧말?】 등이 있다.

> 移安廳一間造作所入……加叱方次邊板八立 〈『懿昭世孫懿昭廟營建廳儀軌(1752)』 手本秩, 壬申九月日〉
>
> 進上簇子玉軸造作緣莊所入 小乼二 加叱耳二 大乼二 刀乼一 小串釘六 〈『光海君私親誌石改修都監儀軌(1618)』 丙辰四月十九日〉
>
> 刻刀六箇 長丁十箇 長串丁二箇 加叱斗七箇 〈『墓所都監儀軌(1728)』 권2, 初頭鐵物打造進排秩〉

加叱方과 관련된 加叱方帶鐵【덧방ᄯᅴ쇠】, 加叱方朴只【덧방박이】, 加叱朴只【덧박이】·加叱朴只鐵【덧박이쇠】 등도 당연히 새로 등재해야 한다.

加叱은 인명에서 加叱金, 加叱等, 加叱同, 加叱男, 加叱福, 加叱孫, 加叱今 등으로도 쓰이고, 지명에서 加叱古介, 加叱文山 등으로도 쓰였다.

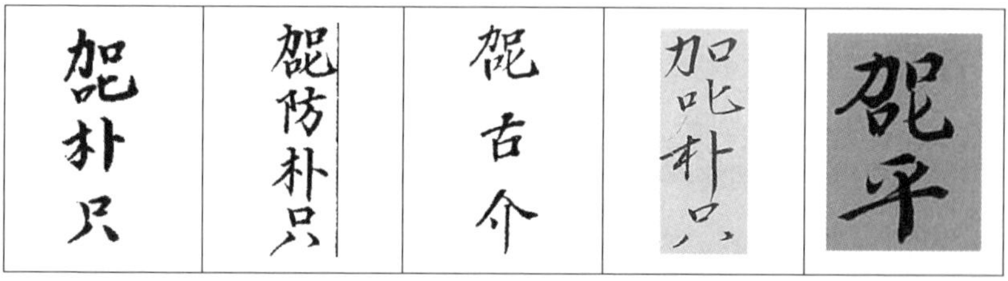

(4) **夫叱【붓】, 浮叱【붓】, 扶叱【붓】, 富叱【붓】, 北叱【붓】, 付人【붓】**

이 사전에는 우리말 '붓'의 표기에 쓰는 한국한자로 '付叱'【붓】을 등재하고 付叱朴只를 등재해 놓았다. 그러나 付叱朴只에 대응하는 다른 표기 夫叱朴只와 浮叱朴只, 扶叱朴只, 付人朴只 등에 쓰인 夫叱【붓】과 浮叱【붓】, 扶叱【붓】, 付人【붓】 등은 등재되어 있지 않다.

富叱心의 富叱도 등재되어 있지 않다.

付叱【붓】은 付叱朴只 외에 付叱乼에서도 확인된다.

夫叱【붓】은 夫叱心과 夫叱心草, 夫叱心席, 夫叱心帶, 夫叱乼 등에서도 확인된다.

富叱【붓】은 富叱心에서 확인된다. 扶叱【붓】은 扶叱心草에서 확인된다. 北叱은 北叱心과 北叱心草 등에서 확인된다.

(5) 乼【촐〉찰/촐〉출】, 草乙【촐】

아래 예문에 보이는 扶乼木의 扶乼과 門浮乼의 浮乼, 夫叱乼 외에 夫乼, 付叱乼 등에서 확인되는 乼은 한자사전에서 '찰'의 음역자로 소개되고 있으나, 이 사전에는 등재되어 있지 않다.

> 砧家今方修理爲如乎 方下木・腰木・扶乼木・臼等物及泡匠所用 石磨二部等例自繕工監進排爲如乎 〈『顯宗殯殿都監儀軌』(1675) 魂殿修理所, 甲寅九月十二日〉
>
> 門一隻 左右夫叱乼小椽木二介 〈『景宗國葬都監都廳儀軌』(1724) 권下〉
>
> 門浮乼小條伊二箇 〈『宗廟改修都監儀軌』(1725) 권1, 後〉
>
> 門夫草乙八次小條里二箇 〈『懿昭廟營建廳儀軌』(1832)〉

인명의 乫福, 지명의 加乫峯 등에서도 확인할 수 있다.

(6) 기타

⿱介叱【갯】: ⿱介叱同, ⿱介叱知 (이상 인명), 紅都⿱介叱【홍돗갯】(도구)
都叱【돗】: 紅都叱介 【홍돗개】
狗乙【굴】: 狗乙介 · 狗乙箇 【굴개】
衿叱【깃】: 中衿叱 【듕깃】

한편 '메'를 표기한 亇伊(예 : 餅亇伊【썩메】), '쇠'를 표기한 金伊(예 : 金伊手【쇠손】) 등에서 확인되는 亇伊와 金伊를 사전에 올릴 때 어떻게 할 것인가 신중하게 고려해야 한다. 여기에서 확인되는 伊는 '괭이'의 옛말 '광이'를 표기한 鑛伊에서 확인되는 伊와는 달리 반모음을 표기한 것이기 때문이다.

2. 수정 증보되어야 할 독음과 주석

(1) 乺【솔 · 솟】, 乻【얼 · 늘 · 엇】, 旕【엇 · 얼】

乺과 乻은 이미 각각 '솔'과 '얼 · 늘'로 읽힌다는 것이 이 사전에 밝혀져 있다. 다만 乺 관련 예문은 없고, 乻과 관련해서는 乻骨障子와 乻尾里, 乻只[12] 등 세 예가 제시되어 있다. 한편 旕도 음이

'엇'이라는 것이 밝혀져 있다. 그와 관련된 예는 旕弄과 旕尾里 두 예가 제시되어 있다.

그러나 所叱同과 所叱筒, 乷同, 乷登 등이 동일한 【솟동〉솟동】의 표기라는 데서 乷은 '솟'으로도 읽혔다고 할 수 있다. 또한 乻骨과 旕骨이 동일한 【얼골】의 표기라는 데서 乻은 '엇'으로 읽혔다고 할 수도 있다. 어쩌면 所叱과 旕의 음절말자음 'ㅅ'을 표기한 叱을 더 줄여서 쓴 것이 '乙'과 같이 표기한 것일 수도 있다.

乷【솔】은 乷【솔】과 馬尾乷【ᄆᆞᆯ총솔】, 造來乷【죠ᄅᆡ솔】, 篩乷【체솔】, 綃乷【깁솔?】, 乷竹【솔대】, 乷木【솔목】, 猪毛乷【돼지솔?】 등에서 확인할 수 있다. 인명 표기의 乷德, 乷今, 乷男, 乷同, 乷老味, 乷立 등에서도 확인할 수 있다.

乻【얼】은 乻骨【얼골】·門乻骨【문얼골】, 窓乻骨【창얼골】, 戶乻骨·之介乻骨【지게얼골】, 障子乻骨【쟝ᄌᆞ얼골〉장지얼골】, 行閣乻骨【--얼골】, 窓戶乻骨【--얼골】, 板門乻骨【板門乻骨】, 光窓乻骨【--얼골】, 箭窓乻骨【살창얼골】 등에서 확인할 수 있다.

乻只【얽이】에 대응하는 표기로 旕只【엇기?】가 쓰이고, 旕尾里·旕末里【엇미리】에 대응하는 표기로 乻尾里【얼미리?】이 쓰였으므로, 이 예들의 乻은 '엇'으로 쓰인 것으로 봐야 할 것이다. 물론 旕尾里에 대응하는 彦尾里·偃尾里·焉尾里·彦味里【언미리】도 쓰였기 때문에 현실음을 반영하는 과정에서 다양하게 표기되었을 수도 있다.

12) 乻其와 於乙其도 '얽이'의 표기로 쓰였기 때문에 추가되어야 한다. 乻兒는 '얼레'의 표기로 쓰였다. 乻介는 '얼개'의 표기로 쓰였다. 의궤류의 "銅亇於乙介蓋具"에 보이는 銅亇於乙介의 亇於乙介도 【마늘개】를 표기한 것인 듯하다.

또한 門乻骨【문얼골】에 대응하는 표기로 門旕骨【문엇골?】[13]이 쓰였으므로 이때의 旕은 '얼'의 표기로 쓰였다고 해야 할 것이다.

乻이 【늘】의 음이 '늘'인 경우는 주로 인명과 지명에 쓰인다고 하고, 乻朴과 乻魚里를 예로 들었다. 그러나 음식 어휘 乻音炙 · 於音炙【느ᄅᆞ미젹〉누루미적】, 건축 어휘 乻平【눌평】을 표기한 것이다. 그러므로 주석을 수정할 필요가 있다.

(2) **於【어 · 느 · 늘/ᄂᆞ · ᄂᆞᆯ】**

이 사전에서 於를 찾으면 '늘 어, 감탄사 어'라는 대표 훈과 음을 들고서, 바로 한국 한자어의 예를 들었다. 그런데 於는 차자 표기에서 '어'의 음가자로 쓰이기도 하지만, '느' 또는 '늘', '누' 등을 반영한 훈가자로도 많이 쓰였다. 그런데 훈가자와 관련된 예는 於里音 · 於伊音【느림】밖에 등재되어 있지 않다.

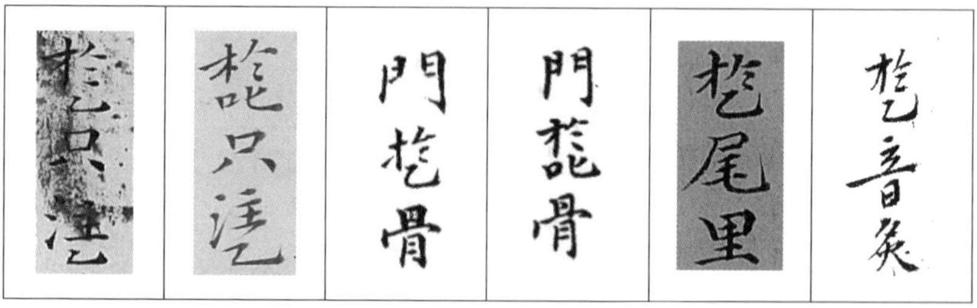

수정 · 증보판 사전에는 於가 차자에서 '늘'로 읽힌다는 주석을 덧붙여야 하고, 이와 관련된 예를 여럿 반영해야 한다. 가령 於音

13) 『영조정순왕후 가례도감의궤』 번역본에는 旕骨을 '엇골'로 번역해놓았는데, 이것은 '얼골〉얼굴'로 번역해야 한다. 현대국어사전에는 '문얼굴'과 '문틀'이 표준어로 등재되어 있다.

은 현대국어 '누르미(인절미를 납작하게 눌러 구운 음식)'에 대응하는 차자표기이다. 이와 관련된 차자어만 하더라도 於音布【누ᄅᆞ미베】, 於音湯【누ᄅᆞ미탕】, 於音炙 · 乻音炙【누ᄅᆞ미젹】 등이 있다.

> 於音次軟豆泡三塊式乾正果七合式 〈『迎接都監雜物色儀軌(1643)』 九月初十日稟目〉
>
> 三味 生鮮於音湯 中生鮮二尾式 〈『迎接都監雜物色儀軌(1643)』 司饔院所掌移屬〉
>
> 泡匠所用 於音布十五尺 白苧布四幅袱一七尺帒一等依前例進排事 〈『仁宣后殯殿魂殿都監儀軌(1674)』 殯殿一房, 殯殿各差備手本秩, 甲寅二月二十七日〉

한편 앞의 於里音 · 於伊音【느림】과 관련된 것으로 於音鐵 · 於音金【느림쇠】, 於音釘【느림몯〉느림못】도 있다.

> 於音釘次柯柴木六箇 〈『高宗太皇帝御葬主監儀軌(1919)』 권2, 治諫合木所入〉
>
> 於音金三十箇 〈『文祖綏陵山陵都監儀軌(1846)』 권2 爐冶所儀軌, 稟目, 丙午閏五月初六日〉

3. 추가되어야 할 차자어

고유어의 차자표기는 무궁무진하다. 어떤 자료를, 얼마만한 자료를 뒤져서 등재하지 못한 어휘 표기를 찾아냈느냐에 따라 추가해야 할 차자어 또한 무궁무진해진다. 수정 · 증보판 사전에는 당연히 누락되어 있는 차자어를 찾아서 등재해야 한다.

차자어의 독음을 찾아내고, 그 뜻을 알 수 있는 것은 당연히 사전에 등재해야 한다. 하지만 문제는 차자어의 독음을 추정할 수 있는데, 그 뜻이 확실하지 않은 자료들을 등재할 것인지, 말 것이냐 하는 것이다. 또한 차자어인 듯한데, 그 독음도 추정하기 어렵고, 그 뜻도 추정하기 어려운 것을 어떻게 할 것이 하는 것도 문제다. 이런 차자표기에 대한 독음이나 의미 파악은 한두 학자나 연구자가 찾아내고 파악할 수 있는 것이 아니기 때문이다.

가령 건축 어휘에 쓰인 遠音은 현대국어에서도 '머름'으로 등재되어 있고, 그 이전 독음도 【머름】이었을 것이라는 것을 추론하기는 어렵지 않다. 이 어휘는 이 사전에도 등재되어 있다. 그러나 이 어휘에 대응하는 亇乙險, 亇乙軒, 末乙含 등은 이 사전에 등재되어 있지 않다.

전문 연구자들은 이들 어휘가 遠音【머름】에 대응하는 차자표기라는 것을 알 수 있다. 더욱이 이들의 독음은 차자표기를 고려하여 亇乙險【멀험】, 亇乙軒【멀헌】, 末乙含【멀험】 정도로 밝혀낼 수가 있을 것이다. 비전문가들은 이런 내용을 알 수가 없다. 이런 것들도 당연히 새로 등재해야 한다.

한편 擧乙案之 · ⿱擧乙案支 · ⿱擧乙案之 · ⿱擧乙安支 · 乬安之 · 乞案支 등은 이 사전에 등재되어 있지 않기도 하고, 【걸안지】를 표기한 것인지, 【들안지】를 표기한 것인지 알기가 어렵다. 또한 그 뜻이 무엇인지도 확인하기가 쉽지 않다.

한편 복합어(파생어와 합성어)도 차자어로 등재할 때, 해당 한자가 선행할 때의 어휘만 등재하지 말고, 해당 한자가 후행하는 어휘도 등재해야 한다. 가령 차자어 乻 항에서 乻骨만 등재하지 말고 門乻骨, 障子乻骨, 板門乻骨【--얼골】 등의 어휘도 등재해야 효용성이 큰 사전이 될 것이다.

(1) 亇乙險【멀험】, 亇乙軒【멀헌】, 末乙含【멀험】

通慶門內 行閣二間 修理所入 假柱四介次材木四條 亇乙軒二間材木二條 〈孝宗殯殿都監儀軌(1659) 魂殿二房, 己亥九月初二日〉

本所所掌床卓 仍修補所入 龕室亇乙險十二間 每間童子亇乙險等 付接所入 幷以磨鍊手本 後錄爲去乎 〈永寧殿修改都監儀軌(1667) 手本秩, 丁未六月初六日〉

龕室流音所入……童子朴只一寸五分釘四十箇 末乙含丈夫朴只一寸五分釘四十箇 小欄朴只五分釘四百六十箇 〈南別殿永禧殿重建廳儀軌(1677) 一所, 丁巳六月初八日〉

현대국어의 '머름'(바람을 막거나 모양을 내기 위하여 미닫이 문지방 아래나 벽 아래 중방에 대는 널조각)에 대응하는 차자표기는 遠音【머름】으로 표기되었다. 이 '머름'은 '윗머름'과 '중머름', '알머름' 등이 있는데, 각각 上遠音, 中遠音, 下遠音 등으로 표기되었다. 그런데 이 사전에는 정작 遠音, 上遠音, 中遠音, 下遠音 등은 등재되어 있지 않고, 遠音童子, 遠音石, 遠音竹, 遠音着固, 遠音板 등만 등재되어 있다. 그러나 이외에도 遠音廳板, 遠音中方 · 遠音中防, 遠音精板, 遠音椺, 遠音小欄 등도 등재되어야 한다.

한편 17세기 의궤에서 '머름'에 대응하는 차자표기가 遠音으로 표기된 뒤에 20세기 초반 문헌에까지 쓰였다. 그러나 17세기 일부 의궤에서는 우리말 '머름'보다 앞선 형태를 반영하는 차자표기인 亇乙險과 亇乙軒, 末乙含 등과, 이와 관련된 童子亇乙險, 末乙含丈夫 등도 확인되는데, 이것도 당연히 등재되어야 한다.

(2) **風波金·風波鐵·風破金, 風波外·風破回·風破回金·風波回鐵·風破回鐵, 風波板, 風波錠**

風破外三十六介 〈『昭顯世子墓所都監儀軌(1645)』 啓辭, 五月十四日, 爐冶所打造秩〉

風波金六百四十介……風波錠六百四十介 〈『儲承殿儀軌(1648)』 實入雜物秩〉

風波金六十四箇[鑞染] 風波金朴只二寸廣頭釘六十四箇[鑞染] 〈『墓所都監儀軌(1728)』 권2, 稟目秩〉

齋室撤毁……中門四隻風破金具……合鐵物風破回金四十四介釘具 〈『垂恩廟營建廳儀軌(1764)』 稟目秩〉

이 예문들에서 확인할 수 있는 風波金·風波鐵·風破金, 風波外·風破回·風破回金·風波回鐵, 風波板, 風波錠 등은 여러 차자 표기 가운데 하나인데, 이 사전에서는 어느 하나도 등재되어 있지 않다. 모두 조선시대 궁궐이나 묘소 따위에 들어가는 철물이다.

현대국어 사전에서는 이에 대응하는 예를 확인할 수 없다. 굳이 대응시킬 수 있는 예를 찾는다면, 이 사전에 등재되어 있는 風鐵(장식으로 쓰기 위하여 구멍을 뚫거나 음각을 한 얇은 쇳조각)을 대응시킬 수 있을 듯하다.

그런데 風波外와 風破回, 風破回金, 風波回鐵 등, 그리고 風破回釘具三十二介, 風破回四十八箇釘具 등과 같은 의궤 기록에서 알 수 있듯이, 이들을 단순한 고유 한자어로 처리할 수도 없다. 破回와 波回는 현대국어 '바퀴(둥글게 만든 물건)'에 대응하는 옛말 '바회〉박회'에 대응하는 차자표기이다. 그러므로 이들은 당연히 차자어로 등재해야 한다.

(3) 擧乙案之 · 去乙安之 · 巨乙案支 · 擧乙按之 · 巪案支 · 巪案之 · 巪安支 · 乬安之 · 乬案支 · 擧案支 · 巨安支 · 巨案支

(長杠)機二雙……槊木次去乙安之幷以眞椽木三介〈『肅宗國葬都監都廳儀軌』(1720) 권2〉

大方牀一坐所入……長擧案支木二[用松木各長六尺五寸廣五寸高六寸長杠上正中上下排置着石磵朱漆頭面以丁粉畫太平花] 短擧案支木四[用松木各長一尺五寸廣五寸高六寸長杠上大擧案支間左右各設二着石磵朱漆頭面以丁粉畫太平花]〈『慶嬪禮葬所謄錄』(1907) 發引時造作秩〉

擧乙案之 · 去乙安之 · 巨乙案支 · 擧乙按之 · 巪案支 · 巪案之 · 巪安支 · 乬安之 · 乬案支 · 擧案支 · 巨安支 · 巨案支 등은 이 사전에 등재되어 있지 않다, 이 표기들은 주로 의궤류에서 확인되는데, 大方牀……槨巪案之와 燭籠巪安之, 擔機前後巪案之 · 擔機前後乬安之 등과 같이 大方牀이나 大轝, 肩轝의 槨과 燭籠, 擔機 따위에 설치하는 것이라는 것을 알 수 있다. 아래 예문의 長杠上正中上下排置와 長杠上大擧案支間左右各設二 등을 통해서는 長杠의 위아래에 설치하는 것이라는 것을 알 수 있다.

大巪安支와 小巪案支, 長乬案支 · 長乬安支와 短乬案支 등과 같이 크고 작은 것, 길고 짧은 것 등이 있었다는 것도 알 수 있다. 또한 乬安之松木과 造泡巪案之二次松板一立, 槨巪安之貳次材木貳介, 長乬案支木과 短乬案支木 등을 보면, 이것은 松木이나 松板, 材木, 木 등으로 만들었다는 것을 알 수 있다.

이 표기들은 【걸안지】의 표기인지, '거란지(소의 꽁무니뼈)'와 '거란지뼈'에서 확인되는 '거란지'와 의미상 통하는 것인지 등을 밝혀내야 한다.

그런데 『英祖國葬都監都廳儀軌』(1776) 권1에서 大轝를 설명하면서, 橫木(가로질러 놓는 나무)을 속명으로 擧案支라 한다는 단서를 확인할 수 있다. 아울러 長橫木을 大擧案支라 하고, 短橫木을 小擧案支라 했다는 단서를 제공해준다. 이러한 단서는 기존 사전에서 확인할 수 없는 것으로, 이 어휘를 주석하는 데 매우 중요한 것으로 활용할 수 있다.[14)]

大輿……長橫木【俗名大擧案支】 於長杠中央正方處前後各一橫木 兩間又設小橫木四【俗名小擧案支】 〈『英祖國葬都監都廳儀軌』(1776) 권1〉

(4) **付叱心・夫叱心・富叱心【붓심】, 付叱心草・夫叱心草・富叱心草【붓심새】, 付叱心木・夫叱心木・富叱心木【붓심목】 / 付+叱心帶・夫叱心帶・富叱心帶【붓심띠】, 付叱心席・夫叱心席・富叱心席【붓심자리】 / 付叱心槐木 / 附心【붓심】, 附心草【붓심새】 / 北心・北叱心【붓심】, 北心草・北叱心草【붓심새】 / 夫心草【붓심새】 / 扶叱心草【붓심새】**

永寧殿破屋時所用……付叱心次 空石一百六十立 用還次以上下進排事〈『永寧殿修改都監儀軌』(1667) 手本秩, 丁未閏四月十七日〉

修改時所用 夫叱心草・空石・稿索及役事所用 削刀・刃加羅・裸伊・平錏等物 令本道預先措置進排爲白齊 〈『莊陵修改都監儀軌』(1699)〉

위에 보이는 차자어들 모두는 이 사전에 등재되어 있지 않다. 付叱心・夫叱心・富叱心은 【붓심】, 付叱心草・夫叱心草・富叱心草

14) 필자도 이 어휘의 의미 파악에 애를 먹다가 우연히 이 자료를 보게 되면서 의문이 풀렸다.

등은 【붓심새】, 付叱心木 · 夫叱心木 · 富叱心木 등은 【붓심목】, 付叱心帶 · 夫叱心帶 · 富叱心帶 등은 【붓심띠】 정도로 읽을 수 있다.

현대국어사전에서는 이에 대응할 만한 어휘를 찾을 수 없다. 다만 '짚북데기(짚이 아무렇게나 엉킨 북데기)'의 잘못으로 등재되어 있는 '짚북세기, 짚북세미'의 '북세미'가 이와 관련된 것이다.

의미상으로는 표준어 '짚동'(짚단을 모아 한 덩이로 만든 묶음)과 통한다. 제주방언에서는 이에 대응하는 '찝동, 북세미, 북심' 등이 전하는데, 이들 어휘가 위 차자어에 대응하는 것이라 할 수 있다.

北心과 北心草만을 봤을 때는 각각을 【북심】과 【북심새】의 표기로 파악할 수 있으나, 北叱心과 北叱心草를 확인하고서는 이들 모두가 【붓심】과 【붓심새】의 표기이고, 경우에 따라서는 叱을 표기에서 생략했다고 할 수 있다.

付叱心帶 · 夫叱心帶 · 富叱心帶【붓심띠】의 경우, 付叱心과 夫叱心, 富叱心 등에 帶가 덧붙어서 표기된 것이다.

付叱心席 · 夫叱心席 · 富叱心席【붓심자리】의 경우, 付叱心席具와 같이 표기했으니, 付叱心과 席으로 나누어서 付叱心【붓심】과 席【자리】로 봐야 할 경우도 있다.

(5) 所叱同 · 所叱筒 · 所筒【솟동】, 所登 · 蘇登【솟등】, 乶登【솟등】

竹鞍馬四……前後所叱筒六 所入白馬鬐二斤 〈『仁敬王后國葬都監都廳儀軌』(1681) 권2 凶儀仗〉

其中鞍枝裹魚皮 及粧餙月乃 前後所叱同 修補取色仍用爲遣 〈『景宗王世子册禮都監儀軌』(1690)〉

위 예문에서 확인되는 所叱同 · 所叱筒 · 所筒 등은 '가슴걸이(말의 가슴에 걸어 안장에 매는 가죽끈)'의 옛말 '솟동'에 대응하는 차자표기이다.

ᄌᆞ서피로 다하 두 빡 어울운 굴에예 솟동조차 잇고 〈『번역박통사』(1517) 상:28〉
ᄆᆞᆯ 솟동 일빅 낫과 〈『번역노걸대』(1517) 하:69〉
솟동 曰纓 〈『훈몽자회』(예산 문고본)(1527) 중:12〉

이 '솟동'에 대응하는 차자표기는 17세기와 18세기 의궤류에서 所叱同 · 所叱筒 · 所筒 등으로 표기하다가, 18세기 중반부터 蘇登이나 所登, 18세기에는 乺登까지도 확인된다. 이로 보아 변화하면서 19세기까지 쓰였는데, 20세기 표준어에 등재되지 못한 것으로 보아 20세기 초반에 사어화한 것으로 보인다. 그런데 위 차자표기들은 이 사전에 전혀 실리지 않았다.

(6) 扶乼 · 浮乼 · 夫叱乼 · 付叱乼 · 夫乼【*부ᄎᆞᆯ〉부츨〉부출】, 夫草乙【부촐】, 門浮乼【문부ᄎᆞᆯ〉문부츨】, 門夫草乙【문부촐】

本所所掌砧家今方修理爲如乎　方下木腰木扶乼木臼等物　及泡匠所用石磨二部等　例自繕工監進排爲如乎 〈『顯宗殯殿都監儀軌』(1675)〉
柱八……門浮乼小條伊二箇 〈『宗廟改修都監儀軌』(1725) 권1〉

위 예문에 보이는 扶乼木의 扶乼과 門浮乼의 浮乼 외에 夫叱乼, 夫乼, 付叱乼, 夫草乙 등은 근대국어에서 확인되는 '부츨', 현대국어의 '부출(1.가구 따위의 네 귀퉁이에 세운 기둥. 2.뒷간 바닥의 좌우에 깔아 놓은 널빤지)'에 대응하는 차자표기이다. 乼은 한자사전에서 '찰'의 음역자로 소개되고 있으나, 이 사전에는 등재되어 있지 않다. 의궤류의 門浮乽, "沙立門一隻 左右夫叱乽次小椽木二箇", "長木層橋一部次左右夫乽次長大條里木二介" 등에서 보면, '부츨'은 문이나 사립문, 層橋의 좌우에 대는 나무기둥을 뜻하는 것으로 보인다. 인명의 乽福, 지명의 加乽峯 등에서도 확인할 수 있다.

(7) 기타

이외에도 地乙介, 地乙介木, 地乙介支木, 地乙介木軍 등에서 확인되는 地乙介, 근대국어와 현대국어의 '간지개'(稍繩 간지개 〈『한청문감』(1770?) 5:23〉)에 대응하는 看知乙介와 干之介 · 干之箇, 沙乙介 · 乷介 · 士乙介 · ⿱士乙介, 沙乙介石 · 乷介石 · 士乙介石 · ⿱士乙介石,[15] 砧士乙介 · 砧⿱士乙介, 臼砧士乙介 · 臼砧⿱士乙介, '채열〉챗열'에 대응하는 鞭悅, '챗딕〉채찍'에 대응하는 鞭直, '안장'의 옛말인 '소부리'에 대응하는 所夫里 · 所甫里 등도 당연히 등재되어야 한다.

이 사전에 누락되어 있는 차자어의 수는 아주 많다. 모두 수록되기를 기대할 수는 없지만, 일반적으로 확인할 수 있는 문헌에 나오는 것은 가능한 한 수록하기를 바란다.

15) 현대국어 '사개'(모서리 따위에 끼워 맞추려고 만든 것)에 대응하는 표기이다.

Ⅳ. 마무리

『韓國漢字語辭典』을 수정 증보하려는 움직임이 있다는 말을 들었다. 현재 되어 있는 것만 하더라도 대단한 것이라 할 수 있다. 그러나 이 사전을 자주 이용하는 전문가가 보기에는 많이 미흡하다. 이두자를 누락한 것은 거의 없는 듯하지만, 이두어는 누락된 것이 많다. 더욱이 이두어를 표제어로 올릴 때는 형태 묶음을 하나로 올리는 것도 중요하고, 형태 분석을 통해 나타난 것을 표제어로 올려, 주석을 하고 예문을 넣어 주는 것도 중요하다.

또한 여러 고문헌에서 확인되는 차자를 수록하지 못한 것도 많고(기껏해야 수십 개에 불과할 것으로 생각되지만), 차자어를 수록하지 못한 것도 많다. 차자어는 고문헌을 볼 때마다 부지기수로 나타난다. 아무리 두꺼운 국어사전이나 다른 사전을 찾아도 해결할 수 없는 것이 매우 많다.

『한국한자어사전』을 수정하고 증보할 때는 수록되지 않은 이두어, 수록되지 않은 고유 한자와 이 한자가 포함된 차자어 등을 찾아서 등재해 줬으면 한다. 그리고 표제어와 부표제어 선정에도 유의해 줬으면 한다.

아울러 기존 사전에, 잘못 분석하여 표제어로 올린 것도 눈에 띄고, 독음을 잘못 단 것도 눈에 띈다. 주석을 잘못한 것도 많이 눈에 띈다. 이와 같이 기존 사전의 내용 가운데 수정해야 할 것도 많다.

이 발표를 마치면서 필자는 크게 두 가지를 주문한다.

첫째는, 기존 사전의 오류를 바로잡는 데 신경을 써 줬으면 한다.

둘째는, 기존 사전에 등재되지 않은 고유 한자와 이두, 그 고유 한자가 포함된 차자어와 이두어들을 가능한 한 많이 찾아서 등재해 줬으면 한다.

〈참고 문헌〉

남풍현, 『차자표기법연구』, 단대출판부, 1981.

남풍현, 『吏讀研究』, 태학사, 2000.

남풍현, 『고대한국어 연구』, 시간의물레, 2009.

남풍현, 『고대한국어 논고』, 태학사, 2014.

남풍현, 『국어사연구』, 태학사, 2014.

남풍현, 『한국어와 한자 문화의 만남: 한-중 언어접촉론』, 월인, 2014.

오창명, 「1407년 「長城監務關字」의 이두문 해독」, 『古文書研究』 7, 한국고문서학회, 1995.

오창명, 「노비매매문기의 이두문과 이두 해독」, 『백록어문』 11, 백록어문학회, 1995.

오창명, 「조선 전기의 吏讀項目 정리(1)」, 『古文書研究』 7, 한국고문서학회, 1995.

오창명, 「『과거사목(科擧事目)』(1553)의 이두 연구」, 『고문서연구』 9, 한국고문서학회, 1996.

오창명, 「조선 전기 吏讀의 國語史的 연구: 고문서 자료를 중심으로」, 단국대 박사학위논문, 1996.

오창명, 「조선 전기의 吏讀項目 정리(2)」, 『古文書研究』 8, 한국고문서학회, 1996.

오창명, 「儀軌에 나타나는 차자 표기 연구(1): 조선 후기 복식 어휘를 중심으로(1)」, 『한국복식』 15, 단국대학교 석주선민속박물관, 1997.

오창명, 「물명(物名)의 차자표기(借字表記) 연구(研究)(1): 『園幸乙卯整理儀軌』를 중심으로」, 『영주어문』 3, 영주어문학회, 2001.

오창명, 「「仁政殿樂器造成廳儀軌」의 차자표기 연구」, 『영주어문』 6, 영주어문학회, 2003.

오창명, 「『제주도 고문서의 이두문과 이두 연구: 16세기 이두문을 중심으로」, 『탐라문화』 24, 제주대 탐라문화연구소, 2004.

오창명, 「『火器都監儀軌(1615)』의 차자 표기 연구」, 『영주어문』 11, 영주어문학회, 2006.

오창명, 「의궤(儀軌)에 나타나는 고유 복식(服飾) 어휘: 17세기 의궤를 중심으로」, 『한국언어문학』 73, 한국언어문학회, 2010.

오창명, 「조선시대 고문서의 어휘: 규장각 본 『의인왕후빈전혼전도감의궤』(1601)를 중심으로」, 『구결학회 학술대회 발표논문집』, 구결학회, 2014.

오창명·손희하, 「「文禧廟營建廳謄錄」의 차자 표기 연구(1): 철물류 어휘를 중심으로」, 『국어사 자료와 국어의 변천』, 국어사학회 제19회 전국학술대회 자료집, 국어사학회, 2005.

오창명·손희하, 「『西闕營建都監儀軌』 飜譯과 차자 표기의 解讀 오류에 대하여: 건축 관련 어휘를 중심으로」, 『호남문화연구』 36, 전남대 호남문화연구소, 2005.

오창명·손희하, 「『문희묘영건청등록』의 차자 표기 연구(2): 목재류 어휘를 중심으로」, 『국제고려학』 11, 국제고려학회, 2007.

오창명·손희하, 「〈儀軌〉류의 고건축 어휘 해독과 건축 용어 선정」, 『호남문화연구』 42, 전남대학교 호남문화연구소, 2008.

오창명·손희하·천득염, 「『서궐영건도감의궤』의 목재류 어휘 분석 연구」, 『건축역사연구』 16: 1 (통권 50호), 한국건축역사학회, 2007.

오창명·손희하·천득염, 「『서궐영건도감의궤』의 철물류 어휘 분석 연구」, 『건축역사연구』 17: 2 (통권 58호), 한국건축역사학회, 2008.

황금연, 「「儀軌」류의 한자차명표기연구」, 전남대 박사학위논문, 1997.

[*이 글은 단국대학교 동양학연구원 학술지 『동양학』 63집(2016.4.30)에 수록된 것이다. 이후 동양학연구원 사전학총서 5집 간행의 취지에 부응하여 재수록하였다.]

제2부

디지털시대 동아시아 한자사전 활용 방안 모색

국내 중한사전 작업의 새로운 모색 및 활용 방안

－『다락원 중한사전』의 편찬을 중심으로 －

김 현 철

Ⅰ. 사전의 필요성과 중요성

이 글은 종이사전이 자취를 감추고 전자사전과 인터넷 사전을 넘어 웹사전이 대세를 점하고 있는 이 시점에서 종이사전 출간을 위한 상황을 점검하고 대안을 찾아보는 데 목적이 있다. 더욱이 한국의 사전시장에서 중한사전[1])이 갖는 의미와 종이사전 출판의 장단점을 파악한 후, 새로운 모색과 활용 방안을 소개함과 동시에 그 대안으로 새로운『다락원 중한사전』의 편찬을 소개하는 데 목적이 있다.

한국에서 학습되고 교육되는 중국어[2])는 다른 국가의 상황과 견

1) 본고에서는 '중한사전'의 의미로 때에 따라서는 '중국어사전'을 통용하여 쓴다. 또한 '한중사전'에 대한 내용은 논외로 한다.

2) 본고에서는 '표준중국어'의 의미로 쓰이는 '한어'라는 명칭 대신 그냥 '중국

주어 볼 때, 전혀 다른 양상을 보인다.

매년 한국에서 중국어를 공부하는 사람은 몇 명이나 될까? 그리고 과연 몇 가지 종류의 중한사전이 사용되고 있을까? 또한 이 사전들을 이용하고 학습하는 사람들은 얼마나 되며, 왜 이런 사전을 사용하고 있는 걸까? 이런 질문들에 대한 해답은 중국어 열풍이 거세게 불고 있는 것과도 그 맥을 같이 하고 있다고 볼 수 있다. 또한 아직도 제2언어 학습권에서 유일하게 종이사전 작업이 진행되고 있는 것과도 무관하지 않을 것이다.

중국에서는 지난 정권인 후진타오 정부 수립 후, 국가한판[3]의 전면적인 중국어 보급과 공자아카데미[4]의 도전적인 설립으로 전 세계 수많은 나라에서 중국어 교육이 행해지고 있다. 더욱이 한국에서의 중국어 보급과 교육은 역사적, 지리적 원인으로 인해 그 어떤 나라와도 비교할 수 없는 성황을 누리고 있다.[5]

중국어가 처음 한국에 전해진 것은 역사적으로 보아 고조선부터라고 할 수 있지만 남겨진 사료가 거의 없기 때문에 사료를 통한 검증이 가능한 조선시대부터라고 할 수 있다.[6]

어'로 쓴다.

3) 國家漢辦(http://www.hanban.org/cn_hanban : The Office of Chinese Language Council International 國家漢語國際推廣領導小組辦公室)은 중국 교육부 산하 사업조직으로 비정부기관이다. 1987년 설립되어 위원장과 상무부위원장은 현 중국교육부 장관과 차관이 각각 맡고 있다. 또한 세계 각국에 한어와 중국문화 보급 차원에서 각종 언어관련 콘텐츠 등의 서비스를 제공하고 있다.

4) http://www.confuciusinstitute.net 참조.

5) 金鉉哲, 「關於韓國的漢語教學現狀與發展」, 『中國語文學論集』 53, 2008, 222쪽 참조.

6) 고려 말이나 조선 초에 편찬된 것으로 추정되는 『老乞大』와 『朴通事』가

조선조는 1393년에 처음으로 사역원(司譯院)을 설치하고 '한어(漢語)' 등의 외국어를 교육하였다. 이때는 '한어'라는 명칭을 더 많이 사용하였다. 그러나 그 이후 지금까지 한국에서 나온 대부분의 서적에는 모두 '중국어'라는 명칭을 사용하였다.

고등교육기관에서는 1945년 처음으로 서울대학교가 중어중문학과를 설립하였고, 1954년에 한국외국어대학교가 중국어과를 개설하였다. 그리고 그 다음 해인 1955년 성균관대학교에 중어중문학과가 생기고, 1972년에 고려대학교, 숙명여자대학교, 단국대학교에서 중어중문학과를 창설한다. 본인이 재직하고 있는 연세대학교는 1974년에 중어중문학과를 만들게 된다.

한편, 중국어가 대학의 교과과정에서만 학습되어지다가 중등교육과정에서도 외국어선택과목과 재량학습과목으로 선택되어져 교육되고 있다. 2017년 통계에 의하면 전국 3,032개 중학교에서 재량학습으로 생활외국어를 선택한 학교는 816개교, 37만 명에 이른다.[7] 또한 전국 1457개 일반 고등학교에서 '중국어 I'을 선택한 학교와 학생 수는 736개교,[8] 105,481명이었고, '중국어II'를 선택한

기록상으로 등장하는 것은 조선 세종실록 5년인 1423년과 16세기 초부터이다.

7) 생활외국어 중 한어를 선택한 학교 수와 학생 수는 정확하게 통계에 나와 있지 않다. 그러나 2007년 중학교 재량활동 선택교과목으로 개설된 교과목을 기준으로 분류한 결과, 1, 2, 3학년 공통적으로 한문을 선택한 학급수와 학생 수가 가장 많았고, 그 뒤로는 1학년과 2학년의 경우 컴퓨터를, 3학년의 경우 생활외국어를 선택한 비율이 높았다. 생활외국어는 1주일에 1시간 1년 교육을 하고 있다.

8) 일반 고등학교의 경우 1주일에 1~2시간이 배정되어 있으며, 외국어고등학교의 경우, 1주일에 5~10시간 정도 진행되고 있으며, 전국에서 29개의 외국어고등학교에서 학생들이 중국어를 배우고 있다.

학교와 학생은 565개교, 57,941명이었다.[9)] 한 가지 특이한 현상은 전국 8,294개 유치원과 5,756개 초등학교에서 중국어 수업을 정식 선택 교과목으로 개설한 학교가 늘고 있다는 것이다.[10)] 물론 이 경우, 사용되는 어휘수가 150개를 넘지 못하지만 그래도 유치원과 초등학교 외국어교육에서 영어 다음으로 많은 학생들이 중국어를 배우고 있는 실정이다.[11)]

한국은 동아시아 국가와 함께 오랫동안 한자를 만들어 사용해 왔고, 또한 발전시켜 왔기 때문에 최근의 중국어 교육 열풍을 일으킬 수 있었으며, 중국 바로 알기 작업을 통해 중국어를 학습하고 연구하는 인구가 날로 증가하는 추세이다.

실제로 한국 내 4년제 대학은 190여 개 정도이며, 2년제 전문대학은 160여 개쯤 된다. 그리고 2001년부터 사이버 대학이 정식 고등교육기관으로 창설되어, 현재 19개가 있다. 이들 전체 대학 중에서 중국어 관련 학과는 약 150여 개나 된다. 물론 중국어 관련 학과가 설치되어 있지 않은 대학도 교양 과목에 중국어 과목을 개설하여 중국어를 교육하고 있고, 이에 따라 중국어를 가르치는 교육자와 학습자의 수 역시 날로 증가하는 추세이지만, 이것은 지리적

---

9) 여기에서는 특수학교, 공민학교, 고등공민학교, 고등기술학교, 산업체부설학교, 방송통신고등학교는 제외하였다. 그리고 이 숫자는 일본어(일본어Ⅰ은 258,211명, 일본어Ⅱ는 130,667명) 다음으로 많은 숫자이다.

10) 초등학교에서는 현재 사립 초등학교 몇 군데에서만 중국어 수업을 하고 있다. 이 경우, 학교의 전교생이 수강하게 된다. 그리고 대부분의 초등학교에서는 방과 후 프로그램에 중국어수업이 있는데, 역시 1주일에 1~2시간이 배정되어 있으며, 선택하는 사람만 듣고 있다.

11) 중학교검정교과서의 경우 어휘수가 300단어에서 ±10% 내외인 점을 감안해 볼 때, 아직까지 유·초등학교 검정교과서는 없지만 일반적으로 사용되는 단어수를 대략적으로 추정한 수치이다.

으로나 역사적으로 중국과 가까이 하면서 서로 교류하고 서로를 알기 위해 다른 외국어보다 훨씬 더 많은 공감대가 형성되었기 때문일 것이다.[12)]

한국의 교육부와 주한중국대사관 통계에 의하면 1992년 한국과 중국이 수교한 이래 최근 약 6만 명에 달하는 중국 학생이 한국에서 공부하고 있다.[13)] 또한 전 세계로 나간 한국 유학생 중의 25% 정도가 현재 중국으로 유학을 가고 있다.[14)]

이 중국 유학생들은 중국어, 중국문화, 중국역사와 중국경제, 정치, 법률분야 등 각 분야에 걸쳐 연구하고 있을 뿐만 아니라 한국의 문화, 풍속 및 한국의 국민성을 전하는 민간 외교관의 역할도 하고 있다. 이러한 현상들은 두 국가 사이의 믿음과 우정을 돈독히 하는 한편, 한중 양국의 교육, 과학기술, 문화 경제교류 및 협력을 한층 더 강화시키는 동기가 되고 있다.

이러한 중국어 교육 열풍에 반드시 필요한 것이 중국어 학습이며, 중국어 학습에 절대적으로 필요한 것이 바로 이중 언어 사전이라고 할 수 있다. 이에 본고에서는 한국에서의 중한사전 출판 상황의 역사를 살펴보고, 앞으로 출판될 『다락원 중한사전』 편찬의 현황을 통해 향후 올바른 중한사전의 편찬 모색과 활용 방안에 대해

---

12) 이상의 모든 통계는 한국교육개발원교육통계중심 (http://cesi.kedi.re.kr/index.jsp)의 자료를 바탕으로 작성되었다.

13) 현재 중국에 나가 있는 한국인 유학생 역시 6만 명 가까이 된다.

14) 실제로 중국 정부의 허가를 받아 외국인 유학생을 받을 수 있는 중국 대륙의 대학교는 약 400여 개로 전국 30여 개의 성, 자치구, 직할시에 분포되어 있으며, 이 학교들은 일반적으로 유학생 기숙사와 상응하는 관리 시스템을 갖추어, 현재는 우리 한국 유학생들이 중국 대륙의 200여 개 대학교에서 유학 중이다.

살펴보고자 한다.

II. 기존 중한사전의 출판 및 구축 상황 검토

지금까지 여러 중한사전들이 출판되었는데, 대표적인 중한사전을 예로 들어 보면 다음과 같다.

1. 민중(民衆) 『신중국어사전(新中國語辭典)』

우리나라에서 가장 먼저 출판된 중한사전은 1966년 민중서관에서 나온 『민중 신중국어사전』이며, 편저자는 이용묵(李瑢默)이다. 이는 당시 제2외국어 사전의 힘든 출판 상황을 감안하면 의미 있는 일이라고 할 수 있다. 이 사전에서 표제자는 웨이드(Wade)식 발음표기를 채택하여 로마자 알파벳순으로 동음일 경우, 음평(陰平), 양평(陽平), 상성(上聲), 거성(去聲)의 4성과 경성에 따라 실었다. 또한 표제어는 2만 5천여 단어로 그다지 많은 분량은 아니었다.[15]

15) 1990년 2월 『신중국어사전』의 전면개정판이 출판되었다. 표제자는 8천여 자에서 13500여 자로, 그리고 표제어는 2만 5천여 어휘에서 11만 8천 어휘로 늘어났다. 그리고 발음표기에 있어서도 기존의 웨이드식 대신 한어병음방안과 주음부호를 병기하였다.

2. 『신중국어사전(新中國語辭典)』

민중서관의 사전이 출판된 이후, 1973년 휘문(徽文)출판사에서 당시 한국외국어대학 중국어과 교수였던 허세욱(許世旭) 주편으로 『신중국어사전』이 나왔다. 이 사전의 글자체는 번체자로 되어 있으며, 웨이드식 이외에도 주음부호(注音符號)로 병기해 놓아 편리성을 도모하였다. 이 사전은 표제자 1만 자, 표제어 6만 어휘를 수록하고 있다.

3. 고려대 민연(民硏) 『중한사전(中韓辭典)』

1989년 10월 고려대학교 민족문화연구소 중국어대사전 편찬실에서 그간의 공백을 메우기라고 하듯 새로운 사전을 내놓았는데, 바로 『중한사전』이다. 기존의 사전보다 많은 14942자의 표제자를 수록하고 있으며, 표제어는 총 18만여 어휘를 포함하고 있어 당시 출간된 사전 중에서 가장 많은 어휘를 수록하고 있다. 또한 간체자를 수록하고 중국 대륙의 한어병음방안(漢語拼音方案)으로 주음하였으며, 각 음절마다 괄호에다 주음부호를 제시하기도 하였다. 이 사전은 후기에서 9종의 근간자료와 200여 종의 추출자료를 토대로 작업이 이루어졌다고 하는데, 사실 일본 애지대(愛知大)의 『중일대사전(中日大辭典)』과 중국 상무인서관(商務印書館)의 『현대한어사전(現代漢語詞典)』을 주로 참고하였다.[16)]

16) 이 사전 역시 1995년 2월 『중한대사전』이라는 이름으로 다시 세상에 나오게 되었다. 17128자의 표제자에 30만여 개의 표제어를 수록하고 있어 가장 많은 수록자를 자랑하고 있다. 물론 이 사전의 용례는 전부 현대중

4. 진명(進明) 『중한대사전(中韓大辭典)』

이 사전은 당시 부산대 중문과에 재직 중이던 강식진 교수가 주관하여 1993년에 출간하였다. 고려대의 『중한사전』과 필적할만한 성과라고 할 수 있다. 간체자 대신 번체자 위주로 작업을 진행하였다. 또한 15,035자의 표제자와 162,511개의 표제어를 수록하고 있다. 하지만 용례의 출처를 밝히는 문제에 있어 역시 고려대 〈중한사전〉과 마찬가지로 자유로울 수 없는 처지였다. 더욱이 고려대 〈중한사전〉과는 송사를 벌여 결국 폐간하게 되었다.[17)]

5. 동아(東亞) 『중한사전(中韓辭典)』

2001년 1월 당시 한양대 중문과 손예철(孫叡徹) 교수가 어휘수 17만여 개의 사전을 펴냈으며, 2006년 1월 동아프라임 중한사전 콘사이스 판으로 다시 만들어졌다. 이 사전 역시 중국 상무인서관에서 선정한 신조어 6천여 자를 수록하고 있다는 장점이 있다.

6. 교학사(敎學社) 『현대중한사전(現代中韓辭典)』

이 사전은 충남대 박영종(朴永鍾) 교수가 편저한 사전으로 2006

국어 어휘만을 포함하고 있는 것은 아니며, 고대중국어 어휘까지 포함하고 있다. 하지만 여전히 기존의 오류는 고쳐지지 않은 채 그대로 수록하고 있는 오점을 남기고 있다.

17) 이후 1997년 1월 다시 개정 증보하여 옥편기능까지 갖춘 완전히 새로운 『진명중한사전』(강식진, 남덕현, 이상도, 장호득 엮음)을 내놓았다.

년 10월 출간되었다. 기존 사전들이 실용성이 결여된 데 비해, 새롭게 기획 의도된 사전으로 1만 3천 개의 올림자와 10여만 개의 올림말을 싣고 있다. 특히 2천여 개의 신조어를 수록하고 있는 등 실용성을 부각시킨 것이 장점이다.

이 밖에도 종이사전을 이미 대체하고 사라졌거나 여전히 존속되고 있는 전자사전들이 있었는데, 중한사전이 탑재된 대표적인 전자사전을 예로 들면 다음과 같다.

7. 각종 전자사전

웹사전 이전에 시중에서 통용되었거나 지금도 사용되고 있는 전자사전과 그 사전에서 싣고 있는 관련 사전의 목록을 나열하면 아래와 같다.

(1) 누리안 X50[18)]

이 사전에는 고려대학교 민족문화연구원의 『중한사전』, 고려대학교 민족문화연구원 『한중사전』, 『넥서스 실용중한사전』, 『영중사전』, 『중영종합대사전』, 『현대한어사전(중중사전)』, 『중국어 근의어사전』, 『중국어 외래어사전』, 『중국어 시사용어사전』, 『중국어 IT용어사전』, 『넥서스 중국어 일기표현사전』, 『중국어 표현사전』, 『중국어 관용어사전』, 『중국어 유사어비교사전』, 『HSK어휘 8822(초 · 중 · 고급)』, 『중국어 성어사전』 등이 탑재되어 있으며,

18) http://www.mynurian.com 참조.

'중한, 한중번역기'도 탑재되어 있다.

(2) 두산동아 프라임전자사전[19)]

프라임전자사전 중 '프라임 미니AP550' 모델에는 『동아 중한사전』, 『한중대사전』, 『신화(新華)사전』, 『현대한어사전』, 『허사사전』이 들어가 있다. 한편 '프라임 AP760'과 'AP450' 모델에는 고려대학교 민족문화연구원 『중한사전』과 『한중사전』 및 『여행중국어회화』 등이 탑재되어 있다.

(3) 매직토커스[20)]

이 회사는 사전과 어학기 등 두 가지 형태로 나누어 제작하였다.

① 사전

'D-7'과 'D-500' 모델에서는 두산동아프라임의 『중한 · 한중대사전』을 탑재하고 있고, 'D-800'과 'D-800CJ'에서는 송산출판사의 『중한사전』과 『한중사전』을 올려놓고 있다.

② 어학기

'L-900'에서는 역시 송산출판사의 『중한 · 한중사전』, 『니하오 매직중국어 초급 · 중급 · 고급』, 『지금 베이징에서 사용하는 진짜 중국어』, 『싱싱 중국어 첫걸음』, 『중국의 재미있는 이야기』, 『중국의 옛날이야기』, 『삼국연의』, 『뉴 파트너 현지 경험을 안주로 먹는 여

19) http://www.onlyprime.co.kr 참조.

20) http://www.magictalkers.com 참조.

행 중국어』 등을 싣고 있으며, 'L-650'에서는 『두산동아 프라임 사전』을 올려놓고 있다.

(4) 샤프전자[21]

샤프전자의 'RD-EM500 EDU'에서는 고려대학교 민족문화연구원의 『중한사전』과 『한중사전』, 『다락원 중국어 허사사전』, 『동양문고 중국어 표현 보물상자』, 『민중 엣센스 현대 중국어 회화사전』, 『동양문고(쉽게 기억되는 관용어200, 속어200, 성어200, 유행어200, 상용어200, MP3 HSK 단어왕)』, 『다락원 중한 대역문고(20권)』 등을 싣고 있으며, 'RD-PM1000'에서도 역시 고려대학교 민족문화연구원의 『중한사전』과 『한중사전』 그리고 『다락원 중국어 허사사전』, 『동양문고 중국어 표현 보물상자』, 『동양문고 Mp3 HSK 단어왕』, 『동양문고(쉽게 기억되는 관용어200, 속어200, 성어200, 유행어200, 상용어200』, 『다락원 중한대역문고(20권)』 등을 싣고 있다.

(5) 아이리버[22]

'D-500' 모델에서는 고려대학교 민족문화연구원의 『중한사전』과 『한중사전』 그리고 『신나라 주머니 속의 여행』 등을 싣고 있고, 'D-7'과 'D-50' 모델에서도 각각 고려대학교 민족문화연구원의 『중한사전』과 『한중사전』을 탑재하고 있다.

---

21) http://www.sharp-korea.co.kr 참조.(2018.2 현재 사이트 닫힘)

22) http://www.iriver.co.kr 참조.

(6) 아이스테이션[23)]

'UDIC-D3'에서는 고려대학교 민족문화연구원의 『중한사전』과 『한중사전』 그리고 YBM-Sisa의 『올인올 중한사전』과 『올인올 한중사전』 및 『중국어 유의어사전』, 『테마별 중국어회화』 등을 싣고 있다.

(7) 에듀플레이어[24)]

'EDP-E01'에서는 YBM-Sisa의 『올인올 중한사전』과 『올인올 한중사전』, 『중국어 유의어사전』, 그리고 『문정아의 HSK 여기서 나온다』, 『꼬치꼬치 HSK어법』 등의 내용을 탑재 있다.

(8) 에이원프로[25)]

프라임 'AP760'과 'AP450'에서는 모두 고려대학교 민족문화연구원 『중한사전』과 『한중사전』 및 『여행중국어회화』를 담고 있다.

(9) 에이트리[26)]

'UM10 B'에스는 고려대학교 민족문화연구원의 『중한사전』과 『한중사전』, 그리고 YBM-Sisa의 『올인올 중한사전』과 『올인올 한중사전』을 싣고 있고, 'UD100'에서는 역시 고려대학교 민족문화연구원의 『중한사전』과 『한중사전』, 그리고 YBM-Sisa의 『올인올

---

23) http://www.i-station.co.kr 참조.(2017.10 현재 사이트 닫힘)

24) http://www.eduplayer.net 참조.

25) http://www.aonepro.com 참조.(2017.10 현재 사이트 닫힘)

26) http://www.atree.com 참조.(2017.10 현재 사이트 닫힘)

중한사전』과 『올인올 한중사전』, 그리고 『현대한어대사전』, 『넥서스 중국어 부가사전(유의어, 관용어, 유사어비교, 외래어, 표현, 시사용어, 회화사전)』 등을 싣고 있다. 한편 'UD200B EDU' 모델에서는 『현대한어대사전』, 고려대학교 민족문화연구원의 『중한사전』과 『한중사전』, 그리고 『올인올 중한사전』과 『올인올 한중사전』, 『올인올 중국어 유의어사전』 및 『문정아의 HSK 여기서 나온다』와 『꼬치꼬치 HSK어법』, 『성공 비즈니스를 위한 파워중국어(1, 2, 3, 4)』, 『중국어 대역문고(12종)』 및 YBM-Sisa의 『올인올 테마별 중국어 회화』 등을 싣고 있다.

(10) 유디아[27)]

'COOL250' 모델은 송산출판사의 『중한사전』과 『한중사전』 그리고 『중영사전』, 『영중사전』, 『중국어회화학습』을 탑재하고 있고, 'COOL300' 모델에서는 송산출판사의 『8822 중한사전』과 『한중사전』 및 『북경 신화 중중영사전』, 『상해 영중사전』, 『영중영 약어사전』, 『영중 정보통신사전』, 『영중 어원사전』, 『중영 회화학습』, 『영중 번역기』, 『중영 번역기』, 『중영 유머』 등을 탑재하고 있다.

(11) 카시오[28)]

'EW-H7100' 모델에서는 『현대한어대사전』, 고려대학교 민족문화연구원의 『중한사전』과 『한중사전』, 『중국어 관용어 사전』, 『중국어 표현사전』, 『중국어 유사어 비교사전』, 『중국어 외래어 사

27) http://www.udea.co.kr/front/main.asp 참조.(2017.10 현재 사이트 닫힘)
28) http://www.excellent-word.co.kr/ 참조.

전』, 『중국어 시사용어사전』, 『직통 중국여행 회화』, 『한손에 잡히는 비즈니스 중국어』, 『HSK어휘 8822(고급편)』, 『HSK어휘 8822(초 · 중급편)』, 『우선순위 HSK관용어』 등을 탑재하고 다른 사전과 차별화 하여 중국어 기능을 강화하였다. 그리고 'EW-A3400' 모델에서는 『현대한어대사전』과 고려대학교 민족문화연구원의 『중한사전』, 『한중사전』 그리고 『중영대사전(제2판)』, 『직통 중국여행 회화』, 『중국어 능력평가시험 HSK 8822』, 『우선순위 HSK관용어』 등을 탑재하였는데, 이 모델은 'EW-H7100'과 달리 일본어 기능을 강화하였다.

(12) 캐논[29]

'워드탱크P300 · P310 · P320 · S300 · S310' 등의 모델에서는 모두 민중서림의 『엣센스 한중 활용사전』과 『현대중국어 회화사전』 및 『중한사전(제3판)』 그리고 넥서스의 『중국어 표현사전』을 탑재하고 있다.

(13) 코원 O2[30]

전자사전을 구입해서 설치해야 하는 모델로, YBM-Sisa의 『올인올 중한사전』과 『한중사전』을 담고 있다.

29) http://www.canon-bs.co.kr 참조.

30) http://www.cowon.com 참조.

8. 각종 웹사전

여기에서는 전자사전의 성패와 상관없이 성행하고 있는 인터넷과 웹사전을 소개한다. 대표적인 사전을 나열해 보면 다음과 같다.

(1) 네이버 중국어사전 → http://cndic.naver.com
(2) 다음 중국어사전 → http://dic.daum.net/index.do?dic=ch
(3) 만토우 중국어사전 → http://www.mantou.co.kr

이들 사전의 특징은 대부분 고려대학교 민족문화연구원에서 출간한 『중한사전』을 탑재하고 있다는 것이다. 이미 나온 지 오래되었지만 시중에 나와 있는 것 중에는 최대 어휘를 자랑하고 있기 때문에 부득불 탑재하고 있는 실정이다.31)

III. 중한사전 작업의 새로운 모색과 활용 방안

2005년 여름 다락원 고 정효섭 당시 대표이사의 요청으로 평소 사전 작업에 관심을 가졌던 필자와 몇 사람이 모여『다락원 중한사전』 편찬을 위한 작업이 시작되었다. 또한 당시 다락원 중국어

31) 물론 그 이후에 다른 사전들도 출간되어, 네이버 등에서 탑재를 했으나 기본적인 표제자와 표제어 숫자의 한계로 인해 현재는 여러 사전들은 통합하여 탑재하고 있는 것으로 알고 있다.

팀 팀장이었던 고 최준희 차장, 전숙희 대리와 협성대 이창호, 한양여대 김상원 선생 등 모두 5명이 기획팀을 이루어 회의를 시작하게 된다. 이는 중한사전 작업의 새로운 길을 모색하고 활용 방안을 찾아보자는 작은 바람에서 시작된 것이다.

이 일을 위해 가장 먼저 찾았던 자료가 바로 기존에 출간된 사전작업의 집필편람이었다. 하지만 기존의 중한사전 작업의 집필편람이 나름 대외비로 분류된 이유도 있겠지만 제대로 된 집필편람 하나 없이 진행된 듯한 느낌을 감출 수 없었다. 이 때 우리가 발견한 것이 바로 국립국어원 『표준국어대사전』[32]의 집필편람(일러두기)이었다. 작업의 전모가 공개되어 언어는 다르지만 우리에게는 가뭄에 단비 같은 자료였다.[33]

1. 『다락원 중한사전』 집필 역사

『다락원 중한사전』은 2005년 여름부터 2006년 1월까지 꼬박 6개월간 집필편람 작성에 시간을 바쳤다. 이 기간 동안 기존 사전의 장단점을 파악하였을 뿐만 아니라 일반 사전학에 대한 지식을 쌓기도 했다. 사전 전공지식으로 무장한 기획위원들이 머리를 맞대고 전체 그림을 그리기 시작한 것이다.

그 첫 번째 시도가 바로 2005년 7월 중국 외어교학여연구출판사(外語教學與研究出版社)와 어문출판사(語文出版社)에서 공동 출판한 『현대한어규범사전(現代漢語規範詞典)』을 번역하자는 데 의견을 모으고 작업을 진행한 것이다. 이 사전은 기존의 『현대한어사

32) http://124.137.201.223/main.jsp

33) 『다락원 중한사전』의 집필편람은 3.3절에서 상세하게 서술.

전』과 달리 표제자 13,000자, 표제어 68,000여 개의 실용어휘만을 담고 있는 규범적인 사전이었다. 당시 기존의 중국 시장에서는 획기적인 출간으로 판단되어 많은 관심을 집중시킨 바 있다.

이에 중국 출판사와 정식 계약을 맺고 이 사전을 번역하기로 결정하였다. 그런데 왜 『중한사전』을 집필하면서 이 사전을 번역하려고 했던 것일까?

우리는 여기서 기존 국내에서 출간된 사전의 집필과정과 조금 다른 면을 살펴보아야 한다. 무엇보다 모국어 화자가 아닌 외국인이 자신의 언어와 본래 목표언어인 두 언어를 이용한 사전을 집필하기에는 많은 어려움이 있다는 사실을 직시한 결과이다. 또한 이러한 현실을 제대로 파악하고 새롭게 출간된 중국의 사전을 완역하면서 사전집필에 대한 지식과 사전에 대한 기본 상식을 공부하기 위함이었다.[34]

2006년 3월 5일 첫 번째 『현대한어규범사전』 번역 참여자를 모아 놓고 6개월간 진행하여 얻은 집필(번역)편람을 설명하였다. 1차 팀에 합류한 사람은 모두 13명이었다. 이후 2차, 3차 번역 팀이 구성되어 18개월 정도 번역이 진행되었다.

번역작업과 병행하여 추가 표제자 선정과 표제어 작업도 동시에 진행하였다. 13,000개의 표제자와 68,000여 개의 표제어를 15,000여개의 올림자와 15만여 개의 올림말로 조성하기 위해 중국과 대만, 홍콩, 일본 등지에서 나온 사전을 중심으로 중복되거나 불필요한 것들을 골라내는 작업에만 4년 정도의 시간을 쏟아 부었다. 물론 고르면서 동시에 집필 작업도 진행되었다. 결국 15,000여 개의

34) 국내의 어떤 사전도 이런 과정을 거친 적은 없다.

표제자와 15만여 개의 표제어가 실릴 수 있도록 작업을 진행하였다.

2010년 2월 표제자와 표제어 선정과 아울러 집필과 교열작업이 끝나고 현재는 교정 작업 중이다. 물론 교정 작업 완료 후 감수 및 조판 작업이 남아 있다.[35] 2019년 이후 이 사전이 세상에 나올 수 있을 것 같다.[36]

처음 『현대한어규범사전』을 번역하면서 느낀 것이지만 이 사전은 중국인이 중국인을 위해 만든 일종의 국어사전과 같은 것이었다. 석의과정에서 얻은 몇 가지 중요한 사항을 나열해 보면 아래와 같다.

打1 da3

[동]〈1〉치다. 두드리다. 때리다. a)(손이나 도구로) 치다/두드리다.¶~桩:↓|拍~(손바닥 등으로) 털다. 살짝 두드리다 b)깨지다. 부서지다.¶碗~了:그릇이 깨졌다|鸡飞蛋~:〈諺〉닭도 날아가고 달걀도 깨지다. 모두 잃다 c)(무기 등으로) 공격하다.¶~阵地战:〈軍〉진지전을 펼치다 〈體〉포지션 플레이를 하다|三~祝家庄:(『水浒传』에서 송강〔宋江〕이) 축가장을 세 번 공격하다 d)(바람이나 비가) 몰아치다.¶雨~芭蕉:비가 파초를 내리치다(고독과 우수를 나타냄)|洪湖水浪~浪:홍호에 물결이 출렁이네(1960년대 중국을 풍미한 영화 '洪湖赤卫队'의 주

35) 물론 중국어 부분에 대한 감수 작업은 교열 단계에서 이미 마쳤다. 이 뿐만 아니라 작업 중간에 알게 된 사실이지만 조판을 위해 미리 사전용지를 준비하려고 했지만 국내에서는 거의 모든 종이사전 작업이 중단된 상태라 여전히 구매에 어려움이 있는 실정이다.

36) 전자사전 탑재 건도 현재 같이 고민하며 진행 중이다. 현재 교정 작업에는 김보경, 김현주 전문연구원 및 40여 명의 연구원이 함께 참여하고 있다.

제가) →〈2〉빈어와 결합하여 해당 빈어를 처리하는 동작이나 행위를 나타낸다. a)(짐승이나 물고기를) 포획하다. 수확하다. (베거나 쪼개어) 거둬들이다. 추출하다. 긷다.¶~鱼:물고기를 잡다|每亩地可~800斤粮食:묘당 800근의 양식을 수확할 수 있다|~柴:↓|从井里~水:우물에서 물을 긷다 b)(물건이나 음식을) 만들다. (건조물을) 세우다. 휘젓다. (우물 등을) 파다. (직물 등을) 짜다. (말아서) 묶다. 칠하다. 날인하다.¶~家具:가구를 만들다|~隔断:칸막이를 세우다|~糨糊:풀을 쑤다|~井:우물을 파다|~毛衣:스웨터를 짜다|~个活结儿:풀매듭을 짓다|~肥皂:비누칠을 하다|~戳子:도장을 찍다 c)들다. 동여매다. 열다(사물의 존재 상태의 변화를 나타냄).¶~伞:우산을 쓰다|~旗子:깃발을 내걸다/흔들다|~背包:배낭을 꾸리다|~瓶盖儿:병뚜껑을 따다◇~起精神:정신을 차리다 d)(어떤 일이나 활동을) 하다.¶~前站:선발대로 가다|~工:↓|~坐:↓ e)(물건을) 사다. (택시를) 타다.¶~半斤醋:식초 반 근을 사다|~票:표를 사다|~车:↓ f)(놀이, 운동, 연기 등을) 하다(주로 손을 사용함).¶~扑克:포커를 치다|~球:구기를 하다|~太极拳:태극권을 하다|唱念做~:〈劇〉노래, 대사, 동작, 무술. 중국 희곡에서의 네 가지 예술 수단.

【电码】 dia4nma3 [명]전신 부호. 다양한 펄스(pulse)를 이용하여 여러 가지 자모, 숫자, 문장 부호, 한자 등을 나타낸다.

【电脉冲】 dia4nma4icho1ng [명]펄스(pulse). 매우 짧은 지속 시간을 가진 전기의 흐름. 고주파 펄스는 무선 전신 기술에 광범위하게 응용된다. 약칭은 '脉冲'이다.

【电鳗】 dia4nma2n [명]전기 뱀장어. 뱀장어와 비슷하게 생겼는데 몸의 길이는 2미터 정도이고 다갈색이며 비늘이 없고 꼬리 부위가 길다. 양 옆구리에 발전판이 있어 전류를 내보내는데, 1회에 내보내는 전류의 세기는 2암페어이고 최대 800볼트의 전기를 일으키며 사람을 감전시킬 수 있다. 남아메리카의 아마존 강 등지에 서식한다.

范(範) fa4n

〈1〉[명]〈書〉틀. 본. 주형. 거푸집.¶铜~:청동 주형｜钱~:동전 주형 →〈2〉[명]법식. 본보기.¶规~:규범｜示~:시범｜典~:모범 →〈3〉[명]한계. 범위.¶就~:정해진 틀을 따르다｜~畴:범주 〈4〉[동](한계를 넘지 못하도록) 제한하다. 막다.¶防~:방비하다 ☞(ㄱ)'范'은 본래 성씨로 쓰이던 글자인데, 후에 '範'의 간체자로 쓰이게 되었다. '範'도 성씨로 쓰였는데, 지금은 성씨를 나타낼 때 모두 '范'으로 쓴다. (ㄴ)'范'의 오른쪽 아래는 '㔾'가 아니고 '㔿'이다.

위의 예에서도 알 수 있듯이 '电鳗'은 단순히 우리말로 '전기뱀장어'라고 대응어를 찾아 옮기면 된다. 그런데 원래 사전에는 길게 백과사전식으로 번역되어 있다. 말 그대로 중한사전은 백과사전식의 설명보다는 일대일 대응어를 찾아 설명하는 것이 더 중요하다.

그리고 '打'와 '范'의 경우와 같이 실제 석의에서 순수 우리말로 번역하거나 언어 환경을 정확하게 적시하는 것이 무엇보다 중요함을 알게 되었다.

이 밖에도 작업 과정에서 노출된 문제점 등이 즐비하지만 여기에서 다 나열하지는 않겠다. 향후 작업이 완성된 후 전모를 밝힐 수 있기를 기대해 본다.

2.『다락원 중한사전』의 샘플

지금까지 진행된『다락원 중한사전』실제 작업 내용을 소개하면 다음과 같다.

B

ba1

★八 ba1

八 2 여덟 팔

〈1〉[수]여덟. 팔(8). ○〈2〉(Ba1)[명]성(姓). ☞숫자 '八'의 갖은자는 '捌ba1'이다.

【八百年】ba1ba3inia2n [명]〈喩〉팔백 년. 오랫동안. 긴 세월.¶我们~没联系了 우리는 오랫동안 연락하지 않았다

【八拜之交】ba1ba4izhi1jia1o 〈成〉의형제를 맺다. 형제와 같은 사귐.

【八瓣儿】ba1ba4nr [명]〈喩〉조각조각.¶把一分钟掰成~用 1분을 조각조각 쪼개어 쓰다

【八宝】ba1ba3o [명](요리에 쓰이는) 여덟 가지 진귀한 재료.

【八宝菜】ba1ba3oca4i [명]바바오차이. 팔보채.

【八宝茶】ba1ba3ocha2 [명]바바오차. 대추, 나리뿌리, 용안, 구기자 열매 등을 첨가한 차.

【八宝冬瓜盅】ba1ba3o do1ngguo1zho1ng 바바오둥과종. 동과(冬瓜)를 용기로 해서 만든 요리.

【八宝饭】ba1ba3ofa4n [명]바바오판. 연밥, 용안(龍眼), 팥, 대추, 말린 과일 등을 넣고 쪄서 만든 찰밥.

【八宝鸡】ba1ba3oji1 [명]바바오지. 여덟 가지 재료를 넣고 찐 닭 요리.

【八宝儿】ba1ba3or [명]〈植〉꿩의비름. 경천. '景ji3ng天'의 통칭.

【八宝山】Ba1ba3o Sha1n 바바오산. 팔보산. 바바오산 혁명 공동묘지. 팔보산 혁명 공동묘지. 베이징〔北京〕 스징산〔石景山〕구에 있는 공동묘지. ⇒[八宝山革命公墓]¶去~ 죽다. 사망하다 | 进~ 죽다. 사망하다

【八宝山革命公墓】Ba1ba3o Sha1n Ge2mi4ng Go1ngmu4 바바오산 혁명 공동묘지. 팔보산 혁명 공동묘지. =[八宝山]

【八宝箱】ba1ba3oxia1ng [명]보물 상자. ⇒[百ba3i宝箱]

【八宝印泥】ba1ba3o yi4nni2 팔보 인주. 진사(辰沙) 등의 여덟 가지 진귀한 재료로 만든 인주.

【八宝粥】ba1ba3ozho1u [명]팔보죽. 찹쌀에 붉은 팥, 연밥, 용안(龍眼), 대추, 땅콩 등을 넣고 쑨 달콤한 죽.

위의 사전 작업에서 알 수 있듯이 『다락원 중한사전』에는 많은 유용한 자료들이 들어 있다. 최대한 가장 적합한 한국어 대응어를 찾아 나열했다는 점이다. 또한 품사 표기에서도 본래 글자의미와 기능의미를 살려서 오류 없이 분류하고 해당 예문도 품사에 맞게 고르고 번역하였다. 고유명사나 전문명사의 경우, 뒤에 상용되는 뜻풀이를 살려 이해를 돕고자 했다. 뿐만 아니라 동의어 유의어 표기에서도 기존 사전의 석의와는 달리 좀 더 실용적이고 실제 생활에 부합되는 내용으로 꾸며져 있다.

3. 『다락원 중한사전』 집필 편람[37)]

여기에서는 『다락원 중한사전』의 편찬 과정에서 작성한 집필편람에 대해 간략하게 소개를 하고자 한다. 기존의 중한사전들이 사전학적 인식과 토대가 채 이루어지기 전에 편찬되고 출간되었기 때문에 체계적이고 구조화된 지침이나 편람이 작성되지 못하였음은 이미 확인되 바이다.[38)] 이런 문제를 극복하려고 노력한 본 사전은 다년 간에 걸쳐서 번역과 편찬 원칙 및 세부 지침을 마련하

37) 2011년 12월 15일 제정한 편람이다.

38) 기존 중한사전의 집필편람은 찾아 볼 수도 없었을 뿐만 아니라 있다고 하더라고 비공개라서 참고할 수가 없었다.

고 작업을 시작하게 되었다. 이러한 작업들은 앞으로 중한사전을 집필하고 수정하는 데 도움이 될 것이다.

(1) 표제자

■ 표기방식

〈실제 모양〉

台$_1$(臺 ⋆檯❺枱) tái 〈1〉[명](높고 평평한) 대/누대.¶亭~楼阁:〈成〉높은 정자와 누각. ……

〈작업방식〉

台1(臺 *檯〈5〉枱) ta2i 〈1〉[명](높고 평평한) 대/누대.¶亭~楼阁:〈成〉높은 정자와 누각. ……

① 간체자(번체자, 이체자) 순.

입력방식 : 간체1(번체√*이체〈1〉〈2〉이체〈5〉)√병음

※ 이하 √는 space를 한 칸 띄우라는 의미임.

② 이체자 중 처음 시작하는 자 앞에는 *가 들어간다.

③ 번체자나 이체자가 특정 의미에만 해당할 경우, 〈1〉〈2〉〈3〉…… 식으로 해당 의항의 번호를 붙여준다.

④ 이체자나 번체자에서 한자가 없을 때에는 낱글자 수대로 @로 표기한다.

예) 𡚁1(*@) bi4 / 𧾷(*@@) ta1ng

(2) 표제어

■ 표기방식

〈실제 모양〉

【出发】chūfā ❶

〈작업방식〉

【出发】chu1fa1 <1>[동]출발하다……

① 입력방식 : 【出发】chu1fa1√〈1〉[동]출발하다. ……

(3) 한어병어(최종 교열 이후 수정 예정)

① 성조변화[變調]와 독음변화[變讀]는 표시하지 않고 원발음, 원성조 그대로 표기한다. 필요한 경우에 설명을 덧붙인다.

- 한어병음의 성조는 반드시 **성조가 표시된 모음 옆**에 숫자로 표기한다.

  예) 北京 Be3iji1ng 学生 xue2sheng 电脑 dia4nna3o

  이때, 음절의 마지막에 숫자를 붙이지 않도록 주의한다.

  예) Bei3jing1(×)

- n, l와 결합하는 ü는 v로 입력.

  예) 旅行 lv3xi2ng女人 nv3re2n

② 표제어 뒤에 병음이 나올 때 표제어 괄호【 】와 병음 사이에는 별도의 √를 두지 않는다.

③ 성씨와 고유명사는 첫 자모를 대문자로 표기한다(표기 여부는 신시대, 현대한어사전 등을 참조).

1) 인명의 경우, 성과 이름을 띄어 쓰고, 각각의 첫 자모를 대문자로 표기한다.

2) 산, 강, 호수, 성, 시, 거리명 등의 경우, 고유한 이름 부분과 일반 명칭은 띄어 쓰고 각각의 첫 자모를 대문자로 표기한다.

예) 【北京市】 Be3iji1ng Shi4

【河北省】 He2be3i She3ng

【洞庭湖】 Do4ngti2ng Hu2

【长安街】 Cha2ng'a1n Jie1

【泰山】 Ta4i Sha1n

【鸭绿江】 Ya1lu4 Jia1ng

④ 표제어 중 복합명사는 어휘와 어휘를 띄어 쓰는 것을 원칙으로 한다.

예) 【宏观经济】 ho2nggua1n ji1ngji4

⑤ 표제어 중 사자숙어[四字熟語]의 경우, 이음절씩 분리가 가능한 구조는 사이에 키보드의 '-'를 두고 연이어 쓰며, 두 부분으로 구분하여 읽기 어려운 구조는 모두 연이어 쓴다.

예) 【劳苦功高】 la2oku3-go1ngga1o

【平心而论】 pi2ngxi1n'e2rlu4n

【吃拿卡要】 chi1na2qia3ya4o

5음절 이상의 전고나 문장형 성어, 속담의 경우에는 어휘별로 띄어 쓴다.

예) 【解铃还须系铃人】 jie3 li2ng ha2i xu1 xi4 li2ng re2n

【蚂蚁搬泰山】 ma3yi3 ba1n Ta4i Sha1n

전고나 성어, 속담 등의 경우, 문장형식이라 하더라도 소문자로 시작하고 마침표를 쓰지 않는다.

⑥ 경성자는 발음만 표기하고 성조는 표기하지 않는다. 성조 표기된 표제자가 표제어나 용례에서 경성으로 읽힐 경우에는 경성으로 표기한다.

예) 【弟弟】 di4di

⑦ 동빈구조나 동보구조의 표제어는 모두 붙여서 쓴다.

예) 【下毒手】 xia4du2sho3u / 【吃闲饭】 chi1xia2nfa4n

예) 【看见】 ka4njia4n / 【吃不上】 chi1busha4ng / 【看上去】 ka4nsha4ngqu4

⑧ 표제자가 참고로 제시되는 표제어의 첫 번째 음절에 쓰이지 않는 경우, 첫 번째 음절의 한어병음을 표기해준다. 이 때 한어병음 주위에는 ‘ ’ ( ) 등의 별도의 기호를 사용하지 않는다.

예) 孓 jue2 ⇒[孑jie4孓]

(4) 석의

① 띄어쓰기(space)를 두는 곳

1) 표제자

가. 번체자와 이체자 앞의 * 사이

나. 이체자 뒤의 괄호와 한어병음 사이

다. 한어병음 뒤에 → ⇒ 등의 화살표가 나올 경우, 병음과 화살표 사이

2) 표제어

가. 한어병음과 석의가 시작하는 부분의 기호 사이

나. 각 의항번호 앞 : 〈1〉 〈2〉 〈3〉…… / a) b) c)…… / (ㄱ) (ㄴ) (ㄷ)…… 등

※ 주의 : 의항번호 앞에 품사 등과 관련 약어가 나올 경우, 약어와 의항번호 사이는 띄어 쓰지 않는다.

다. 석의에 뜻풀이나 용법설명 등의 끝에 마침표(.)가 들어가는 경우, 중간에 들어가는 마침표 뒤.

라. 주의사항 ☞의 앞

마. → ↔ ⇒ = 등의 표시 앞

② 품사약어표

품사	
[명]	名詞*
[동]	動詞*
[형]	形容詞*
[수]	數詞*
[양]	量詞*
[대]	代詞*
[부]	副詞*
[개]	介詞*
[연]	連詞*
[조]	助詞*
[탄]	嘆詞*
[의성]	擬聲詞*

성격 및 쓰임을 나타내는 약어		
1	〈能願〉	能愿動詞
	〈頭〉	접두어
	〈尾〉	접미어
2	〈口〉	구어
	〈書〉	서면어, 고어, 문언어
	〈方〉	방언
3	〈歇〉	헐후어
	〈成〉	성어
	〈諺〉	속담

전문분야(신시대 약어순 정리)					
〈測〉	测绘	〈考〉	考古	〈生〉	微生物
〈船〉	船舶	〈經〉	会计	〈文〉	文学
〈宗〉	道教	〈鑛〉	矿业	〈電〉	无线电
〈地〉	地理	〈史〉	历史	〈舞〉	舞蹈
〈地〉	地质	〈林〉	林业	〈物〉	物理
〈電〉	电工	〈論〉	逻辑	〈劇〉	戏曲
〈電〉	电学	〈經〉	贸易	〈劇〉	戏剧
〈電〉	电子	〈美〉	美术	〈心〉	心理
〈動〉	动物	〈農〉	农药	〈IT〉	信息
〈法〉	法律	〈農〉	农业	〈牧〉	畜牧
〈紡〉	纺织	〈皮〉	皮革	〈藥〉	药学
〈宗〉	佛教	〈氣〉	气象	〈醫〉	医学
〈美〉	工美	〈經〉	商业	〈宗〉	伊斯兰
〈航〉	航海	〈撮〉	摄影	〈冶〉	冶金
〈航〉	航空	〈生化〉	生化	〈樂〉	音乐
〈航〉	航天	〈生理〉	生理	〈印〉	印刷
〈核〉	核物理	〈生〉	生物	〈言〉	语言
〈化〉	化工	〈醫〉	兽医	〈樂〉	乐器
〈化〉	化学	〈石油〉	石油	〈撮〉	影视
〈環〉	环保	〈數〉	数理	〈雜技〉	杂技
〈機〉	机械	〈數〉	数学	〈哲〉	哲学
〈宗〉	基督教	〈體〉	体育	〈政〉	政治
〈IT〉	计算机	〈天〉	天文	〈植〉	植物
〈建〉	建筑	〈鐵〉	铁路	〈中藥〉	中药
〈交〉	交通	〈通〉	通信	〈中醫〉	中医
〈經〉	金融	〈計〉	统计	〈機〉	自控

4	〈喩〉 〈敬〉 〈謙〉 〈褒〉 〈貶〉 〈婉〉 〈套〉	비유, 환유 등 존칭 겸칭 긍정적 의미를 갖는 말 부정적 의미를 갖는 말 완곡어 인사말	〈經〉 〈軍〉	经济 军事	〈外交〉 〈經〉	外交 外贸	〈宗〉	宗教

1) 모든 약어는 기본적으로 석의 앞에 위치한다.

2) 품사는 [한글], 기타 약어는 〈한자〉로 입력한다(간체자가 아니라 한글 → 한자변환임).

3) 약호의 배열순서 : 품사 → 쓰임 1 → 쓰임 2 → 쓰임 3 → 쓰임 4 → 전문분야

③ 구분 기호에 대한 규정 (워드 메뉴 中 '삽입→기호'를 열어 문자 코드란에 코드 입력)

기호	의미	기호	의미
【 】	표제어[3010/3011]	¶	석의와 용례 사이의 구분기호[00B6]
[ ]	동/반의어 등 표제어/표제자를 참고로 줄 때	｜	용례와 용례 사이의 구분기호[FF5C]
( )	한글 옆에 의미를 명확히 하기 위해 영문이나 한자를 병기할 때	:	용례와 용례번역 사이의 구분기호
		/	하나의 언어환경이나 목적어에 여러 술어가 해당되는 경우[(키보드로 직접 입력)]
	언어환경이나 용법설명을 참고로 줄 때		
출전 등의 인용문에 대한 해석을 줄 때	·	다음자(多音字)에 참고할 발음이 여러 개가 있는 경우. ex) →	

〔 〕		li2ng1 · li4ng 318D	한글 옆에 중국어 간체를 병기할 때 3014/3015
『 』 『 · 』 「 」	책명만 나올 경우[300E/300F] 책명, 편명이 함께 나오는 경우 318D(가운데점) 편명만 나올 경우[300C/300D]	~	용례에서 표제자나 표제어가 들어갈 부분(키보드로 직접 입력)
		-	중국어 표현에 가운데줄이 들어가는 경우. 4자숙어가 2+2 구조인 경우 한어병음에. (키보드로직접입력)
→	다음자(多音字)에 대해 또 다른 독음을 밝히는 경우. 형식은 →한어병음[2192]	‖	석의의 반의어, 동의어, 참조어휘 등이 전체 의항에 해당되는 경우[2225]
⇒[ ]	(1)참고 표제어를 제시할 때[21D2] ex) 【烫头】 ta4ngto2u [동]파마하다. ⇒[烫发] (2)단독으로 쓰일 수 없는 표제자 표시.[21D2] ex)浥 bi1n ⇒[璘li2n浥]	…	석의에서 생략된 부분이 있을 경우 2026
		↘	见下 / 단독으로 쓰일 수 없는 표제자에 [2198]
		*	이체자 앞 (키보드로 직접 입력)
		‘ ’	석의 내에서 중국어 간체자를 참고로 줄 경우(키보드로 직접 입력)
↓	표제자에 제시된 용례가 아래에 표제어로 나오는 경우, 해당 표제자의 용례에 별도의 해석을 주지 않고 ↓ 입력.[2193] ex)摈(擯) bi4n [동]〈書〉배척하다. 버리다.¶~斥: ↓ ǀ ~弃: ↓	“ ”	출전 등의 인용문을 제시할 때(키보드로 직접 입력)
		◇	자주 보이는 비유용법이지만 고정된 비유의미를 나타내지 않아 비유용법의 용례만 인용하는 경우 용례 앞에 ǀ 대신 표기.[25CA]
↔[ ]	반의어[2194]	@	번체자나 이체자가 Word에 없는 경우
=[ ]	동의어 (키보드로 직접 입력ǀ	〈1〉	석의의 큰 의항번호
☞	주의사항[261E]	a)	석의 〈1〉 하위의 작은 의항번호
○●◎	석의의 파생관계. (임의로 수정 금지)	(ㄱ)	주의사항의 의항번호
▷	相当于“~” ▷[~] [25B7]		

(5) 주의사항

① 표제자가 두 개 이상의 의항을 갖는 경우에는 ○●◎로 파생관계를 나타내는 것으로, 임의로 삭제, 수정하지 않는다.

② 원문의 언어환경, 또는 번역에서 추가해야 할 경우 과정에서

제시할 필요가 필요에 따라 소괄호를 이용하여 제시한다.

예) 【深厚】 shēnhòu……❷(感情)深切而浓厚▷友情~。 ❸(基础)牢固而雄厚 ▷表演功底非常~。

➜ 【深厚】 she1nho4u [형] ……〈2〉(감정이) 깊고 두텁다.¶友情~:우의가 두텁다 〈3〉(기초가) 견고하고 튼튼하다.¶功底~:연기력이 튼튼하다

위의 예처럼 원문 자체에 언어환경이 괄호 안에 제시되는 경우도 있다. 그 외에 번역을 하면서 언어환경을 제시해야 한다고 판단된다면 ( )를 주고 그 안에 언어환경을 제시한다.

③ 단독으로 사용할 수 없는 표제자

1) 해당 표제어로 시작하는 경우 : 표제자 옆에 ↘을 추가하고, 제시된 단어를 표제어로 처리한다.

예) 褯 jie4 [褯子] jièzi [名] 〈口〉 婴儿的尿布。

➜ 褯 jie4 ↘

【褯子】 jie4zi [명]〈口〉기저귀.

2) 해당 표제자로 시작하지 않을 경우 : '⇒[ ]'를 이용하여 해당 표제어를 보도록 한다. 화살표⇒ 앞에는 √를 둔다.

예)孓 jué 见"孑(jié)孓"。

➜ 孓 jue2 ⇒[孑jie2孓]

④ 석의의 우리말 설명에 한자를 병기할 경우 소괄호 ( )로 표시한다. 한자는 한글음으로 입력한 후 한자 변환하여 번체자로 표기한다.

⑤ 석의의 우리말 설명에 중국어(간체자)를 표기해줘야 할 경우,

반네모괄호 [ ][3014/3015]로 표시한다.

⑥ 책명이 나올 경우, 책명만 나오면『 』[300E/300F]로, 책명과 편명이 나오면『 · 』[318D(가운데점)]로, 편명만 나오면「 」[300C/300D]로 표기한다. 이때 한국어음을 달지 말고 중국어 간체자만 그대로 입력한다.

⑦ 석의의 반의어(↔[ ]), 동의어(=[ ]), 참조어휘(⇒[ ]) 등은 해당 의항의 석의 뒤, 용례 앞에 넣어 준다.

★ 석의의 순서 ★

표제어－한어병음－석의 및 해설－동의어/반의어/참조어휘－용례&번역－주의사항

예) 【糊口】 hu2ko3u [동]입에 풀칠하다. 근근이 살아가다.
=[糊嘴]¶难以~:입에 풀칠하기도 어렵다
☞'餬口'로 쓰면 안 된다.

⑧ =[ ] / ↔[ ] / ⇒[ ]에 나오는 표제어의 첫 글자가 표제자와 일치하지 않는 등의 이유로 첫 글자의 발음을 그 석의 내에서 알 수 없는 경우에는 첫 글자에 대해 한어병음을 병기한다.

예) 【巴士】 ba1shi4 [명]버스. 영어 bus의 음역어. =[公go1ng共汽车]

동의어, 반의어, 참고어에 대해서만 첫음절의 병음을 표기해주는 것을 원칙으로 한다.

예) 【春菜】 chu1nca4i [명]〈植〉갓. '芥jie4菜'의 별칭.

⑨ 표제자의 용례가 다시 표제어로 나오는 경우, 표제자의 석의 뒤에 제시된 용례는 해석을 넣지 않고 ↓[2193]로 표시해 준다.

단, 표제어의 용례가 바로 아래에 다시 표제어로 나오는 경우에는 해당 용례를 삭제한다.

예) 陛 bi4

[명]〈書〉층계. (제왕이 사는 궁궐의) 계단.¶~下:↓

【陛下】 bi4xia4 [명]폐하. 제왕에 대한 존칭.

예) 【封山】 fe1ngsha1n 〈1〉[동]입산 통로를 막다.¶大雪~: 폭설로 입산을 통제하다 〈2〉[동]산림을 보호하기 위해 산에서 나무를 베거나 방목하는 것을 금지하다.¶~育林:↓(삭제한다)

【封山育林】 fe1ngsha1n yu4li2n ……

⑩ 출전 등의 문장이 인용된 경우에는 “ ”를 사용하고, 그 외에 약칭, 총칭 등 석의 내에서 중국어 간체자를 참고로 줄 경우에는 모두 ‘ ’를 사용한다.

⑪ 하나의 언어 환경이나 목적어에 여러 술어가 해당되는 경우에만 / 를 이용하여 나열한다.

예) 【打旗子】 da3qi2zi 깃발을 내걸다/흔들다

예) 【冰释】 bi1ngshi4 [동]〈書〉(오해, 의혹 등이) 얼음 녹듯 풀리다/눈 녹듯 사라지다.

예) 【老粗】 la3ocu1 [명]문화/교양이 부족한 사람(×) 문화적 소양이 부족한 사람(○)

예) 【并进】 bi4ngji4n [동]함께 나아가다/진행하다.(×) 함께 나아가다. 함께 진행하다.(○)

⑫ 석의는 중국 원문을 직역하지 않고, 일반 학습자가 이해하기 쉬운 우리말로 번역하는 것을 원칙으로 한다.

예) 法1(*灋法) fa3 〈1〉[명]국가가 제정한 법률, 법령의 총칭. …… (×)

➜法1(*灋法) fa3 〈1〉[명]법. …… (○)

⑬ 석의나 예문 번역 시, 제시된 단어를 규범사전과 현대한어사전, 중영사전 등 참고 가능한 다양한 사전에서 찾아 정확한 의미를 충분히 반영하여 해석한다.

예) 打 dǎ …… a)捕猎 `……

➜打 da3 …… a)(짐승이나 물고기를) 포획하다. ……

※ 捕猎 ⇝ 捕捉猎取(野生动物)

예) 打 dǎ ……割取……｜~柴｜……

➜打 da3 …… (베거나 쪼개어) 거둬들이다. ……｜~柴:땔나무를 하다. 장작을 패다｜……

※ 打柴 ⇢ 砍柴 ／ 砍 ⇢ 用刀斧等猛劈 ／ 劈 ⇢ 向下破开

⑭ 표제자의 석의와 용례는 기본적으로 서로 연결되어 있으므로, 석의에 나오는 어휘가 여러 의미를 나타낼 때에는 해당 용례를 참고하고, 반대로 용례가 여러 의미로 해석될 경우에는 해당 석의와 비교한 후 관련된 해석을 제공한다.

예) 阿 ā 词的前缀。附着在姓 `名 `排行或某些亲属称谓的前面, ……

▷~王｜~毛｜~大｜~妹

➜阿 a1 〈頭〉성, 이름, 항렬이나 친족의 호칭 앞에 쓰이며 …….

¶~王:아왕 | ~毛:아마오 | ~大:장남 | ~妹:여동생

※ 성:~王 / 이름:~毛 / 항렬:~大 / 친족의 호칭:~妹

⑮ 표제자나 표제어가 다의어일 경우에는 가능한 뜻을 모두 나열해 준다. 단, 이러한 단어가 용례로 쓰였을 경우, 표제자의 석의 중 가장 적합한 대표 석의 하나만 써 준다.

예) 大2 da4 [명]아버지. 숙부. 백부.¶他是我二~: 그는 나의 둘째 숙부이다

⑯ 석의를 한 단어로 번역하기 어려운 경우, 석의 뒤에 설명을 붙여준다. 설명 부분은 원문을 번역하는 형태, 또는 국어대사전, 백과사전 등을 참고하여 쉽게 이해할 수 있도록 한다.

예) 【杈】 chā 用树杈或仿照树杈加工制成的农具, ……

➜ 【杈】 cha1 [명]건초용 쇠스랑. 나뭇가지를 이용하거나 혹은 나뭇가지의 모양을 본따 만든 농기구. ……

예) 【电脉冲】 diànmàichōng 指电路中出现的电流或电压强弱变化现象。……

➜ 【电脉冲】 dia4nma4icho1ng [명]펄스(pulse). 매우 짧은 지속 시간을 가진 전기의 흐름. 약칭은 '脉冲'이다.

⑰ 의항마다 품사가 다를 경우에는 〈1〉〈2〉 등의 번호 뒤에 품사표시를 하고, 모두 같은 품사를 나타낼 경우에는 품사 뒤에 〈1〉〈2〉 등의 번호를 둔다.

예) 【布景】 bu4ji3ng 〈1〉[명]세트(set). 무대 장치. 무대 배경. 〈2〉[동](그림의) 배경을 정하다/구도를 잡다.

예) 韬(韜 *弢) ta1o

〈書〉〈1〉[명]활집. 칼집. ●〈2〉[동]감추다. 숨기다.¶~光

养晦: ↓ | ~声匿迹: ↓ ○〈3〉[명]병법(兵法).

예)【粟米】su4mi3 [명]〈1〉좁쌀. 〈2〉〈方〉옥수수 알. 옥수수 알갱이.

⑱ 용례에 (　)로 설명이 나올 경우, ( )를 없애고 적절한 우리말 풀이로 대체한다.

예) 范(範) fàn …… ▷铜~(铜制的模子) | ……

➜ 范(範) fa4n ……¶铜~:청동 주형 | ……

⑲ 성어, 전고, 기타 고정어구[固定語] 표시 방법

표제어 해석:직역—비유의.√"원문(해석)"√(출전)에서 유래되었다.

예)【大相径庭】 da4xia1ng-ji4ngti2ng 〈成〉서로 차이가 크다.

"大有径庭, 不近人情焉(해석)" (『庄子·逍遥游』)에서 유래되었다.

원문이 없이 설명식으로 나온 경우 : 직역—비유의. √ 유래 부분 해석. …다는 이야기에서 유래되었다(출전).

예)【画蛇添足】hua4she2-tia1nzu2 〈成〉화사첨족(畵蛇添足). 뱀을 그리는데 다리를 그려 넣다. 괜한 일을 하여 일을 그르치다. 어떤 이가 뱀을 그린 후 뱀의 다리를 그려 넣어 뱀과 닮지 않게 만들었다는 이야기에서 유래되었다(『战国策·齐策二』).

예)【请缨】qi3ngyi1ng [동]〈書〉종군(從軍)을 자원하다. 임무를 맡겨 달라고 요청하다. 한[汉] 무제[武帝]가 종군[终军]을 남월[南越](지금의 광둥[广东]성, 광시[广

西]성 지역)에 파견하자, 종군은 무제에게 반드시 남월 왕을 포박하여 황궁으로 끌고 올 테니 긴 밧줄을 달라고 청했다는 이야기에서 유래되었다(『汉书 · 终军传』).

대부분의 성어나 전고는 비유의 용법으로 쓰이므로, 성어나 전고, 속담 등에는 기본적으로 약어 〈喻〉를 쓰지 않는다.

⑳ 성어의 출전 표시

1) 일반 어휘에 대한 번역으로는 그 의미를 알 수 없는 경우, 예를 들면 성어(成語) 안에 인명, 지명 등의 고유명사가 등장하는 경우

예) 三打祝家庄 : (『水浒传』에서 송강[宋江]이) 축가장을 세 번 공격하다

2) 표제자, 용례 등에 시구(詩句), 노래 가사 등의 일부가 제시되는 경우

예) 洪湖水浪打浪 : 홍호에 물결이 출렁이네(1960년대 중국을 풍미한 영화 '洪湖赤卫队'의 주제가)

예) 【光景】 gua1ngji3ng [명]〈1〉풍광. 풍경. 경치.¶好一派清秋~:아름다운 늦가을의 풍경이 완연하구나(경극(京劇) 『霸王别姬』)

표기방법은(작가이름 [중국어]의 『서명 · 작품명』) 혹은 (장르 『작품명』)

예) (황정견[黄庭坚]의 『豫章集 · 濂溪诗序』) 혹은 (경극(京劇) 『霸王别姬』)

㉑ 지명 표기는 용어정리 파일 참조.

㉒ 석의에 괄호 ( )를 두고 추가 석의를 주는 경우, 마침표는 ( )의 뒤에만 한 번 찍어준다.

예) ……多含亲昵意味(多用于方言) ▷~王 | ~毛

➜ ……주로 친밀함을 나타낸다(주로 방언에 쓰임).¶~王: 아왕 | ~毛:아마오

㉓ 한글(한자), 한글[간체]의 형식 외에, 석의 중에 간체자로 표제자나 표제어가 포함될 경우에는 모두 ' '로 묶어준다. 원문의 " "는 모두 ' '로 바꾸되, 출전 등에서 문장이 인용된 경우에만 " "로 표기한다.

㉔ 중국어의 중간에 나오는 하이픈(-)은 키보드 숫자키 옆의 -로 입력한다.

예) 印度－阿拉伯数字

㉕ 석의 내에 인명, 지명, 조대명, 왕명, 연호 등의 고유명사가 나올 경우 한글[간체]의 형식으로 표현하는 것을 원칙으로 한다.

예) 측천무후[则天母后] / 당[唐] 현종[玄宗] 때에

㉖ 석의에 영문기구명칭이 나오는 경우, 한국식 정식명칭(영문약어) 형식으로 표기한다.

예) 세계무역기구(WTO)의 산하기구로, ……

㉗ 음역어(音譯詞)

순수 음역어가 하나의 의항을 갖는 경우에는 어휘성질을 나타내는 약어 뒤에 해당하는 우리말 표현을 써주고, 'xx어 xx의 음역어.'라고 밝힌다. 석의 뒤에 주어지는 같은 의미의 중국어 표현이(예를 들어 아래의 '公共汽车'와 '大管') 규범사전

내에서 표제어로 나온다면, 동의어(=[ ])로 처리한다.

예) 【巴士】 bāshì 英语 bus 音译。公共汽车。

⇨ 【巴士】 ba1shi4 [명]버스. 영어 bus의 음역어. =[公go1ng共汽车]

【巴松】 bāsōng 英语 bassoon 音译。大管。

⇨ 【巴松】 ba1so1ng [명]바순. 영어 bassoon의 음역어. =[大da4管]

예) 【酒吧】 jiu3ba1 [명]술집. 바(bar). ('吧'는 영어 bar의 음역어임). =[酒吧间]

※ 각국 언어의 명칭

그리스어	몽골어	에스파냐어	페르시아어
네덜란드어	베트남어	이탈리아어	포르투갈어
노르웨이어	불가리아어	인도네시아어	폴란드어
독일어	산스크리트어梵语	일본어	프랑스어
라틴어	세르보크로아트어	중국어	헝가리어
러시아어	스웨덴어	체코어	히브리어
루마니아어	아랍어	타이어	힌디어
말레이어	영어	터키어	

㉘ 편방의 모양에 대한 설명

편방의 명칭은 '위 편방/ 아래 편방/ 왼쪽 아래 편방/ 오른쪽 위 편방' 등으로 한다.

예) 亳 bo2 亳州, 地名, 在安徽。 ☞下边是"乇", 跟"毫(ha2o)"不同。

⇨ 亳 bo2 [명]보저우. 박주[亳州]. 안후이[安徽] 성에 있는 도시.

☞ 아래 편방은 '乇'로, '毫ha2o'와 다르다.

㉙ 지명에 쓰이는 글자의 경우, 일반 사전에 나와 있는 음으로 읽히지 않고 특정 음으로 읽히는 경우가 많으므로, 중국어 발음과 참고 가능한 사전, 자전을 참고하여 정확한 음을 선택하여 한국식 명칭을 써 준다.

예) 圌 chui2 圌山, 山名, 在江苏。

⇨ 圌 chui2 [명]추이산. 수산[圌山]. 장쑤[江苏] 성에 있는 산 이름.

위 표제자의 경우 일반 사전이나 옥편에서는 '천'이라는 음으로만 나오는데, 지명에 쓰일 경우 '수'로 읽힌다. 장삼식의 『大漢韓字典』이나 『辞海』 등을 참조하여 한자음을 확인하다.

㉚ 중국 화폐단위의 번역 기준

가. 화폐단위가 표제자로 나왔을 때에는 그 표제자의 발음을 먼저 써 주고, 그에 대한 상세 석의를 달아준다.

나. 용례에 인민폐가 나왔을 때에는 元을 기준으로 나머지는 소수점으로 처리 가능하다. '元'의 우리말 표기는 **위안**으로 한다.

예) 毛1 máo …… ◎❹ 〈口〉我国的辅币单位角(宋代以来泛称小钱为毛钱, 后特指角) ▻一~钱 | 两~五。……

⇨ 毛1 ma2o …… ◎〈4〉[양]〈口〉마오. 중국의 화폐단위로 0.1위안에 해당된다. 서면어에서는 '角'로 쓴다. 송〔宋〕대 이래 작은 단위의 돈을 광범위하게 지칭했는

데, 지금은 단지 '角'만을 가리킨다.¶一~钱:1마오 | 两~五:2마오5펀

㉛ 인명이나 지명에 쓰이는 표제자–석의에 제시된 인명이나 지명을 용례로 처리한다.

예) 妲 dá 用于人名。妲己，商朝纣王的妃子。☞不读dàn。

⇨ 妲 da2 인명에 쓰인다.¶妲己:달기. 상〔商〕대 주왕[纣王]의 비

☞da4n으로 읽지 않도록 주의한다.

예) 桧(檜) huì 用于人名，如秦桧(南宋奸臣)。

⇨ 桧(檜) hui4 인명에 쓰인다.¶秦桧:진회. 남송[南宋] 때의 간신

예) 峧 jiāo 用于地名。如:刘家峧，在山西峧头，在浙江。

⇨ 峧 jia1o 지명에 쓰인다.¶刘家~:류자자오(산시[山西] 성에 있음) | ~头:자오터우(저장[浙江] 성에 있음)

㉜ 번역시 어미의 통일

가. 석의 : 석의는 기본적으로 '~하다'체의 평서문으로 한다. 단, 비위(非谓)형용사와 같은 구별사와 명사의 앞에서 꾸미는 말로만 사용되는 형용사는 수식형으로 처리한다.

예) 男 : 남성의.

나. 용례

- 평서문의 경우, 시제가 나타나지 않은 경우는 기본적으로 현재 시제로 번역한다. 이때 어미는 길게 늘여쓰지 않고 간략하게 표현한다.

예) 【管事】…… ▷他的话很~。❸ ……

➜【管事】…… ¶他的话很~:그의 말이 꽤 유용하다〈3〉……

현재시제는 상황에 따라 ~한다, ~하다 등으로 다양하게 번역될 수 있음.

예) 했다 (○) 하였다 (×)

• 의문문의 경우, 어기조사와 내용을 고려하여 감정 색채를 실어 번역한다.

예) 叉 …… ¶你幹嗎~着手呀？:너는 왜 공수(拱手)하고 있니?

• 2인칭 대사 '你'는 특별히 존칭을 써야 할 상황이 아니라면 '너'로 번역한다. 주어가 존대를 해야 하는 대상일 경우, 주격 조사는 기본형으로 쓰고 나머지 문장은 존칭을 사용한다.

예) 老师刚刚出去了:선생님이 지금 막 나가셨다

다. ☞ 이하 주의사항/ 유의어 비교 : 기본적으로 '~한다'체의 평서문으로 한다.

예) 差 cha1 …… ☞ 여섯 번째 획은 길게 내리 그어야 한다. 두 획으로 짧게 끊어 쓰지 않도록 주의한다.

예)【差池】cha1chi2 …… ☞ '差迟'로 쓰면 안 된다. ~한다 / ~해서는 안 된다

라. 중국어 뒤에 위치하는 모든 조사는 중국어의 발음을 기준으로 표기한다.

예) '虎穴'라고 / '龙潭'이라고 / '虎穴〈1〉'과 다르다 / '虎

穴〈2〉'와 다르다

앞에 한글이 나오고 〔 〕 괄호 안에 중국어가 표기되는 경우, 앞의 한글 발음에 조사를 맞춘다.

예) 호혈 〔虎穴〕 이라고

마. …앞의 조사는 이/을/와/은/으로(**모두 ㅇ으로 시작**)

예) 〈1〉…으로 향하다. / 〈1〉[동]…을 향하다.

〈1〉…와 나란히 걷다.

【并非】 bi4ngfe1i [동]결코 …이 아니다.

㉝ 의성어의 부가 설명은 괄호로 처리한다.

예) 叭 ba1

〈1〉[의성]뚝. 땅. 탕. 툭. 탁. (끊어지거나 부딪히는 소리).

예) 【吧嗒】 ba1da1 [의성]철커덕. 탁. 뚝. 팍. (물건이 부딪히거나 떨어지는 소리).¶~一声, 门锁上了:철커덕 하고 문이 잠겼다 | 眼泪~~往下掉:눈물이 뚝뚝 떨어지다 ☞'巴答', '吧哒', '叭哒', '叭嗒'로 쓰지 않는다.

(6) **기타 유의사항**

▶ 복합 명사 띄어 쓰기 조정

• 복합 명사 중 국립국어원 국어사전에 ^으로 연결 되어 있는 단어는 띄어 쓴다

예) 성격^묘사 : 성격 묘사

• 복합 명사 중 국립국어원 국어사전에 -으로 연결 되어 있는 단어는 붙여 쓴다.

예) 논ㅡ밭 : 논밭

- 본용언+보조 용언은 띄어 쓴다.

  예) 앉아 있다. 먹어 보다.

복합 명사는 의미가 혼동되지 않는 범위에 한해 붙여 쓰기 허용

자연 보호 구역 ⇒ 자연보호구역

【阿尔及利亚】 A1'e3rji2li4ya4 5/6/7 [명]알제리.¶~民族解放阵线:알제리 민족 해방 전선. FLN | ~伊斯兰拯救阵线:알제리 이슬람 구국 전선. FIS

알제리 민족 해방 전선 ⇒ 알제리민족해방전선

알제리 구국 전선 ⇒ 알제리구국전선

▶ 양사

– 숫자+양사 예) 25살 / 100명 / 2천 년 / 2개 / 5~6세

– 중국어√양사 예) 两~椅子:의자 두 개 / 四个出口:네 개의 출구 or 출구 네 개

▶ 화폐 – 중국어 발음으로 표기한다.

'元' : 위안(○) / 위앤(×)

10元(块)3角(毛)4分:10.34위안, 2角(毛)5分:2마오 5펀

▶ 인명

1. 표제어로 쓰인 경우

(1) 과거 인명, 현대 인명에 관계 없이 중국어 음. 한국어

음(생몰연도)으로 표기.

(중국어 음은 정부안에 따른다)

【杜甫】 두푸. 두보(712~770).

【王安石】 왕안스. 왕안석(1021~1086). 송[宋] 대 시인.

【毛泽东】 마오쩌둥. 모택동(1893~1976).

【包世臣】 Ba1o Shi4che2n 9b [명]바오스천. 포세신(1755~1855). 청[清] 대 서예가.

2. 표제어의 일부, 석의, 예문 등에 쓰인 경우

(1) 과거 인명, 현재 인명에 관계 없이 사망연도를 기준으로 1911년 이전에 사망한 인물은 한국어 음으로 표기하고, 1911년 이후에 사망한 인물은 중국어 음으로 표기함을 원칙으로 한다.

(1911년 이후 사망한 인물 중 한국어 음이 국어 사전에 표제어로 나온 인명의 경우 혼용을 허용)

¶杜甫是诗人:두보는 시인이다.

¶毛泽东是政治家: 마오쩌둥은 정치인이다 or 모택동은 정치인이다 (모두 가능)

▶ 지명

1. 표제어로 쓰인 경우

(1) 과거, 현재, 비표준음 지명 모두 중국어 음, 한국어 음을 병기.

【陈仓】 천창. 진창. 현재의 바오지[保鸡]시 동쪽.

【長安】 창안. 장안. 현재의 시안[西安].

【西安】 시안. 서안.

【北京】 베이징. 북경.

【香港】 샹강. 홍콩.

【喀什】 카스. 카슈가르.

2. 표제어의 일부, 석의, 예문 등에 쓰인 경우

(1) 과거 지명은 중국어 음으로 표기. 단, 익숙한 지명은 '중국어음(한국어음)'식으로 표기.

【暗渡陈仓】 몰래 천창[陈仓]을 지나다.

【安西四鎭】 안시(안서) 사진.

【安西都護府】 안시(안서) 도호부.

(2) 현재 지명은 중국어 음으로 표기한다.

¶北京是中国的首都:베이징은 중국의 수도이다

(3) 표준음이 아닌 지명은 해당 지역 음으로 표기한다.

¶喀什很美丽:카슈가르는 아름답다

▶ '山', '河', '江' '湖', '峰' // '沙漠', '盆地', '石窟', '铁路', '故城', '长城' 등

1. 표제어로 쓰인 경우

(1) '山', '河', '江' '湖', '峰'은 중국어 음, 한국어 음. 해당 지역 음을 병기하고, 띄어쓰기를 하지 않는다.

【长白山】 창바이산. 장백산(백두산을 가리키는 중국식 표현임).

【黄河】 황허. 황하.

【黑龙江】 헤이룽장. 흑룡강.

【喀纳斯湖】 카나쓰후. 카나쓰호.

【白山黑水】 ba2isha1n he1ishui3 [명]〈成〉창바이산[长白山]과 헤이룽장[黑龙江]. 장백산과 흑룡강. 중국 동북 지방.

【白公馆】 Ba2igo1nggua3n 9b [명]바이공관. 백공관. 항일 전쟁 시 충칭[重庆]시 거러산[歌乐山]에 있는 국민당의 감옥.

【白塔山】 Ba2ita3sha1n 9b[명]바이타산. 백탑산. 간쑤[甘肃]성 란저우[兰州] 북쪽에 있다.

【八宝山】 ba1ba3osha1n [명]바바오산. 팔보산. 베이징[北京] 스징산[石景山]구에 있는 공동묘지.

【赤嵌楼】 Chi4qia4nlo2u 9b [명]츠첸루. 적감루. 17세기 타이완을 침략했던 네덜란드인이 타이난[台南]시 북쪽에 세운 성루.

【宝带桥】 Ba3oda4iqia2o 9b [명]바오다이교. 보대교. 쑤저우[苏州]시 남쪽에 있는 다공 아치형 석교(石橋).

(2) '沙漠', '盆地', '石窟', '铁路', '故城', '长城' 등은 앞에 있는 요소만 중국어 음, 해당 지역 음(국어사전과 백과사전에 나오는 표기법)으로 표기하고, 띄어 쓴다.

【塔克拉玛干沙漠】 타커라마간 사막. 타클라마칸 사막.

【马蹄寺石窟】 마티쓰 석굴. 마제사 석굴.

【青藏铁路】 칭장 철도. 청장 철도.

【八达岭长城】 바다링 장성. 팔달령 장성.

【大河村遗址】 다허춘 유적. 대하천 유적. 황허[黄河] 유

역의 신석기 시대 유적지.

【八大公山国家自然保护区】 Ba1da4go1ngsha1n guo2jia1 zi4ra2n ba3ohu4qu1 9b [명]바다공산 국가 자연 보호구. 팔대산 국가 자연 보호구. 후난[湖南]성 상즈[桑植]현 북부에 있다.

예외 : 【吐鲁番盆地】 투루판 분지.

2. 표제어의 일부, 석의, 예문 등에 쓰인 경우

(1) 위 1의 (1), (2) 모두 기본적으로 중국어 음으로 표기.

【八宝山】 ba1ba3osha1n [명]바바오산. 팔보산. 베이징[北京] 스징산[石景山]구에 있는 공동묘지.

¶长江三峡很美丽:창장산샤는 아름답다

(2) 해당 지역 음이 있으면 그것으로 표기한다.

¶塔克拉玛干沙漠是流动沙漠:타클라마칸 사막은 유동사막이다

▶ 지명을 포함한 복합명사

(1) 앞에 나오는 지명은 중국어 음, 한국어 음을 병기.

(해당 지역의 음이 있을 경우, 추가로 표기 가능)

【沉缸酒】 che2nga1ngjiu3 9c [명]천강주. 침항주. 푸젠[福建] 성 특산 양조주.

(2) 뒤에 나오는 일반명사가 이음절 이상인 경우에는 띄어 쓴다.

【八公山豆腐】 바공산 두부. 팔공산 두부.

【瑷珲条约】 아이후이 조약. 아이훈 조약. 애혼 조약.

(3) 뒤에 나오는 일반명사가 일음절인 경우에는 붙여 쓴다.

【安福系】 안푸계.

▶ '市', '省', '县'

@ 기본적으로 앞에 있는 요소에 붙여 쓴다.

구이저우[贵州]성 / 랴오닝[辽宁]성

【阿拉斯加】 A1la1si1jia1 5 [명]알래스카주.¶~半岛:알래스카 반도

▶ '族'

@ 소수민족을 나타내는 '族'은 앞 요소에 붙여 쓰고, 중국어 발음을 먼저 넣고, 해당 민족 발음(또는 국립국어원 등재 발음)을 병기한다.

【阿坝藏族羌族自治州】 아바 장족 챵족 자치주.

【阿美族】 A1me3izu2 5 [명]아메이족. 아미족. 타이완 가오산족〔高山族〕의 하나.

@ 해당 민족 발음을 모를 경우, 중국어 발음만 넣는다.

【卑南族】 Be1ina2nzu2 9c [명]베이난족. 타이완 원주 민족 중 하나.

@ 석의 설명 부분에 나오는 소수민족은 중국어 발음을 우선으로 한다.

【阿美族】 A1me3izu2 5 [명]아미족. 아메이족. 타이완 가오산족〔高山族〕의 하나.

▶ 왕조명, 왕의 연호 및 시호, 지금의 중국 영토 안에 이민족이 세운 왕조명 등

(1) 한국어 음으로 표기한다.

明清 : 명청.

穆宗 : 목종.

车师前国 : 차사전국.

(2) 음역어가 있는 경우에는 병기한다.

黑汗 : 헤이한. 카라한.(=喀喇汗)

▶ 요리명

중국어음으로 표기. 예) 红烧肉:홍사오러우

(타이완) 현지음을 알 수 있을 경우 최대한 현지음으로 표기해 준다.

▶ 중국 지명 석의 뒤 설명 부분의 '중국' 삭제

【哀牢山国家自然保护区】 A1ila2osha1n guo2jia1 zi4ra2n ba3ohu4qu1 9b[명]아이라오산 국립 자연 보호구. 윈난[云南]성에 있는 자연 보호 구역.

▶ 어법용어 : 한자 독음을 그대로 쓰고 중국어 병기한다. Ex) 단순사[单纯词]

(추후 통일안에 맞춰 수정할 예정)

▶ 구분기호 / : 하나의 언어 환경이나 목적어에 <u>여러 술어나 명사</u>가 해당되는 경우

예) 【承袭】 che2ngxi2 [동](제도, 습관, 사상 풍조 등을) 모방하다/답습하다.

【出发点】 chu1fa1dia3n [명]〈2〉〈喻〉(언행의) 동기/목적/착안점.¶全心全意为人民服务，是我们一切工作的~:성심성의로 국민을 위해 봉사는 것이 우리가 는 모든 일의 출발점이다

- 谦词 :〈謙〉
- 敬词 :〈敬〉
- 借指/比喻 :〈喻〉
- 含贬义 :〈貶〉
- 含褒义 :〈褒〉
- 旧语 :〈書〉
- 〈旧语〉(신시대 약어) :〈書〉
- 客套话 :〈套〉
- ~的委婉说法 :〈婉〉석의.
- ~的蔑称 :〈貶〉석의.
- 〈口〉〈方〉이 함께 나올 경우 〈方〉 삭제.
- 석의가 某些地区~로 시작하는 경우 :〈方〉석의.

▶ 석의 번역 규칙

▹ 석의에 (A : B)로 부연 설명이 나오는 경우

(1) A에 B의 뜻이 포함된 경우 :

표제자나 표제어 A를 찾아가 보면, B라는 뜻이 나온 경우가 있다.

예) 【内外交困】 ne4iwa4i-jia1oku4n 内部与外部都处在艰难困苦之中(交 : 一齐 ; 同时) ; …交를 찾으면, 사전 p.650 의항 〈10〉에 一齐 ; 同时라는 석의가 제

시되어 있다. 이와 같은 경우 괄호로 된 설명 부분은 해석하지 않고 모두 삭제한다.

(2) A에 B부분의 뜻이 포함되지 않은 경우 :

비유 의미 등을 포함하고 있어, 사전상에 석의로 안 나온 경우, (A : B) : ('A'은(는) B을(를) 의미함/(동사)~라는 의미임)으로 풀이한다.

예) 【拆烂污】 c h ā i l à n wū 某些地区指拉稀屎(拆 : 排泄 ; 烂污 : 稀的粪便)。

【拆烂污】 cha1ila4nwu1 〈方〉설사를 하다('拆'는 배설하다, '烂污'는 묽은 변을 의미함).

▹ 1:1 석의

1) 표제자

석의만 하고 참조어 표시를 별도로 하지 않는다. 단, 1:1 석의로 제시된 단어에 <u>의항 번호가 있을 경우에만 참고어 표시를 해준다.</u>

Ex1) 廒 áo 名 〈文〉 粮仓 ▻仓~。

廒 a2o

[명]〈書〉곡물 창고.¶仓~:곡식 창고

Ex2) 俶 chu4 〈文〉〈1〉动 开始②。……

俶 chu4

[동]〈書〉〈1〉시작하다. ⇒[开ka1i始〈2〉] ……

2) 표제어

【A】 : B 일 경우

(1) 사전에 B가 표제자나 표제어로 나오는지 찾아볼 것

(2) 표제어로 나올 경우, A에 B의 석의를 쓰고, 뒤에 ⇒[B]로 표시(참조어).

발음을 원래 단어에서 알 수 없는 경우에는 첫 글자에 대해 발음을 병기한다.

A와 B의 품사가 다르게 나왔을 경우 메모로 품사가 다름을 표시해 준다.

(3) B에 의항이 여러 개 있을 경우, 품사와 의미가 같은 의항 번호를 찾아서 써 준다.

à 예3)

예1) 【重孙女】cho2ngsu1nnv3 名 曾孙女。

(【曾孙女】 zēngsūnnǚ 뷺名 儿子的孙女。也说重孙女。)

【重孙女】cho2ngsu1nnv3 [명]증손녀. ⇒[曾ze1ng孙女]

예2)【初月】chu1yue4 뷺名 新月① ▻~如钩。

(【新月】 xīnyuè ❶名 农历月初的弯月 ▻~如钩。 ❷名 农历每月初一月亮在地球与太阳之间,其暗面正与地球相对,地球上不见月光时的月相。也说朔月。)

【初月】chu1yue4 [명]초승달. ⇒[新xi1n月〈1〉]¶~如钩:초승달이 갈고리 같다

예3)【提溜】di1liu [动] 提(ti2)

(提 ti2

〈1〉动 垂着手拿(有提梁或绳套的东西) 〈2〉动 使事物由低处往高处移 〈3〉动 举出;指出

〈4〉动 说起;谈起 〈5〉动 取出;拿出来 ……)

【提溜】 di1liu [동]〈口〉들다. ⇒[提ti2〈1〉]

▹ 称

'~'는 작은 따옴표 안에 중국어(simsun)로 표기, ~는 한국어 표기

- 旧时称~ : 석의. 예전에 ~을(를) 이르던 말(한국어).
- ~的旧称 : 석의. '~'의 예전 명칭.
- 旧称~ : 석의. 예전에는 '~'라고 했다.
- 简称~ : 석의. 약칭은 '~'이다.
- 通称~ : 석의. 보통 '~'이라고 한다.
- 俗称~ : 석의. 속칭은 '~'이다.
- 某些地区俗称~ : 석의. 일부 지역에서의 속칭은 '~'이다.
- ~的俗称 : 석의. '~'의 속칭.
- ~的通称 : 석의. '~'의 통칭.
- ~的统称 : 석의. ~의 총칭.(한국어)
- ~的总称 : 석의. ~의 총칭.(한국어)
- ~的简称 : 석의. '~'의 약칭.
- ~的别称 : 석의. '~'의 별칭.
- ~的美称 : 석의. ~의 미칭(美稱).
- ~的合称 : 석의. '~'과 '~'을(를) 합친 이름(말).
- ~的戏称 : ~을(를) 익살스럽게 이르는 말. (한국어)
- (对)~的代称 : 석의. '~'을(를) 가리키는 명칭.
- (对)~的尊称 : 석의. ~에 대한 존칭.
- ~的箴称 : 〈贬〉석의.

예) 【大烟鬼】 da4ya1ngui3 对吸鸦片成瘾的人的蔑称.

【大烟鬼】 da4ya1ngui3 [명]〈贬〉아편쟁이.

▷ 指(指+동사: ~하다√라는 의미로 쓰인다)

- 復指 : 재지시한다.
- 偏指~ : 주로 ~을(를) 가리킨다.
- 多指~ : 주로 ~을(를) 가리킨다/주로 ~에 쓰인다.
- 也指~ : ~을(를) 가리키기도 한다.
- 通常指 : 일반적으로 ~을(를) 가리킨다.
- 原指A, 现多指B : 〈1〉A석의. 〈2〉B석의.
- A. 现在也用来指B : 〈1〉A석의. 〈2〉B석의.
- 旧指A,现指B : 〈1〉A석의. 〈2〉B석의.
- 旧指A, 现泛指B : 〈1〉A석의. 〈2〉B석의.
- 古代指A, 现指B : 〈1〉A석의. 〈2〉B석의.
- 古代指~ : 석의. 옛날 ~하던 ~을(를) 가리킨다.
- A. 今指B : 〈1〉A석의. 〈2〉B석의.
- 本指A 后用… 形容B : 〈1〉A석의. 〈2〉B석의.
- 迷信指~ : 해석하지 않는다.
- 泛指

  泛指를 별도로 해석하지 않고 석의만 제시.
- A. 专指B.

  (1) 〈1〉A 석의. 〈2〉B석의.

  예) 古代房屋的通称; 后来专指帝王的宫殿

  〈1〉가옥. 〈2〉궁. 옛날에는 가옥을 통칭하였으나, 후에 제왕의 궁전만을 가리키게 되었다.

(2) 다른 설명 없이 '专指'만 나올 경우 : 별도로 번역하지 않고 나머지 석의 부분만 번역.

예) 付 ❷动 专指给钱 : [동](돈을) 지불하다

(3) 대범주의 석의 + '专指' : 대범주에 적합한 석의. '~만 가리킨다'

예)【家眷】名　妻子儿女等家咭成员，有时专指妻子。

가솔. 아내만 가리키기도 한다.

- 特指

(1) '特指~'로 석의가 시작 : 별도로 번역하지 않고 나머지 석의 부분만 번역.

(2) A. 特指B : 〈1〉A석의. 〈2〉B석의.

【爱美】 à i mě i　动 喜爱美的事物;特指爱修饰打扮

【爱美】 a4ime3i [동]〈1〉아름다운 것을 좋아하다.

〈2〉멋 부리기 좋아하다.

▷ 原

- 原A, 现／后B : 〈1〉A석의. 〈2〉B석의.
- 原作 "A", 后讹变为 "B" : 〈1〉A석의. 〈2〉B석의.
- 原指A ; 现多指B : 〈1〉A석의. 〈2〉B석의.
- 原比喻~ 后多比喻~ : 〈喻〉〈1〉A석의. 〈2〉B석의.

▷ 读

(A는 simsun)

- 표제자 ☞不读A : A(으)로 읽지 않도록 주의한다.
- 又读 : ~(으)로도 읽는다.
- 统读A : 현재 표준음은 A이다.
- 统读A, 不读B : B(으)로 읽지 않는다.
- "~"不读A : '~'를(을) A(으)로 읽지 않도록 주의한다.
- "~"这里读A／这里不读A : 여기에서는 '~'를(을) A로 읽는다/읽지 않는다.
- 表示以上的意义时不读 : 이상의 의미를 나타낼 경우, ~(으)로 읽지 않도록 주의한다.
- 以上的意义不读A : 이상의 의미인 경우, A(으)로 읽지 않도록 주의한다.
- 这个意义不读A : 이 의미인 경우, A(으)로 읽지 않도록 주의한다.

▹ 现

- 现 : 지금 cf) 今 : 오늘날
- 现在 : 현재
- 旧指A; 现多指B : 〈1〉A 석의. 〈2〉B석의.
- 原指A; 现多指B : 〈1〉A 석의. 〈2〉B석의.
- 古代指A, 现指B : 〈1〉A 석의. 〈2〉B석의.
- 现在规范词形写作"~" : 현재 표준 어형은 '~'이다.(단독으로 나올 경우 앞에 석의 주지 않음!)
- 同 "~", 现在一般写作"~"。: '~'와 같다. 현재는 일반적으로 '~'로 쓴다.(단독으로 나올 경우 앞에 석의 주지 않음!)

▷ 旧

- 旧语 : 〈書〉 / 〈旧语〉(신시대 약어) : 〈書〉
- 旧称~ : 석의. 예전에는 '~'(이)라고 했다.
- 旧时称~ : 석의. 예전에 '~'을(를) 이르던 말.
- ~的旧称 : 석의. '~'의 예전 명칭.
- 旧指A, 现指B : 〈1〉A 석의. 〈2〉B석의.
- 旧指A, 现泛指B : 〈1〉A 석의. 〈2〉B석의.

▷ 也

- 也说~ : =[~]
- 也译作~ : =[~]

▷ 多

- 多 : 주로
- 多含~意味 : 주로 ~을(를) 나타낸다.
- 多用于~ : 주로 ~에 쓰인다.
- 多用作~ : 주로 ~(으)로 쓰인다.
- 多含褒义 : 주로 긍정적 의미를 나타낸다.
- 多含贬义 : 주로 부정적 의미를 나타낸다.
- 多用作谦词 : 주로 겸양어로 쓰인다.
- 多用于方言 : 주로 방언에 쓰인다.
- 多用来比喻~ : 주로 ~을(를) 비유하는 말로 쓰인다.
- 多指~ : 주로 ~을(를) 가리킨다. / 주로 ~에 쓰인다.
- 多见于A, 现在常见于B : 주로 A에 보이며, 현재는 B에 자주 보인다.

- 多见于A: 주로 A에 보인다.

▹ 用

- 常“~”连用 : ‘~’와(과) 결합하여 쓰인다.
- 有时“~”连用 : 종종 ‘~’와(과) 결합하여 쓰인다.
- 音译用字 : 음역용 글자
- 多用作谦词 : 주로 겸양어로 쓰인다.
- 往往与“A” “B”等配合使用 : 주로 ‘A’, ‘B’ 등과 함께 쓰인다.
- 常用作~ : ~(으)로 자주 사용된다.
- (표제자) 用于人名 : 인명에 쓰인다.

▹ 同

- 跟~相同 : 동의어 =[~]
- 义同“~”: ‘~’와(과) 의미가 같다.(단독으로 나올 경우 앞에 석의 주지 않음)
- 同“~” : ‘~’와(과) 같다.(단독으로 나올 경우 앞에 석의 주지 않음)
- 同“~”, 现在一般写作~。: ‘~’와 같다. 현재는 일반적으로 ‘~’로 쓴다.(단독으로 나올 경우 앞에 석의 주지 않음!)
- 古同“~” : ‘~’의 옛 자형.(단독으로 나올 경우 앞에 석의 주지 않음)
- 作用同“~” : ‘~’와(과) 쓰임이 같다.
- 用法同“~” : 석의. ‘~’와(과) 쓰임이 같다.

▷ 不要/不能

- 不要写作"~" : '~'(으)로 쓰면 안 된다.
- 不宜写作"~" : '~'(으)로 쓰지 않는다.
- 不要误写作"~" : '~'(으)로 잘못 쓰면 안 된다.
- "A"不要误写作"B" : 'A'을(를) 'B'로 잘못 쓰면 안 된다.
- 不要混用 : 혼동하면 안 된다.
- 不能简化为"~" : '~'(으)로 간화하지 않는다.

▷ 意思/意义/意味

- 意思是~ : ~이다.
- A与B的意思不一样 : A와(과) B의 의미는 다르다.
- 这个意义在古书中读~ : 고서에서 이 의미로 쓰일 때는 ~(이)라고 읽는다.
- 跟"~"意义不同 : '~'와(과) 의미가 다르다.
- 多含~意味 : 주로 ~을(를) 나타낸다.
- 表示以上的意义 : 이상의 의미를 나타낼 경우,

▷ 见

见은 다음 다섯 가지로 나누어 번역을 한다.

(1) 표제자가 단독으로 쓰이지 못하고 특정 단어와만 결합하여 쓰이는 경우 :

1) 해당 표제어로 시작하는 경우 : 표제자 옆에 ↘을 추가하고, 제시된 단어를 표제어로 처리한다.

예) 茺 cho1ng [茺蔚] cho1ngwe4i 名 益母草。

茺 cho1ng ↘

【茺蔚】cho1ngwe4i [명]〈中藥〉익모초. ⇒[益yi4母草]

2) 해당 표제자로 시작하지 않을 경우 : ⇒[ ]로 처리.

예) 蚄 fa1ng ⇒[虸zi3蚄](첫 글자에만 병음 표기)

(2) 표제어의 석의 부분이 见"~" : [품사]석의. ⇒[ ]로 처리.

(3) 표제어의 석의 부분이 见"~"。现在一般写作"~" : [품사]석의. 이 의미인 경우, 현재는 일반적으로 '~'(으)로 쓴다.

(4) 표제자 뒤의 另见~ : 석의 맨 뒤에 →를 이용하여 다음 자로 처리한다.

(5) 표제자 뒤의 见下 : ↘

- 另见

  儿(兒) e2r 另见 "兒" ni2 : →'兒'√ni2

  儿(兒) e2r 另见 ni2 "兒" : →ni2√'兒'

- 参见"~" : ☞'~' 참조.
- 参见"~"的提示 : ☞'~'의 주의사항 참조.
- 多见于A, 现在常见于B : 주로 A에 보이며, 현재는 B에 자주 보인다.
- 多见于A : 주로 A에 보인다.
- 常见于A : A에 자주 보인다.

▷ 音

- 音译 : 음역어.
- 音译用字 : 음역용 글자.
- "~"的合音 / "A""B"的合音 : '~'의 합음자. / 'A'와(과) 'B'의 합음자.

Ex) 甭 béng 副 〈口〉"不用"的合音，表示用不着，不必。

……

甭 béng [부]〈口〉…할 필요가 없다. '不用'의 합음자.

- 音意合译 : 음의합역어

▷ 相

- 跟"~"相对 : 042반의어. ↔[중국어+발음(첫 글자)] 처리

예) 饱(飽) ba3o

〈1〉[형]배부르다. ↔ [饿e4〈1〉]¶饥一顿, ~一顿:생활이 궁핍하여……

예)【多元化】duo1yua2nhua4 〈1〉[동]다원화되다. 다원화하다. ↔ [一yi1元化]¶资金渠~:자금 조달 경로를 다원화하다

주의!) 원문에 해당 반의어에 의항 번호가 없더라도 교열자가 해당 반의어를 직접 사전에서 검색하여 품사에 맞는 의항 번호를 찾아서 입력해야 한다.

- 跟"~"相区别 : '~'와(과) 구별된다.

예) '点播〈1〉'과 구별된다.('条播'와 구별됨).

- 相当于"~" : ▷[~]
- 略相当于"~": '~'와(과) 비슷하다.

▷ 跟

- 跟"~"不同 : '~'와(과) 다르다.
- 跟"A"对举: 'A'와(과) 함께 거론되다.
- 跟"A"对举时 : 'A'와(과) 함께 거론될 때

【活人】 huórén 名 有生命的人(多用于跟"死人"对举时)。

【活人】 huórén [명]살아있는 사람(주로 '死人'과 함께 거론될 때…).

- 即"A" / 一说即"A": =[A](동의어 처리)

예) 【鸱吻】 chīwěn 名 传说是海中一种能喷浪降雨的鱼。古代常在高大建筑物上以此物的形状作装饰，祈望辟除火灾。一说即鸱尾。

【鸱吻】 chi1we3n [명]바닷속에 살며 파도를 일으키고 비를 내린다는 전설상의 물고기.

(고대 큰 건축물에 이 물고기 모양으로 장식하여 화재를 막기를 기원함). =[鸱尾]

예) 【贝多】 be4iduo1 梵语pattra音译。即贝叶树。

【贝多】 be4iduo1 [명]〈植〉다라수(多羅樹). 산스크리트어 Pattra의 음역어. =[贝叶树]

- 形容~ : ~을(를) 형용한다. ~을(를) 나타낸다.
- 讥讽 : 풍자 (석의가 없이 讥讽~만 있을 경우, 讥讽을 해

석하지 않는다)

예) 【嘲笑】 cha2oxia4o 动 讥讽取笑 ▷不要~残疾人。

【嘲笑】 cha2oxia4o [동]비웃다.¶不要~残疾人:장애인을 비웃어서는 안 된다

- 谐谑 : 해학
- 含谐谑意 : 해학적 의미를 나타낸다.
- 谚语"…"的缩略. : 속담 "…(한국어 해석)"의 줄임말.
- 口语中 : 구어체에서는 …(이)라고 한다.
- 规范字 : 표준자
- 规范词形 : 표준 어형
- 普通话 : 표준중국어
- 停顿 : 휴지(休止)
- 上边~ : 위 편방~ / 下边~ : 아래 편방~ / 中间 : 가운데
- ~边是 "A", 不是 "B" : ~ 편방은 'B'(이)가 아니고 'A'이다
- 한자의 形 `音 `义 : 모양, 소리, 뜻

예) 骋(骋) c hěn g …(중략)跟"聘(p ì n)"形 `音 `义都不同。"聘", 从"耳", "甹(pi1ng)"声, …(후략)

번역 : '聘pi4n'과 모양, 소리, 뜻이 모두 다르다. '聘'은 형부가 '耳'이고 성부가 '甹pi1ng'이다.

- 필획, 부수 이름 중 ime로 입력할 수 없는 글자 : '@'로 표시

예) 邦 ba1ng

[명]국가. 나라.¶治国安~:〈成〉나라를 다스려 안정시키다 | 友~:우방국 | ~交:↓ | 联~:연방국가 ☞제 1획

은 '@'이며 제 4획은 '@'이다.

- 必须带~ : 반드시 ~을(를) 동반한다.
- 后面常带"~" : 일반적으로 뒤에 '~'을(를) 동반한다.
- 后用A形容B : (A는) 후에 B를 형용할 때 쓰인다.(A가 표제어일 경우 따로 해석하지 않음)
- ~, 故称。: ~해서 붙여진 이름(말)이다.
- 因常以"A"或"B"引出(有时也可不用), 故称。: 'A' 또는 'B'(으)로 시작하는 경우가 많아서 붙여진 이름(말)이다.
- 引进 : ~을(를) 이끌어낸다.
- 近代汉语 : 근대 중국어
- (多)见于近代汉语 : (주로) 근대 중국어에 보인다./ (多)用于近代汉语:(주로) 근대 중국어에 쓰인다.
- 书面语 : 서면어
- 古代 : 옛날

  (cf. 古代中国, 古代建筑, 古代历史, 中国古代的伟大发明之一, 古代哲学家…… 등과 같이 뒤에 오는 명사의 성격에 따라 '고대'로 번역할 수 있음)
- 如 : 예를 들면 ~이(가) 있다. 예를 들면 ~와(과) 같다.

  (예를 들지 않아도 알 수 있는 표제어 등의 경우 삭제함)

  예) 예를 들면 노조[工会], 여성연합회[妇女联合会], 학생연합회[学生联合会] 등이 있다.
- 용례에 나오는 '我国'는 '中国'로 바꾸고 중국으로 해석

  예) 【接邻】 jie1li2n [동]인접하다. 이웃하다.¶我国西南与

  印度等国~:중국 서남부는 인도 등의 국가와 인접해

있다

→【接邻】jie1li2n [동]인접하다. 이웃하다.¶中国西南与印度等国~:중국 서남부는 인도 등의 국가와 인접해 있다

IV. 중한사전 작업의 활용 방안

지금까지 간략하게 기존의 사전을 중심으로 최근 국내에서 유일하게 진행되고 있는 종이사전『다락원 중한사전』의 편찬 현황을 통해 새로운 모색과 활용 방안에 대해 고민할 수 있었다.[39]

이 사전은 국내에서는 가장 최근에 나오게 될 사전이기 때문에, 기존 출간 사전의 미비점을 전부 보완해 주기를 바라는 것이 독자의 심정일 것이다. 여기에 부응하기 위해『다락원 중한사전』에서는 다양한 부록과 유용한 팁을 구상하고 있다.[40]

지금까지 작업을 하면서 가장 힘든 것은 우리말 대응어 찾기와 우리말 풀어쓰기였다. 또한 가장 적합한 용어 골라쓰기였다. 뿐만 아니라 작업의 통일성을 위해 만든 규칙에 맞게 실제 작업이 진행

39) 물론 2015년에도 종이사전이 출간되었다. 본고의 집필 목적과 관계가 없을 뿐만 아니라 집필과정과 출판과정의 공평성과 도덕성 문제로 여기서는 논외로 한다.

40) 기존 사전에서 수정증보판이 나왔음에도 불구하고 고쳐지지 않는 것들도 모두 찾아내어 수정하였다.

되는가를 확인하고 점검하는 일이 가장 중요하고 절실했다.[41] 그리고 이 작업을 유의미하게 여기며 신이 나서 할 수 있는 참여자를 찾는 것이 무엇보다 어려웠다.

사전이라는 것은 종합예술과 같은 성격을 지닌 작업인 것 같다. 언어학적 지식과 문화인류학적 지식, 그리고 뛰어난 모국어 실력과 감수성까지, 여기에 체계적이고 과학적인 시스템과 공정 없이는 절대 이룰 수 없는 총체적인 종합예술임에 틀림없다.

인간의 역사는 기록의 역사이다. 지금 세대들에게 그리고 후학들에게 물려줄 좋은 것들과 나쁜 것들, 이 모두가 소중하고 필요한 자료인 것이다. 또한 21세기는 언어구사 능력이 국가의 경쟁력이고, 그 경쟁력 제고를 위해서는 외국어 분야의 제도적이고 체계적인 국가적 지원과 비전이 필요하다. 여기에 역시 사전에 실릴 용례와 석의들도 정태적인 것들뿐만 아니라 실생활에서 직접 생산하고 응용할 수 있는 동태적인 것들도 함께 실려야 한다. 많은 연구자들의 아낌없는 격려와 적극적인 동참을 기대해 본다. 아울러 중한사전 편찬의 새로운 모색과 대안 제시를 위한 지금까지의 『다락원 중한사전』의 작업 흐름도를 도표로 제시해 본다.

41) 이 결과, 결국 자신의 성격과 맞지 않는 수많은 참여자들이 이 작업을 시작했다가 중도에 포기하는 경우가 속출하게 되었다.

기존 사전에 대한 문제점과 필요성 제기

↓

각종 사전 정보 수집 및 검토

↓

수집된 자료의 타당성과 객관성 검토

↓

해당 사전의 집필 편람 작성 기준안 작성

↓

폭넓은 의견 수렴과 개방성 유지

↓

다수에 의한 객관적인 기준안 의결 및 신중한 대응어 작업 견지

↓

실용성과 규칙성, 정확성을 중심으로 교열 작접과 교정 작업 실시

↓

가독성과 유용성을 위한 조판 작업 진행

↓

절대 다수에 의한 검증 과정 진행 후 출판

〈參考 文獻〉

■ 논저류

金鉉哲·李彰浩, 「사전에서의 이체자 처리 형식에 대한 분석－『現代漢語規範詞典』과 『現代漢語詞典』을 대상으로」, 『中國語文學論集』 44, 2007.

金鉉哲, 「關於韓國的漢語教學現狀與發展」, 『中國語文學論集』 53, 2008.

金鉉哲·趙恩瓊, 「중국학계의 중국어 기본어휘 선정 현황과 활용방안 연구」, 『中國語文學論集』 60, 2010.

金鉉哲 외, 『중한사전의 사전학적 연구』, 서울: 지식과 교양, 2012.

金鉉哲 외, 『세계의 언어사전』, 서울: 한국문화사, 2016.

朴永鍾, 「한어코퍼스를 활용한 중한사전의 개선」, 『中國語文學論集』 53, 2008.

박재연, 「『中朝大辭典』 편찬에 대하여－필사본 번역고소설 활용을 중심으로」, 『한국 사전학』 1, 2003.

박재연, 『中朝大辭典』 1~9, 선문대학교 중한번역문헌연구소, 2002.

송인성, 「中韓 辭典의 몇 가지 問題點과 改善 方案」, 『中國學報』 40, 1999.

申芝言, 「사전을 통해 살펴보는 중국어 규범화」, 『中國語文學論集』 50, 2008.

梁伍鎭, 「朝鮮時代 多重言語辭典類에 대하여」, 『中國語文論叢』 29, 2005.

鄭憲哲, 「우리 中國語 辭典의 回顧와 展望」, 『中國語文論叢』 10, 1995.

하트만 편(1983), 『Lexicography : Principles and Practice』, 서태길 외 역, 『사전편찬의 원리와 실제』, 서울: 제이엔씨, 2008.

황은하, 「한·중 사전 비교 연구」, 『한국 사전학』 7, 2006.

■ 사전류

강식진 외 공편, 『進明 中韓辭典』, 서울: 진명출판사, 2001.

고려대 민족문화연구원 편, 『中韓辭典』, 서울: 고려대 민족문화연구원, 1989.

고려대 민족문화연구원 편, 『中韓辭典(전면개정판)』, 서울: 고려대 민족문화연구원, 2002.

고려대 민족문화연구원 편, 『고려대 한국어대사전』, 서울: 고려대 민족문화연구원, 2009.

국립국어원 편, 『표준국어대사전』, www.korean.go.kr, http://stdweb2.korean.go.kr/, 2008.

김현철 외 편, 『허사대사전』, 서울: 성보사, 2001.

김현철 외 편, 『현대한어허사용법사전』, 서울: 성보사, 2004.

박영종 편, 『現代中韓辭典』, 서울: 교학사, 2008.

商務印書館辭書研究中心編, 『商務館學漢語詞典』, 北京: 商務印書館, 2006.

손예철 편저, 『東亞 Prime 中韓辭典』, 서울: 두산동아, 2008.

中國社會科學院語言研究所詞典編輯室編, 『現代漢語詞典』, 北京: 商務印書館, 2016.

[*이 글은 단국대학교 동양학연구원 학술지 『동양학』 71집(2018.4.30)에 수록된 것이다. 이후 동양학연구원 사전학총서 5집 간행의 취지에 부응하여 재수록하였다.]

日本における漢和辞典の歴史と現状

阿辻　哲次

中国を取り巻く東アジアの諸国と同じように、日本も非常に早い時代に中国から漢字と儒教、そして仏教を受け容れて文化を発展させてきた。東アジアにおいてそれぞれの国の基盤を整備する原動力は、古代以来ずっと世界最高の水準を保ちつづけていた中国の文化であり、それを受容する具体的な方法は、漢字で書かれたさまざまな文献を読解することであった。つまりどこの国においても「漢文を読む」という行為がなによりも重要な学問とされ、その漢字を学び、漢文を正確に読むための学習の流れの中で辞書が作られ、使われるようになっていった。

日本人が作った現存最古の漢字字書は空海弘法大師による『篆隷萬象名義』(30巻、830年頃)であり、そこには部首分類によって約15,000の漢字が掲出され、反切による音注と義注が施されている。しかし『篆隷萬象名義』にはいっさい和訓が加えられておらず、それは当時の日本で非常によく使われた梁の顧野王『玉篇』(原本玉篇)の、いわば抄録改編本にすぎない。すなわち『篆隷萬象名義』は日本の字書ではなく、日本人が作った漢籍と考えるべきである。

それに対して、やがて漢字の意味を日本語で解釈した字典が作られた。現在残っている最古のものは、平安時代中期の昌泰年間(891~901)に、南都奈良の僧であった昌注が編纂した『新撰字鏡』である。その完成は892年(寛平4年)とされるが、オリジナルとされる3巻本は残存せず、3巻本をもとに増補した12巻本がほぼ完全な形で残っている。

序文によれば、『新撰字鏡』は仏典に見える語彙の注釈書である玄應『一切經音義』を配列しなおしたものがまず作られ、それを『玉篇』や『切韻』などで増補したという。その完成は昌泰年間(898~901)のことで、収録される漢字は約21000、だいたい部首別に分類されるが、なかには「親族部」というように意味的ジャンルによる分類を施した部分もある。

各見出し字の下には字音と字義に関する記述が漢文で記され、『玉篇』や『切韻』がそのまま引かれることも多い。そこまでは中国の字書での記述方式に従うが、次に見出し字の訓を真仮名(万葉仮名)で書いているところがある。また見出し字の中には日本で作られた「国字」も含まれており、これらの点によって『新撰字鏡』は漢和字典と認定される。

『新撰字鏡』から30年ほどたって、和漢の学識に秀でた源順(911~983)が承平4年(934)ころに編纂した『和名類聚抄』は、ほぼ完全な漢和字典と呼べるものであった。これはその書名からもわかるように、漢籍に見える語彙に対する「和名」つまり日本語での訓を示したものである。語彙は『藝文類聚』や『初學記』など唐代に盛行した類書をモデルとして「天部・地部・水部・歳時部」などのジャンルによって分巻し、領域ごとに関連する漢字を収め、漢籍や仏典などの用例を引き、さらに字音と字義の注釈を漢字で書き加えている。

このように平安時代に作られた初期の「漢和辞典」は、日本人が中国から伝来した文献を理解し、また漢字を使いこなして日本語を表記する際に利用できるようにと編纂したものであった。そしてこれ以後、鎌倉から室町と時代を追って、形式的には若干の変化を伴いながら、江戸時代まで日本人はこのような形式の字典で漢字の形音義を学び、それを通じて文献を読解して、中国の高度な文化を吸収してきた。

しかしここまでに紹介してきた字典は、いずれも私たちにとっての「漢和辞典」のイメージからは大きくかけ離れた形式である。「漢和辞典」と聞いて即座に私たちの脳裏に浮かぶ、部首ごとに漢字を配列する形式ができあがったのは、中国で作られた『康熙字典』が日本でも広く使われるようになってからのことである。

『康熙字典』は、清朝第4代皇帝康熙帝(1654~1722)の勅命で編纂された字典である。武人としての素養に優れただけでなく、学問をも好んだ康熙帝は、即位してから次々と大きな書物の編纂を命じた。『朱子全書』『佩文韻府』『淵鑑類函』などがそれだが、ただ文字学の分野には満足できる字典が存在しなかった。そこで康熙帝は、それまでよく使われていた『字彙』と『正字通』の問題点を是正し、永久に規範となるべき字書を作成せよとの勅命を発した。勅命が下ったのは康熙49年(1710)、それ以後国家事業として『康熙字典』が編纂され、その完成は康熙55年(1716)のことであった。

皇帝の勅命によって編纂された空前の大きな字書であったから、この字書は実際には杜撰な内容だったが(のち王引之によって誤りはすべて正された)、それ以後の中国および東アジア諸国で作られる漢字字典の絶対的な基準となり、明治以降の日本の漢和辞典にもきわめて大きな影響をあたえた。

江戸時代から明治時代にかけては、日本でも漢字の字形や字音、意味を調べる時には必ず『康熙字典』が用いられた。中国での完成からわずか60年ほどしか経っていない江戸中期の安永7(1778)年には早くも日本では和刻本が刊行され、さらに明治20(1887)年には渡部温が約7年をかけて校訂した『訂正康熙字典』が出版されている(1977年に講談社から復刻版が出ている)。

『康熙字典』の影響を受けて作られた日本の漢和辞典の中で、出色の出来といえるものは、明治36年(1903)に出た重野安鐸・三島毅・服部宇之吉監修の『漢和大辭典』で、これは書名に「漢和」という文字を使った最初の辞典である。この辞典は熟語で末字を共有するものを集めて配列する逆引き辞典である。この発想はいうまでもなく漢詩を作る者のために熟語の末字の韻に拠って配列して用例を示した『佩文韻府』から借りたものである。

続いて大正5(1916)年に『詳解漢和大字典』(服部宇之吉・小柳司気太著)が冨山房から刊行され、続いて大正6(1917)年には啓成社から上田万年・岡田正之・飯島忠夫・栄田猛猪・飯田伝一共編の『大字典』が刊行された。東京帝国大学教授であった上田万年(1867~1937)は『大日本國語辭典』を編纂したことで知られる言語学者だが、しかしこの辞典は実質的には上田の学生で、東京帝国大学文科大学助手であった栄田猛猪がほとんど一人で、2年の歳月を費やして完成したものだった。

同書の「凡例」によれば、「文字は康熙字典を準拠としたれども、素より之を取捨選択したる上に、更に通常世間に慣用せる俗字・略字・新製文字等を新聞・雑誌其他諸記録中より捃摭し、普く之を網羅せり」とあり、日本における同時代の漢字・熟語も収めた初めての漢和字典、ということができる。初版での収載字は1万4924字だったが、その後さらに改訂され、親字21094字、熟語約11万語を収めるように大幅に増補された。またこの「字典」には「字源の解釈」が設けられており、その部分は今日の学習漢和字典の先駆けとなった。

この辞書はベストセラーとなり、次から次にと版を重ねた。後述する諸橋轍次『大漢和辭典』や、それ以後の多様な学習用漢和辞典が出るまで、もっともよく使われたのはこの『大字典』であった。

ところで漢字の本家である中国でも、中華民国となってから文化面で続々と大きな変化がおこり、字書でも『康煕字典』が唯我独尊的な地位を失って、次々に新しい字書が作られるようになった。

そのひとつに民国4年(1915)に上海商務印書館から刊行された『學生字典』がある。これは新時代の学問を学ぶ学生に適応するようコンパクトなサイズで出版された「漢漢字典」であったが、これを日本で松枝茂夫が編訳し、昭和15年(1940)に文求堂田中慶太郎が反切・詩韻・説文部首順位を加えて『支那文を讀む爲の漢字典』として刊行した(のち山本書店刊)。これは文語用の字典で、約8,000字を収める656ページ新書判の小型辞書だが、普通の漢和辞典には収められていない俗字や略字、古字の類を収め、また字義面では日本独自の「国訓」を載せず、中国の古典文に使われている意味のみを解説しており、「国語辞典」としては使えないという意味で、 真の漢和辞典であると評される。 ハンディであることも手伝って、 特に中国古典の研究者を中心に今でも幅広く使われている、たいへん有用な字典である。

昭和35(1960) 年に刊行された諸橋轍次著『大漢和辭典』(大修館書店) は、日本の漢和辞典史に燦然と輝く金字塔である。

明治・大正期に刊行された漢和辞典は一般の人々にとってはそれなりに利用価値のあるものではあった。 しかし中国古典を専門に研究する研究者としては決して満足できる情況ではなかった。

『大漢和辞典』編纂の動機について、諸橋轍次(1883~1982) は次のように語る。

実情から言えば、 我が国従来の漢辞典は幾多の進歩があったとは言え、大体文字語彙の数が少なく、中国の辞典は『康熙字典』・『佩文韻府』等、大量のものはあるが、或るものは文字の解義だけで語彙はなく、 或るものは語彙はあってもその解釈がないという状態である。 これでは学界の要求を充たすわけには行かない。誰かこの缺を補ってくれる人はないものか、若し他にないとすれば、 自分はその器ではないとしても進んでその任に当たってみよう、 これが私の大漢和辞典の編著を企てた直接の動機である(同書序文)。

本体12巻と索引からなる合計13冊(修訂第二版では「語彙索引」1巻が追加、さらに「補巻」1巻が出され、現在では全15巻構成となっている) という世界屈指の規模をもつ大辞書の編纂についての、想像を絶する努力と戦争による苦難については、すでに先人によって語り尽くされているので、 ここでは繰り返さないこととする。いずれにせよこの辞典は、日本人が中国から漢字を導入し、文化を発展させてきた歴史の集大成といっても過言ではない。著者諸橋博士はこの辞典の編纂を主要な功績として、昭和40(1965) 年に文化勲章を受賞し、1982年に99歳で天寿を全うされた。

『大漢和辭典』が刊行された昭和30年代は、戦後ほどなく起こった漢字廃止論が少しは一段落しつつあるころであった。そのころ中等教育における漢文教育は既に復活していたが、気づいてみれば漢和辞典の実態は、当用漢字・新かなづかいの国策には則ったものの、漢文の学習にはほとんど役立たないものか、または旧態依然の大正期漢和辞典をそのまま改訂したもので、これではせっかくの漢文学習復活も、生徒の学習意欲を刺激するものにならないという懸念がいろいろな所から提起されていた。

そこで、高校生から大学生が漢字・漢文を学習するのにより便利なようにとの配慮のもとに編集された漢和辞典が各出版社から次々と刊行された。その流れの中で圧倒的なシェアを獲得したのは、角川書店から刊行された『新字源』であった。小川環樹・西田太一郎・赤塚忠という3人の碩学の編になる『新字源』は、収録字数が約10,000、熟語数が60,000と、現在刊行されている各種辞書から見ればかなり少なく、印刷も単色刷りの地味なものだったが、昭和43(1968) 年の刊行以来、高校・大学生から一般人、ひいては教師や専門家まできわめて広い範囲で多くの読者を獲得し、高い評価を得た。その後平成6(1994) 年に若干の改訂を加え、一回り大きなサイズで刊行され、現在までに累計で570万部が出荷されている。この出荷部数は、このクラスの辞書では他の追随を許さない最大の数字である。

『新字源』の内容については、この大きさの辞書としては考えられないくらい完璧なまでに字義の説明が詳しく網羅されているとか、助字解説が非常に充実しているとか、あるいは熟語欄に載せられる故事や人名・書名の説明が非常に詳しい、などの点が漢文関係の専門家や教師から多く寄せられている。1970年代に中国の古典や歴史書、あるいは仏教関係の文献を研究対象とする学生や院生、研究者で『新字源』のお世話にならなかったという人物はきわめて少ないだろう。そしてこの状況を他の出版社が指をくわえて見ているはずはなく、こうして各社が打倒『新字源』を目指して、漢和辞典の刊行にしのぎをけずる時代となった。

最初に『新字源』のライバルとして現れたのは、『大漢和辭典』を刊行している大修館書店が刊行した『漢語林』であった。『大漢和辭典』の編者である諸橋轍次の高弟である鎌田正と米山寅太郎の共著として昭和62(1987) 年に刊行された『漢語林』は親字数14,313、熟語も50,000と『新字源』を超える数を納め、漢文法に関する平易な解説なども盛りこんで、小型ながらも漢文読解の専門書として定評を得た。

続いて学研教育出版から昭和63(1988) 年に『漢字源』が出た。編者は藤堂明保・松本昭・竹田晃・加納喜光で、親字数は17,000、熟語数は88,000。この辞書はそれぞれの漢字の成り立ちの説明に重点をおいており、代表著者の藤堂明保は「単語家族説」(声符が同じなら同じ意味を持ち、共通の意味でくくられるという理論) を提唱した著名な音韻学研究者であった。そんな人物が成り立ちの説明を担当しただけあって、多くは常用漢字だけで終わってしまう解字項目を表外漢字にも及ぼし、それぞれの漢字にかなり細かい説明を施している。ただ漢字の解字に関しては研究者によって説が異なり、学者間の学説のちがいが大きいことにも留意すべきである。またこの辞書はかつての漢和辞典の中で情報化社会に対応した唯一のものといってよく、折から普及しはじめた電子辞書に漢和辞典として搭載された。

そして平成12(2000)年に三省堂から『全訳　漢辞海』が刊行された。戸川芳郎監修、佐藤進・濱口富士雄編で、これが現在の段階では漢文学習第一の必携書としてもっとも多くの人に利用されている「定番」である。親字数は12500、熟語数が80,000というのは普通のサイズだが、二色刷りで、書名に「全訳」と名乗っている通り、例文に訓み下し文と現代語訳がついている。これまでの他の辞書には訓み下し文を載せるものもあったが、漢文に詳しくない者には読み下し文だけでは理解できないと評判が悪かった。それに対してこの辞典には現代語訳まで付記されているので、漢文に詳しくなくとも、漢籍や中国に関心を持つ者の知識を高めることができるようになっている。そこに人気の秘訣がある。さらになおこの辞書は、紙媒体と別にスマートホン上で使える電子辞典アプリケーションが発売されていて、手のひらにのる電話機の上で、紙媒体の辞書とまったく同じ内容を電子辞書独自の機能で自由に検索できるし、さらに手書き文字認識による手書き入力が可能なので、これを使えば、読み方がわからない漢字も簡単に調べることができる。

以上が漢和辞典をめぐる基本的な状況だが、つい先日、今年(平成29年、2017) 10月末に、かつて一世を風靡した『新字源』がリニューアルされ、改訂新版が刊行された。

パソコンやスマホの普及によって、 覚えにくく書きにくい文字だった漢字に対する人々の意識がかわり、 今では驚くべき数の人がごく気軽に、漢字かなまじり文の日本語を書くようになった。 こうして漢字使用者が爆発的に増加する際に要求されるのが、漢字の意味や使い方に対する一層正確な理解である。漢和辞典の名著との声望の高い『新字源』が、現代に姿を新たに登場する意義にはまことに大きいものがあると評価されるが、報告者はこの改訂に際しての代表編者なので、 内容に関する評価は差し控え、今回の改訂では、この数十年のあいだの情報社会の進展に完全に対応するようにこころがけことだけを附言する。

専門家が使うための大きな漢和辞典はもちろんこれからも必要で、『大漢和辭典』も数年前に引用文や出典の誤植などを訂正した修訂版が大修館書店から刊行された。さらにまた「一冊本の『大漢和』」を目指した中規模の辞典も何種類か刊行されている。既成の漢和辞典に対しても、今後たえず改変が施され、たとえば日本漢文の語例の充実とか、 最新の考古学的発見による古代文字による知見の充実というような努力が要求されるだろう。

しかしこれからのより一般的な漢和辞典としては、 漢字という息の長い文字がこれからの時代にどのようにあり続けるか、その「在りかた」に対応して存在するべきであろう。中国や日本の古典での用例ももちろん情報として必要である。 しかし一般社会で使われる漢和辞典であるならば、 それぞれの漢字が内包する各種の情報を可能な限り提供するためのものでなければならない。

一方パソコンやスマホの著しい普及によって、 漢字は今では機械で簡単に書ける文字となった。 時代はまさにコンピュータ万能時代である。このドラスティックな変化に応じて、漢字も、旧字体を含めた字体や部首は、 漢字コードの国際標準化に従って統一されていく方向が進んでおり、 この側からの統一が大いに期待できる。 この面でも漢和辞典は大きな貢献を果たすべきであろう。

[*이 글은 단국대학교 동양학연구원 주최, 제8회 동양학연구원 사전학 국제학술회의 “디지털시대 동아시아 한자사전 활용 방안 모색”(2017.11.10.)에서 발표하였던 것이다.]

日本 漢和辭典의 歷史와 現狀

阿辻 哲次(아쓰지 데쓰지)

중국을 둘러싼 동아시아 여러 국가들과 마찬가지로 일본 역시 매우 이른 시기에 중국으로부터 한자와 유교, 그리고 불교를 받아들이며 문화를 발전시켰다. 동아시아 각 국가가 그 기반을 정비한 원동력은 고대 이래 세계 최고의 수준을 保持해 온 중국문화였으며 그것을 수용하는 구체적 방법은 한자로 쓰인 갖가지 문헌을 해독하는 것이었다. 즉, 동아시아 어느 나라든 '한자를 읽는' 행위가 무엇보다 중요한 학문행위였는데, 그 한자를 배우고 한문을 정확하게 읽기 위한 학습 행위의 흐름 속에서 사전이 만들어지고 사용되게 되었다.

일본인이 만든 현존 최고의 한자사전은 구카이(空海) 弘法大師가 펴낸『篆隷萬象名義』(30卷, 830年頃)이다. 여기에는 부수 분류에 따라 약 15,000개의 한자가 수록되었고 反切에 의한 音注와 義注가 딸려 있다. 하지만『篆隷萬象名義』에는 일본어 뜻이 전혀 실려 있지 않아 당시 일본에서 매우 널리 사용된 梁나라 顧野王『玉篇』(원본 옥편)의, 말하자면 抄錄改編本에 지나지 않는 것이었다. 즉,『篆隷萬象名義』는 일본의 사전이 아니라 일본인이 만든 漢籍이라 해야 할 것이다.

그러다 드디어 한자의 의미를 일본어로 해석한 자전이 만들어졌다. 현재 남아 있는 가장 오래된 자전은 헤이안시대(平安時代) 중기 昌泰年間(891~901)에, 南都 나라(奈良)의 승려였던 昌注가 편찬한 『新撰字鏡』이다. 그 완성은 892년(寛平4年)이라고 하나 현재 원본으로 생각되는 3권본은 남아 있지 않고, 3권본을 증보한 12권본이 거의 완전한 형태로 남아 있다.

序文에 의하면 『新撰字鏡』은 먼저 佛典에 보이는 어휘 주석서인 玄應의 『一切經音義』을 재배열하고, 그것을 『玉篇』이나 『切韻』 등에 의해 증보했다고 한다. 완성은 昌泰 年間(898~901), 수록 한자 약 21,000자, 대부분 부수별로 분류하였으나 그 중에는 「親族部」처럼 뜻에 따른 장르별 분류를 시도한 곳도 있다.

각 표제어 밑에는 字音과 字義에 관한 기술이 한문으로 되어 있고, 『玉篇』이나 『切韻』이 그대로 인용되어 있는 것도 많다. 여기까지는 중국 사전의 기술 방식을 그대로 따른 것이지만 그 중에는 표제어의 訓을 萬葉仮名로 쓴 곳이 있다. 또 표제어 중에는 일본에서 만든 '國字'도 포함되어 있는데, 이러한 점 등에 의해 『新選字境』은 漢和字典으로 인정받는다.

『新選字境』으로부터 30년 정도 지나 한문과 일본학에 학식이 뛰어난 源順(미나모토노 시타고, 911~938)가 934(承平4)년 경에 편찬한 『和名類聚抄』는 거의 완전한 한화사전이라 부를만한 것이었다. 이 책은 서명에서도 알 수 있듯이, 한적에 쓰인 어휘에 대해 '和名', 즉 일본어로 훈을 보여 준 것이다. 어휘는 『藝文類聚』나 『初學記』 등 唐代에 성행한 類書를 모델로 하여 '天部·地部·水部·歲時部' 등의 장르로 분류하고 영역별로 관련 한자를 싣고 한적이나 불전 등에 나오는 용례를 인용했으며, 거기에 덧붙여 字音과 字義의 주석을 한자로 적어 넣었다.

이처럼 헤이안시대 만들어진 초기 '한화사전'은 일본인이 중국에서 전래된 문헌을 이해하고 또 한자를 구사하여 일본어를 표기할 때 이용할 수 있도록 편찬한 것이었다. 그리고 그 후 가마쿠라(鎌倉)에서 무로마치시대(室町時代)를 지나며 형식적으로는 약간의 변화를 주면서도 에도시대까지 일본인은 이 같은 형식의 字典으로 한자의 형태와 음과 뜻을 배우고 그것을 통해 문헌을 독해하며 고도로 발달한 중국의 문화를 흡수해 왔다.

그러나 여기까지 소개한 자전의 형태는 모두가 우리들이 생각하는 '漢和辭典'과는 거리가 멀다. 우리가 '한화사전'이라고 할 때 우리가 떠올리는, 부수별로 한자를 배열하는 형식이 완성된 것은 중국에서 만들어진 『康熙字典』이 일본에서도 널리 사용되고 난 이후의 일이다.

『康熙字典』은 清朝 제4대 황제인 姜熙帝의 칙명으로 편찬된 字典이다. 武人으로서의 소양이 뛰어났을 뿐 아니라 학문도 즐겨한 강희제는 즉위 후 차례로 대형 서적의 출판을 명했다. 『朱子全書』, 『佩文韻府』, 『淵鑑類函』 등이 그 예인데, 단 文子學 분야에 만족할 만한 자전이 존재하지 않았다. 이에 강희제는 그때까지 널리 쓰이던 『字彙』와 『正字通』의 문제점을 시정하고 영구적 규범이 될 만한 사전을 만들라는 칙명을 내린다. 칙명이 내린 것은 康熙 49(1710)년. 이후 국가사업으로 『강희자전』이 편찬되고 완성을 본 것이 강희 55(1716)년의 일이다.

황제의 칙명에 의해 편찬된 공전의 대형 사전이라, 이 사전은 실제 내용상 틀린 곳이 많았으나(후에 王引之에 의해 모든 오류가 수정됨), 이는 이후의 중국 내지 동아시아 제국에서 만들어진 한자자전의 절대 기준이 되었으며 메이지(明治) 이후의 일본 한화사전에도 심대한 영향을 미쳤다.

에도시대에서 메이지시대까지는 일본에서도 한자의 字形이나 字音, 의미를 조사할 때 반드시 『康熙字典』을 이용했다. 중국에서 완성된 지 60년 정도밖에 지나지 않은 에도 중기 1778(安永7)년에는 일본에서도 和刻本이 간행되었고, 또 1887(明治20)년에는 와타나베 온(渡部温)이 약 7년에 걸친 교정 작업 끝에 『訂正康熙字典』을 출간하였다(1977년에 講談社에서 복각판이 나왔다).

『康熙字典』의 영향으로 만들어진 일본의 漢和辞典 중에서 걸출한 완성도를 보인 것은 1903(明治36)년에 나온 시게노 야스쓰구·미시마 다케시·핫토리 우노키치(重野安鐸·三島毅·服部宇之吉)가 감수한 『漢和大辭典』이다. 이 책은 서명에 '漢和'라는 문자를 사용한 최초의 사전이다. 이 사전은 숙어로 語末을 공유하는 것을 모아 배열하는 역순 사전이었다. 이러한 발상은 말할 것도 없이 한시를 짓는 이들을 위해 숙어의 語末 韻에 따라 배열한 『佩文韻府』의 예를 차용한 것이다.

계속해서 1916(大正5)년에는 『詳解漢和大字典』(服部宇之吉·小柳司気太 著)이 冨山房에서 간행되었고, 이어서 1917년에는 啓成社에서 우에다 가즈토시·오카다 마사유키·이이지마 다다오·사카에다 다케이·이이다 덴이치(上田万年·岡田正之·飯島忠夫·栄田猛猪·飯田伝一)가 共編한 『大字典』이 간행되었다. 東京帝国大学 교수였던 우에다 가즈토시(上田万年, 1867~1937)는 『大日本國語辭典』을 편찬한 것으로 알려진 언어학자였는데, 하지만 이 사전은 실질적으로 그의 학생이자 동경제국대학 문과대학 조수였던 사카에다 다케이(栄田猛猪)가 2년 여의 세월을 들여 거의 혼자 완성한 것이었다.

이 사전의 「凡例」를 보면 "문자는 『康熙字典』을 준거로 하였으나 당연히 취사선택의 과정을 거치고 거기에 통상 세간에서 관용적으로 사용하는 俗字 · 略字 · 新製文字 등을 신문, 잡지, 기타 기록에서 뽑아 망라하였다"라고 되어 있다. 『大字典』은 일본에서 동시대에 사용되던 한자와 숙어를 게재한 최초의 한화사전이라 할 수 있다. 초판에 수록된 글자는 1만 4,924자였는데, 그 후 대폭 증보되어 표제어 21,094字, 熟語 약 11万語를 수록하게 되었다. 또한 이 '字典'에는 「字源의 해석」이 함께 실렸는데 이 부분은 오늘날 학습 한화사전의 선구가 되었다.

이 사전은 베스트셀러가 되어 계속해서 중판을 거듭했다. 후술할 모로하시 데쓰지(諸橋轍次)의 『大漢和辞典』이나 그 후 다양한 학습 한화사전이 나오기까지 가장 많이 사용된 것은 이 『大字典』이었다.

한편, 한자의 본가인 중국에서도 中華民國 건국 후 문화면에서 커다란 변화가 끊이지 않았는데 사전에서도 『康熙字典』이 유아독존적 지위를 잃고 연이어 새로운 사전이 만들어졌다.

그 하나로 1915년에 上海商務印書館에서 간행된 『學生字典』이 있다. 이 사전은 신시대의 학문을 배우는 학생들을 위해 콤팩트 사이즈로 출판된 '漢漢字典'이었는데, 일본에서는 마쓰에다 시게오(松枝茂夫)가 이를 편역하고 1940(昭和15)년에 文求堂의 다나카 게이타로(田中慶太郎)가 反切 · 詩韻 · 説文部首 順位를 덧붙여 『支那文을 읽기 위한 漢字典』으로 간행했다(후에 山本書店 간행). 이것은 文語用 자전으로 약 8,000字를 수록한 656페이지의 新書判 소형 사전이었는데, 보통의 한화사전에는 수록되지 않은 俗字·略字·古字 종류를 수록했다. 또한 字義면에서는 일본에서만 쓰이는 '國訓'을 싣지 않고 중국 古文典에 사용되는 의미만을 해설해 놓아 '국어사전'으로서는 사용할 수 없다는 의미에서 '진정한 한화사전'이라는 평가를 받는다. 휴대용이라는 점도 한몫하여 특히 중국 고전 연구자들을 중심으로 지금도 널리 사용되고 있는 매우 유용한 자전이다.

1960(昭和35)년에 간행된 모로하시 데쓰지의 『大漢和辭典』(大修館書店)은, 일본 한화사전사에 찬연히 빛나는 금자탑이다. 明治·大正期에 간행된 한화사전은 일반 사람들에게는 나름의 이용가치가 있는 것이었지만 중국 고전을 전문으로 연구한 연구자로서는 결코 만족할만한 정황은 아니었다.

『大漢和辭典』의 편찬 동기에 대해 모로하시 데쓰지(1883~1982)는 다음과 같이 말한 바 있다.

> 사정을 말하자면 종래의 우리나라 한자사전은 많은 진전이 있었다고는 하나 대체로 문자의 어휘 수가 적고, 중국 사전은 『康熙字典』『佩文韻府』 등 대형 사전은 있지만 어느 것은 문자 解義만 있고 어휘가 없고, 어느 것은 어휘는 있으나 그 해석이 없는 실정이다. 이래서는 학계의 요구를 충족시킬 리 없다. 누군가 이 결함을 채워 줄 사람은 없는가, 만약 달리 사람이 없다면 비록 그릇은 못될지언정 내가 나서서 그 임무를 맡아 보자, 이것이 내가 대한화사전의 편저를 기획한 직접적인 동기였다(同書 序文).

본체 12권과 색인으로 구성된 합계 13책(수정 제2판에서는 「어휘 색인」 1권이 추가, 여기에 「增卷』 1권이 추가되어 현재는 전15권 구성으로 되어 있다)이라는 세계 굴지의 규모를 가진 대사전의 편찬에 대해 그 상상을 초월하는 노력과 전쟁, 고난에 대해서는 이미 많은 선인들에 의해 언급되었으므로 여기서는 되풀이하지 않기로 한다. 어찌되었든 이 사전은 일본인이 중국에서 한자를 도입하고 문화를 발전해 온 역사의 집대성이라고 해도 과언이 아니다. 저자 모로하시 박사는 이 사전의 편찬을 주요 공적으로 1965(昭和40)년에 文化勳章을 수상하고 1982년에 99세로 천수를 마감했다.

『大漢和辭典』이 간행된 昭和 30년대에는 戰後에 일어난 한자 폐지론이 조금은 일단락되어 가던 때였다. 이 무렵 중등 교육의 한자 교육은 이미 부활되어 있었으나 한화사전의 실태는 當用漢字 및 新가나(仮名) 철자법의 국책에 따른 것이긴 하지만 한자 학습에는 거의 도움이 되지 않거나 구태의연한 大正期 한화사전을 그대로 개정해서 쓴 것이었다. 이래서는 애써 부활한 한문 학습도 학생들의 학습 의욕을 자극하지 못한다는 우려가 각 방면에서 제기되고 있었다.

이때 고등학생에서 대학생까지가 한자·한문을 보다 편리하게 학습할 수 있도록 한다는 취지로 편집된 한화사전이 각 출판사에서 속속 간행되었다. 그 흐름 속에서 압도적인 점유율을 획득한 것이 바로 가도가와서점(角川書店)에서 간행된 『新字源』이었다. 고가와 다마키·니시다 다이치로·아마쓰카 기요시(小川環樹·西田太一郎·赤塚忠) 3명의 석학이 펴낸 『新字源』은 수록 字數가 약 10,000자, 숙어 수가 60,000이라는, 현재 간행되어 나온 각종 사전에 비해 꽤 적은 수의 표제어와 인쇄도 단색 인쇄로 수수했지만, 1968(昭和43)년 간행 이래 고교생, 대학생, 일반인, 교사나 전문가에 이르기까지 매우 넓은 범위의 수많은 독자를 획득하며 높은 평가를 얻었다. 그 후 이 사전은 1994(平成6)년에 약간의 개정을 가하여 한 단계 큰 사이즈로 나와 현재까지 누계 570만 부수가 출하되었다. 이 출하 부수는 같은 클래스의 사전에서는 추종을 불허하는 수치이다.

『新字源』에 대해서는 이 정도 크기의 사전에서는 생각할 수 없을 정도로 완벽한 字義 설명이 자세하게 망라되었다든지, 助字 해설이 굉장히 충실하다든지, 혹은 숙어란에 게재된 故事나 人名, 書名의 해설이 굉장히 상세하다든가 하는 칭찬이 한문 관계 전문가나 교사들로부터 전해져 온다. 1970년대에 중국 고전이나 역사서, 혹은 불교 관계 문헌을 연구 대상으로 하는 학생이나 대학원생, 연구자들 중에 『大字源』의 덕을 보지 않은 사람은 극히 적을 것이다. 그리고 이 상황을 다른 출판사가 손 놓고 지켜보고만 있을 리 없었으니 이렇게 각 출판사가 타도 『新字源』을 기치로 한화사전 간행에 격전을 벌이는 시대가 도래한 것이다.

『新字源』의 라이벌로 처음 등장한 것은 『大漢和辭典』을 간행한 大修館書店의 『漢語林』이었다. 『大漢和辭典』의 편자 모로하시 데쓰지의 수제자인 가마타 다다시(鎌田正), 요네야마 도라타로(米山寅太郎) 공저로 1987(昭和62)년에 간행된 『漢語林』은 표제 한자 수 14,313, 숙어 50,000자에 이르는 『新字源』을 넘어서는 한자를 싣고, 한문법에 관한 평이한 해설 등을 담아 小型이지만 한문 독해의 전문서로서 정평을 얻었다.

이어서 1988년에 学研教育出版에서 『漢字源』이 나왔다. 편자는 도도 아키야스·마쓰모토 아키라·다케다 아키라·가노 요시미쓰(藤堂明保·松本昭·竹田晃·加納喜光)로, 표제어 수 88,000자. 이

사전은 각 한자의 성립에 대한 설명에 중점을 두었는데 대표 저자인 도도 아키야스는 '單語家族說'(聲符가 같으면 같은 의미를 가지며 공통의 의미로 묶인다는 이론)을 제창한 저명한 음운학 연구자였다. 이런 인물이 字語 성립에 대한 설명을 담당하고 있는 만큼 대부분 상용한자만으로 끝나 버리는 解字 항목을 비상용한자로까지 넓혀 각 한자에 꽤 자세한 설명을 달아 놓았다. 하지만 한자의 자해에 관해서는 연구자에 따라 이설이 존재하고 학자간의 학설에 큰 차이가 있음에 유의해야 한다. 한편 이 사전은 일찍이 나온 한화사전 중에서도 정보화 사회에 대응한 유일한 사전이라 할 만 한데, 당시 보급되기 시작한 전자사전에 이 사전이 한화사전으로 탑재되었다.

그리고 2000(平成12)년에 三省堂에서 『全訳漢辞海』가 간행되었다. 도가와 요시오(戸川芳郎) 監修, 사토 스스무・하마구치 후지오(佐藤進・濱口富士雄)가 펴낸 이 사전이 현재 한문학습자 제일의 지참서로 가장 많은 사람들이 이용하는'기본서'이다. 표제자 수는 12,500자, 숙어 수 80,000인 보통 사이즈의 사전이지만 2색 인쇄에다, 서명에 '全譯'이라고 이름 한 대로 예문에 훈독과 현대어역이 붙어 있다. 이때까지의 사전에서 한문 훈독을 싣는 경우는 있었지만 그것만으로는 한문에 능숙하지 않은 사람이 그것을 이해하기는 쉽지 않았으므로 그다지 평가가 좋지 않았다. 이에 비해 이 사전에는 현대어역까지 달려 있어 한문에 능숙하지 않아도 한적이나 중국에 관심을 가진 사람들의 지식을 높일 수 있게 된 것이다. 거기에 인기의 비결이 있었다. 여기에서 한 발 나아가 이 사전은 종이매체와는 별도로 스마트폰 상에서 사용할 수 있는 전자사전 어플리케이션이 발매되어 손바닥 위의 전화기로 종이 사전과 완전히 똑같은 내용을 전자사전 독자 기능으로 자유롭게 검색할 수 있다. 또 필기 문자 인식기로 입력이 가능해 이를 사용하면 읽을 줄 모르는 한자도 간단히 찾아 볼 수 있다.

이상이 일본 한화사전을 둘러싼 기본 상황이라 할 수 있다. 그런데 바로 얼마 전 2017년 10월 말에 일세를 풍미했던 『新字源』의 리뉴얼 개정판이 간행되었다.

컴퓨터나 스마트폰의 보급으로 외기 어렵고 쓰기 어려운 문자였던 한자에 대해 사람들의 인식이 변했고, 지금은 놀라울 정도로 많은 사람들이 가볍게 한자와 가나를 섞어 일본어를 쓰게 되었다. 이렇게 한자 사용자가 폭발적으로 늘어난 시기에 요구되는 것이 바로 한자의 의미와 사용법에 대한 정확한 이해일 것이다. 한화사전의 명저로 명성 높은 『新字源』이 현대에 새로운 모습으로 등장한 데에는 참으로 큰 의의가 있다. 본 발표자는 이 『新字源』 개정판의 대표 편자라 그 내용에 대한 평가는 잠시 미루어 두고, 이번 개정판이 요 십수년 동안 일어난 정보사회의 진전에 완전하게 대응할 수 있도록 했다는 점만은 부언해 두고 싶다.

전문가를 위한 커다란 한화사전은 물론 앞으로도 필요하고, 『大漢和辭典』도 수년 전에 인용문이나 출전의 오타를 개정한 수정판이 大修館書店에서 간행되었다. 또 1책본 『大漢和』를 목표로 한 중급 규모의 사전도 몇 종류 나와 있다. 기성의 한화사전도 이후 끊임없는 개변이 일어날 것인데, 예를 들자면 일본 漢文語例의 충실, 최신 고고학적 발굴에 따른 고대 문자의 충실과 같은 노력이 요구될 것이다.

그러나 이후 보다 일반적인 한화사전은 漢字라는 호흡이 긴 문자가 다가오는 시대에 어떻게 지속될 수 있을 것인가, 그 '존재 방식'에 대응해야만 할 것이다. 중국이나 일본의 고전 용례도 물론 정보로서 필요하다. 하지만 일반 사회에서 사용되는 한화사전이라면 각각의 한자가 내포하고 있는 각종의 정보를 가능한 한 많이 제공할 수 있는 것이어야만 한다.

한편, 컴퓨터나 스마트폰의 현저한 보급에 의해 지금의 한자는 기계로 간단히 쓸 수 있는 문자가 되었다. 시대는 바야흐로 컴퓨터 만능시대이다. 이 급격한 변화에 대응해 한자 역시 舊字體를 포함한 字體나 部首가 한자 코드의 국제기준화에 맞추어 통일되는 방향으로 진전되고 있고 또 이러한 식의 통일이 크게 기대 된다. 이 방면에서도 한화사전은 크게 공헌할 것이다.

[번역: 김난주(단국대)]

HÀN ZÌ and HÀN ZÌ Dictionary Compilation in Vietnam: Current Situations and Prospects

Nguyen Van Khang

Ⅰ. Introduction

Hànzì (Han script) was not only one of the official written characters of the Vietnamese language, but also the basis for the formation of Nom script (a type of Vietnamese people's typography). Hànzì not only functioned as a written form but also brought Chinese civilization, culture into Vietnam. Thus, it can be said that Hànzì played an important role not only in development of Vietnamese language, but also contributes to the integration of Vietnamese culture into Eastern culture in general and Chinese one in particular.

With such an importance, Vietnamese people learn, use,

study Sino language and to serve these tasks, a Hànzì dictionary is an indispensable tool.

This article presents some essential issues about current situation and prospects of Hànzì as well as Hànzì dictionary compilation in Vietnam.

II. Current Situations of Hànzì and Hànzì Dictionary Compilation in Vietnam

1. Current situations of Hànzì in Vietnam

(1) *There are two questions that have not been properly answered about Hànzì in Vietnam so far:*

Question 1 : "How long has Hànzì been officially used in Vietnam?". At present, there are at least two views:

+ The first states that Hànzì came into Vietnam around the end of the third century BC.

+ The second states that Hànzì came into Vietnam between 208-179 BC.

Question 2 : "Before Hànzì, had Vietnamese language got other scripts yet?". There have also been at least two views:

+ The first points out that before Hànzì, ancient Vietnamese people had had their own script writing or primal form of a script, which was kēdǒu script (蝌蚪) "the characters were shaped like tadpoles".
+ The second shows that Hànzì was the first written form of Vietnamese language.

Our presentation on the above two questions is to emphasize that Hànzì once played a role of an official form of Vietnamese language, which has dated thousands of years.

As mentioned above, Hànzì also played an important role in forming the Nom script.

Nom script(字 喃, 茡 喃, 芓 喃, 𡨸 喃, 佇 喃, 宁 喃) was the official form of writing which was created by Vietnamese people, originated from the beginning of Curent Era and flourished in the fifteenth and nineteenth centuries. Vietnamese people used Hànzì and Hànzì radical sets (bù shǒu) to create Nom script. In Nom characters, it is clearly seen that there are both Nom characters which were actually Sino ones and Nom characters which were built on the basis of Sino ones. It is noticeable that quite a large number of Hànzì characters were borrowed to be used as Nom ones, but they are pronounced differently(compared to Sino-Vietnamese sounds) and their meanings are also different, specifically:

- Those which were completely in Hànzì, with meanings from Sino language, with pronunciation from Sino-Vietnamese. For example: 婆 "grandmother", 翁 "grandfather", 順利 "favorably".
- Those which were completely in Hànzì, with meanings from Sino language, with pronunciation from ancient Sino-Vietnamese. For example: 飛 (fly), 房 (room), 務 (season).
- Those which were completely in Hànzì, with meanings from Sino language, with pronunciation from Vietnamese language. For example: 几 (chair), 巾(towel), 家 (house), 添 (add).
- Those which were completely in Hànzì, with pronunciation from Vietnamese language, with Vietnamese meanings (different from their meanings in Sino language):
  + taking advantage of the Sino-Vietnamese and Vietnamese homophones. For example: 卒 (*good as opposite of bad*), 骨 (animal bones-bones), 戈 (yesterday-over).
  + taking advantage of the Sino-Vietnamese and Vietnamese near-homophones. For example: 這 (*gió (wind)* [storm] is a near-homophone of *giá (price)*), 舉 (*cửa (door)* is a near-homophone of *cử (elect)*), "night"店 (*đêm (night)* is a near-homophone of *điếm (watch point)*).

– Those which were completely in Hànzì, with Sino language's meanings, with pronunciation from ancient Sino-Vietnamese. For example: 斧 (*hammer,* its pronunciation in Sino-Vietnamese is *phủ (fǔ)*); 膠 (*keo (glue)* its pronunciation in Sino-Vietnamese is *giao (jiāo)*).

– Those which were created on the basis of Hànzì or its radical sets (bù shǒu). For example: (6), 熀 (smoke), 朦 (moon).

As a generalized view, Vietnamese typography can be divided into three phases with three different types of writing:

– Hànzì : From before Christ to earlier than the tenth century, Han ideograms were used in the same way as Mandarin language in China. From the tenth century, Vietnam was an independent nation, accordingly, Hànzì characters were used by Vietnamese people in a "Vietized" way, and had a different development path away from Mandarin language in China (signified in Hànzì characters with Sino-Viet pronunciation and a development of meanings)

– Nom script survived alongside with Sino one, flourished around the thirteenth-fifteenth centuries and prolonged up to the nineteenth century. Nom script was mainly used to compose literary works, in which "the Tale of Kieu" by Nguyen Du was among the most prominent ones which were written in Nom script(傳翹 : the original name was

斷腸新聲 “A New Lament for a Broken Heart”(Doan truong tan thanh”). This work has been translated into more than 20 languages in the world and the author Nguyen Du was honored as “Great Man of Culture” by UNESCO in 1965.

Below is one of the verses in the Tale of Kieu written in Nom script:

<table>
<tr><th>Nom script</th><th>𤾓</th><th>𢆥</th><th>𥪞</th><th>𡎝</th><th>𠊛</th><th>嗟</th></tr>
<tr><td rowspan="2">In Chinese</td><td>百</td><td>年</td><td>中</td><td>尘世</td><td colspan="2">人
类</td></tr>
<tr><td colspan="6">人类在 百年寿 那段时间的 生活</td></tr>
<tr><td rowspan="2">In English</td><td>hundred</td><td>year</td><td>in</td><td>the realm</td><td colspan="2">human</td></tr>
<tr><td colspan="6">As evidenced by centuries of human existence</td></tr>
<tr><td>In modern Vietnamese (Quoc ngu script)</td><td colspan="6">Trăm năm trong cõi người ta</td></tr>
</table>

<table>
<tr><th>Nom script</th><th>𡦂</th><th>才</th><th>𡦂</th><th>命</th><th>靠</th><th>羅</th><th>恄</th><th>饒</th></tr>
<tr><td rowspan="2">In Chinese</td><td>字</td><td>才</td><td>字</td><td>命</td><td>恰巧</td><td>是</td><td>恨</td><td>相互</td></tr>
<tr><td colspan="7">才 和命（才能与运命） 这两个字 互相冲突</td><td></td></tr>
<tr><td>In English</td><td>script/
word</td><td>clever</td><td>是cript
/ word</td><td>destiny</td><td>true
that</td><td>is/are</td><td>hate</td><td>each
other</td></tr>
<tr><td></td><td colspan="8">Destiny and genius are apt to feud</td></tr>
<tr><td>In modern Vietnamese (Quoc ngu script)</td><td colspan="8">Chữ tài chữ mệnh khéo là ghét nhau</td></tr>
</table>

Nom script	𢈱	戈	沒	局	𣷭	桄
In Chinese	经历	过	一	阵	海	桑
	经历一阵沧海桑田 的生活					
In English	experience		one	time/the	sea	strawberry
	Having endured an upheaval					
In modern Vietnamese (Quoc ngu script)	Trải qua một cuộc bể dâu					

Nom script	仍	調	龜	𧡊	罵	疠	疸	悉
In Chinese	一些	事	见	到	而	疼	痛	心
	为所遇到的事情而感到心疼							
In English	some	events	see		so	pained		heart
	The sights observed must wrench one's heart							
In modern Vietnamese (Quoc ngu script)	Những điều trông thấy mà đau đớn lòng							

— Quoc ngu (the National language) script was built on the basis of Latin alphabet and was formed around the beginning of the seventeenth century. At present, Vietnamese is the national language and the national language script is the only official script of Vietnamese language.

It should be added that the above timeline is only considered approximate, as there were interferences between the phases.

(2) *Although Hànzì has gone to the "past", it can not be*

denied that its imprint is still very deep in Vietnamese language-culture:

As an official script of the state for thousands of years, Hànzì was used to record the court affairs, in administrative documents, in composing poems, in education, in court examinations. Even in the periods of Nom or of parallel existence with Nom, Hànzì was still widely used. Thus, in Vietnam today, there is a huge quantity of works in Sino and Nom scripts, which have had and will have to be "decoded" (translated into Vietnamese) to be accessible to those who do not know Sino and Nom scripts.

With such a long history, Sino and Nom scripts have become a testament to the history of Sino-Vietnamese bilingual-cultural contact, Hànzì characters appear everywhere from the city to the countryside, in pagodas, temples; on altars of ancestors; on gravestones. Vietnamese people regard Hànzì characters with great respect, even "divinize" them, consider them "the words of sages"; see them as a part of spiritual culture. So, now, when building new pagodas, communal house, clan ancestral houses, new houses, a lot of people still prefer to use Hànzì characters on the horizontal lacquered board and parallel sentences. Vietnamese traditional culture of "collecting calligraphic characters", especially during traditional Vietnamese New Year days, is still in vogue: a lot of

Vietnamese people are collecting such calligraphic characters of the words: *happiness, wealth, peace, patience, progress,*… not in Quoc Ngu script (the national language script), but in Hànzì. Those who collect these characters put faith in the givers (because they do not know Hànzì at all) and honor, take good care of those Hànzì characters that they have collected. Sorcerers write ritual petitions in Hànzì characters; fortune tellers make their divinations in Hànzì characters, etc.

(3) *Han-Vietnamese bilingual-cultural contact has left a large number of Han words in Vietnamese language.*

As far as the history goes, there are four types of words borrowed from Han in Vietnamese: ancient Sino-Vietnamese words, Sino-Vietnamese words, "Vietized" Sino-Vietnamese words, Sino-Vietnamese words pronounced in Han dialect's way. Among those words, a majority is Sino-Vietnamese because they have a system of specific reading ways which are called Sino-Vietnamese reading ways. With such many variants of reading ways, a Han word can become several Vietnamese words which are synonymous to each other. For example: *mộ, mồ, mả (tomb/grave)* are lexical variants of the same Han word which is墓but their nuances of meaning are different.

biên (border), bên (side), ven (edge), viền (rim) are lexical variants of the same Han word边and they have become synonyms.

chính, chánh (main) are lexical variants of the same Han word 政/正and they have become synonyms.

However, it is worth noting that since the beginning of national language, the words borrowed from Han have been replaced by words in the national language script. This can be considered a high unification of the Vietnamese script, but it leads to fairly big problems. For example, as a known fact, there is a very widespread phenomenon of different-character-homophones and near-character-homophones in Han-Chinese. When used in Vietnamese, the words borrowed from Han were not written in Hànzì so it is difficult to identify the homonyms. Different Han words have become homonyms in Vietnamese with only one way of writing in the national language script. For example:

While written and read the same in the national script, *kỷ* can be realized in many different Han ideograms: 几 纪己.

While written and read the same in the national script, *liên* can be realized in many different Han ideograms: 连 联 莲 怜 链.

(4) *Because of the aboved-mentioned situation related to Hànzì, in Vietnam, debates are always occurring about the use of Hànzì.*

Typically there are two debates which remain open in terms of resolutions as follows:

First, should Hànzì be taught to school and university students? There are two flows of views on this:

+ The first flow of views focuses on the claim that there is no need to teach Hànzì. The reason is: Vietnamese script does not use Hànzì at all; If Hànzì was taught, it would add another burden to students (because now school students are in knowledge "overload" state).

+ The second flow of views asserts that Hànzì should be taught to students. The reason is: there is a large number of Sino-Vietnamese words in Vietnamese language. Therefore, it is necessary to teach Hànzì for the students to better understand and master Vietnamese language.

If Hànzì was to be taught, then how many which characters should be taught? This question was also posed but it has received no concrete answer so far.

Second, the Buddhist Association of Vietnam recently has implemented a program of surveying and studying the orientation of Buddhist culture in Vietnam. Buddhist language was one of the contents that should have orientation. Regarding the issues of Buddhist language, one was put forward: In the newly constructed pagodas, should their horizontal lacquered board and parallel sentences be written in Han, Nom or Vietnamese script? For the existing pagodas, should their horizontal lacquered board and parallel sentences which were written in Han or Nom script be transformed into Vietnamese script and how?

Such instances of issues are mentioned here to show that Hànzì in Vietnam is still an entire problem.

2. *The situations of Hànzì dictionaries in Vietnam*

Since Han and Nom scripts play such an important role in Vietnamese language, Vietnamese people's need to learn Han and Nom scripts is indispensable. Accordingly, many Han, Nom script dictionaries have been compiled and published. For instants:

- Some Han script dictionaries: *Three Thousand Ideograms* 三千字, *Five Thousand Ideograms* 五千字, *500 Han Characters*五百字, *Sino-Vietnamese Simplified Dictionary* 汉越辞典简要, *Dictionary of Sino-Vietnamese Everyday Usage Elements* 常用汉越要素辞典, etc.
- Some Nom script dictionaries: *Nom Script Great Dictionary* 大字典𡨸喃 (喃字大字典), *Nom Script Dictionary of Citings* 字典𡨸喃摘引 (喃字摘引字典), *Han-Nom Script Dictionary, Nom Script Dictionary,* etc.
- Some dictionaries have been compiled in both Han and Nom scripts. For example, the *Five Thousand Ideograms* was only a Hànzì dictionary of 5,000 Han characters with their

Sino-Vietnamese ways of reading and their equivalent meanings in Vietnamese at first but then Nom script have been supplemented, and was called *Five Thousand Ideograms Noted in National Language*五千字譯國語 (1909). This book is introduced as "the best, most complete Han Nom textbook." *Self-study Interpretation of Songs*自学解义歌 is regarded as "a Han Nom vocabulary book as well as a self-taught textbook of Han and Nom scripts".

When the National Language script (Vietnamese people's script created from Latin characters) began to be used in the seventeenth century, Vietnamese dictionaries were also compiled, such as: Dai Nam National Language's Vocabulary Dictionary, Dictionary of Vietnamese-Portuguese- Latin and later were Vietnamese dictionaries. It is noteworthy that, all Vietnamese dictionaries published before the 50s of the twentieth century were noted in Han and Nom scripts: Han and Nom characters were written right next to the word items. For example: *trời (heaven)* 月巖.

We introduce below the compilation of three Han and Nom script dictionaries which are widely used in Vietnam.

(1) *Tam thiên tự (Three Thousand Ideograms)* 三千字

The most widely mentioned dictionary of which the value is still intact until today is "Three Thousand Ideograms" 三千字.

Many claim that the book was printed in 1831, and its author is Ngo Thi Nham. At first the book was called自學纂要. Later, a person named Doan Trung Con reprinted it and from then on whenever this dictionary is mentioned, his name is mentioned.

This book includes 3,000 basic Han ideograms. Its contents include Han characters, Sino-Vietnamese sounds and Vietnamese meanings. For example: 天*thiên: trời (heaven);* 地*địa: đất (land).* It should be emphasized that in this dictionary all the Sino-Vietnamese sounds of 3,000 Han characters are combined in a rhymed poem so it is very fast and easy to learn by heart and memorize. For example:

舉 *cử* : cất (put away) 存 *tồn:* còn (exist)
子 *tử* : con (child) 孫 *tôn:* cháu (grandchild)
六 *lục:* sáu (six) 三 *tam:* ba (three)
家 *gia:* nhà (family) 國 *quốc* : nước (nation)
前 *tiền:* trước (front) 後 *hậu:* sau (back)
牛 *ngưu:* trâu (buffalo) 馬*mã:* ngựa (horse)
距 *cự* : cựa (heel) 牙 nha: răng (tooth)
無 *vô* : chăng (no, do not have)
有 *hữu:* có (yes, have) 犬 *khuyển:* chó (dog)
羊 dương: dê (goat)
….

(2) *Dictionary of Sino-Vietnamese Everyday Usage Elements* 常用汉越要素辞典

This dictionary was compiled and published in 1992 by 4 authors (I am one of these four). The dictionary was sponsored by Toyota Foundation.

The book consists of about 4,000 single-syllable Vietnamese words borrowed from Han language. Each of these Sino-Vietnamese elements has a Han character next to it. The content of each entry includes its Vietnamese script (a Sino-Vietnamese sound), a Han character and that element's meaning: the meaning borrowed from Han language, the meaning developed in Vietnamese; meaning used as a word, meaning used only as a word-forming element; combinations in which the element participates as a constituent unit. For example:

ẢO (Fantasy) 幻

See HUYỄN (ILLUSORY). I. adj. 1. *Like the real but is not real.* Ảo ảnh, ảo đăng, ảo giác, ảo huyền, ảo tưởng, ảo vọng // Mờ ảo // 2. (V.). *Described with an imaginary number.* Vòng tròn ảo. Đường thẳng ảo. Không gian ảo // II. *Chimerical, unrealistic.* Ảo mộng // Diễm ảo, huyền ảo, huyễn ảo, hư ảo, kì ảo, mộng ảo // III. *Transformed, make changes.* Ảo hóa, ảo thuật // Biến ảo //

***Clarification:**

In Vietnamese, there are two ways to read the character 幻: ẢO, HUYỄN.; [2. (V)]: This meaning is only in Vietnamese. Symbols I,II: Different in word classifications.

(3) *Nom Script Dictionary* 辞典㗂喃

This is the largest and most elaborate Nom script dictionary compiled by Nguyen Quang Hong, completed and published in 2013. The dictionary is 2,213 pages thick (sized 14x16 cm). The most prominent point of this dictionary is: In each entry there are variants of the Nom script for a single-syllable Sino-Vietnamese word. For example: 字 𡦂𡨸㗂𡨸宁; Each meaning is supported by examples taken from classical literary works.

Together with compiling vocabulary dictionaries/character dictionaries, some Chinese works on Han script have been translated for content searching and Hànzì learning. For example, the book Three-Character Classic/Trimetric Classic (by Wang Yinglin 王 應 麟; 1223~296): Han characters and Sino-Vietnamese sounds. Similar to Three *Thousand Ideograms,* all the sentences in Sino-Vietnamese are rhymed to one another so it is easy to learn and memorize. For example:

人之初，性本善
Nhân chi sơ; Tính bản thiện.

(Man's nature at birth is good)

性相近，习相远

Tỉnh tương cận; Tập tương viễn.

By nature, humans are similar; through habitual conduct, they diverge widely)

苟不教，性乃迁

Cẩu bất giáo; Tỉnh nãi thiên.

(If foolishly there is no teaching, the nature will deteriorate)

教之道，贵以专

Giáo chi đạo; Quí dĩ chuyên

(The right way in teaching, is to attach the utmost importance in thoroughness)

III. Some Issues about Prospects of Hànzì and Hànzì Dictionary Compilation in Vietnam

1. *As presented above, Hànzì and Nom scripts are part of Vietnamese typography*

A series of Vietnam's cultural properties are written in Hànzì characters and Nom scripts. In terms of language items, a large number, nearly 70%, of Vietnamese vocabulary comes from the

Mandarin language. As a foreign language, Mandarin is always the second one, after English. From these facts, we would like to emphasize that despite different perspectives, the role of Hànzì and the need to know Hànzì characters in Vietnam are undeniable.

As reality in Vietnam has shown, dictionaries in Vietnam in general, such as "Vietnamese language dictionary", Vietnamese-foreign language bilingual dictionary (English-Vietnamese dictionary, Russian-Vietnamese dictionary, French-Vietnamese dictionary, Korean-Vietnamese dictionary, etc.) are still paper-based, but not "digitized". Among those dictionaries, Sino-Vietnamese bilingual ones in general, and Hànzì ones in particular are also in the same status.

Recently, however, some good signals have appeared in the way that several dictionaries have been published online in PDF format, including such Hànzì dictionaries as: the Sino-Vietnamese Simplified Dictionary, Tam Thien Tu (Three Thousand Ideograms). Some other Nom script dictionaries and documents have also posted. For example: 古籍文献典藏数位化计划. It seems that copyrights or more specifically "copyright maintaining" is still a problem. We hope to gain related experience from this workshop.

2. *At the same time, we would also like to propose a project for collaborative compilation of a Han script dictionary on Sino-Korean, Sino-Vietnamese, Sino-Japanese.*

Our ideas are as follows.

1) In Vietnamese, Korean and Japanese languages, a number of Hànzì units are shared (written in one Hànzì character. Therefore, choose a common quantity of these units (about 3,000 units).
2) Indicate their different pronunciation in each language.
3) Indicate their meaning and usage in each language.

This can be seen as a dictionary contrasting Hànzì units (Hànzì characters) in modern Han language with those in Vietnamese, Korean and Japanese languages.

If this dictionary is compiled successfully, it will be useful in a lot of ways: it helps those who learn their native languages, other languages as foreign languages. Furthermore, through similarities and differences in phonetics, semantics, usage, etc., it is feasible to study each ethnicity's linguistic-cultural issues and their way of thinking.

〈REFERENCES〉

Nguyen Van Khang (co-authors). *Dictionnary of Sino-Vietnamese everyday usage elements.* Social science Publishing House, 1991.

Nguyen Van Khang. *Dictionnary of Chinese-Vietnamese idioms.* Social science Publishing House, 1998.

Nguyen Van Khang. *Dictionnary of Vietnamese - Chinese idioms.* Social science Publishing House, 2007.

Nguyen Van Khang (co-authors). *Vietnamese Dictionnary of Vietnamese.* Culture - information Publishing House, 1999. (Reprinted in 2010).

Nguyen Van Khang. *Foreign Words in Vietnamese.* Vietnam Education Publishing House, 2007.

Nguyen Van Khang. *Sociolinguistics.* Vietnam Education Publishing House, 2007.

Nguyen Van Khang (co-authors), *A Linguistic Contrastive Study on Sino-Vietnamese.* Ha Noi National University Publishing House, 2013.

Nguyen Van Khang. Language Planning. Social science Publishing House, 2003.

Nguyen Van Khang. "Bilingual Chinense-Vietnammese contact", *Vietnammese history before the Century XX.* Ha Noi National university Publishing House, 2015.

Dao-Duy-Anh, *Sino-Vietnamese Simplified Dictionary.* Culture and Information Publishing House, 1931 (Reprinted in 2005).

Nguyen Quang Hong, *Nom Script Dictionary*. Social Science Publishing House, 2015.

[*이 글은 단국대학교 동양학연구원 학술지 『동양학』 71집(2018.4.30)에 수록된 것이다. 이후 동양학연구원 사전학총서 5집 간행의 취지에 부응하여 재수록하였다.]

베트남 한자사전의 現狀과 展望

응우옌 반 캉(阮文康)

Ⅰ. 머리말

베트남에서 한자는 일찍이 베트남어 정식 문자로 사용되었을 뿐 아니라 베트남 남자(쯔놈)가 형성된 기본적인 구성단위이다. 이것은 문자로서의 기능뿐 아니라, 중화 문화가 베트남에 유입되는 매개체로의 역할도 했다. 그래서 베트남 언어 문자 발전사에서 한자는 매우 중요한 위치를 차지한다고 할 수 있으며, 동시에 베트남에서 중화 문화를 포함한 동양 문화를 받아들이는 과정에서도 아주 중요한 역할을 했다고 할 수 있다. 바로 이런 이유로, 베트남 사람들은 자고로부터 한자 학습, 한자 사용과 한자 연구 등을 포기하지 않았다. 한자 사전은 이런 연유로 베트남 언어문화 연구에서 필수불가결한 참고서가 되었다. 본문에서는 문헌 연구와 실제 상황 고찰을 통해서 베트남 한자 사용의 현황, 전망 및 한자 사전 편찬 등 문제에 대해 소개하고자 한다.

II.베트남 한자 사용과 한자 사전 편찬 현황

1. 베트남 한자 사용 현황

(1) 최근 "베트남어에서의 한자"에 대해 연구학자들이 견해가 일치점을 이루지 못하는 두 가지 질문:

질문1. 한자는 언제부터 정식으로 베트남어의 정식 문자가 되었는가? 그에 대한 답안은 2가지가 존재한다. 하나는 기원전 3세기말, 또 다른 하나는 기원전 208년부터 179년 사이

질문2. 한자가 베트남어에 유입되기 전, 베트남어 자체에는 자신의 문자가 있었는가? 이 문제에 대해서도 두 가지 다른 답이 존재 한다. 하나는 한자가 베트남어에 유입되기 전인 고(古) 베트남어에는 이미 자신의 문자 또는 문자의 시초인 과두문자(蝌蚪)(서체가 올챙이와 비슷한 문자)가 존재했다는 것이고, 다른 하나는 한자가 베트남어 최초의 문자라는 것이다.

위의 두 가지 문제를 언급한 목적은 베트남어에서 한자는 이미 베트남 정식 문자이자, 그 자신의 발전 역사가 천년을 이어져 왔다는 것을 다시 한번 강조하고자 함이다.

그 밖에도, 위에서 말한 바와 같이, 한자는 베트남어 문자로 직접 사용되었을 뿐 아니라, 베트남 남자(쯔놈)의 형성에 있어 기반이 되기도 했다.

남자(쯔놈, 字喃, 茡喃, 芓喃, 佇喃, 宁喃)는 베트남인이 직접 창제해낸 문자이다. 이것은 서기 초반에 출현했고, XV-XIX세기 동안 빛나는 발전을 이룩했다. 베트남인들은 이미 한자와 한자 부수를 이용하여 남자(쯔놈)를 창제했다. 다시 말하면, 남자 체계 안에는 한자가 존재하고, 또 한자의 부수로 이루어진 새로운 글자가 존재한다는 것이다. 주의할 만한 사항은 남자 체계 중에서 많은 한자가 베트남 한자 독음이 아닌, 순 베트남어 독음을 가지고 있으며, 그 의미가 중국어의 동일한 한자의 뜻과 겹치는 부분이 있다는 점이다. 남자 체계에서 한자 독음과 뜻에 관한 구체적인 상황은 아래와 같다.

– 한자 글자, 의미가 중국어 뜻과 동일한 베트남 한자 독음, 예 : 婆(bà) 翁 (ông), 順利 (thuận lợi).
– 한자 글자, 의미가 중국어 뜻과 동일한 고(古) 베트남 한자 독음, 예: 飛 (fly), 房 (room), 務 (season).
– 한자 글자, 의미가 중국어 뜻과 동일한 순(純) 베트남어 독음, 예: 几(ghế),巾 (khăn), 家 (nhà), 添 (thêm).
– 한자 글자, 의미가 중국어 뜻과 상이한 순(純) 베트남어 독음. 그 중 다시 아래의 몇 가지 상황으로 분류된다.
  + 베트남어 한자 독음을 이용한 것과 순(純) 베트남어 독음이 동일함, 예 : 卒 (tốt) (나쁨의 반대인 좋음) - tốt, 昌 (xương) (동물의 뼈) -xương), 戈 (qua)(hôm qua) - qua.
  + 베트남어 한자 독음을 이용한 것과 순(純) 베트남어 독음이 유사함, 예 : 這 (gió 와 giá 독음 비슷함), 舉 (cửa

(문)와 cử(선출하다)독음 비슷함), "đêm" 店 (đêm(밤)와 điếm(초소) 독음 비슷함)

한자 글자, 중국어 의미, 한자 글자, 의미가 중국어 뜻과 동일한 고(古) 베트남 한자 독음과 같음. 예: 斧 (망치, 베트남 한자 독음 *phủ (fǔ)*); 膠 (*keo (glue)*, 그 베트남 한자 독음 *giao (jiāo)*).

– 한자 또는 한자 부수를 바탕으로 창제한 남자(쯔놈), 예:𦒹(6 : 六(육)), 𪹷 (khói : 煙氣(연기)), 𦝄 (trăng : 月(월))

요컨대, 베트남어 문자의 발전 역사는 아래와 같이 다른 글자에 의한 3가지 대 부류로 나눌 수 있다:

– 한자 : 기원전부터 10세기 이전까지. 이 단계에서 베트남어의 한자와 중국의 한자는 동일하다. 10세기에 이르자, 베트남은 독립된 국가가 되고, 이때부터 베트남어에서 한자가 "베트남화"가 되면서 그 독음과 의미에서 중국의 한자와 다름이 나타난다. (한자 발음이 베트남식 발음이 되고 의미도 발전)

– 남자(쯔놈)와 한자의 공존 : 13-15세기부터 19세기까지 남자와 한자는 동시에 존재하고, 눈부신 발전을 거듭한다. 남자(쯔놈)는 주로 문학작품 창작에 쓰이고, 그 중에서 언급할 만한 점은 Nguyễn Du (응웬 주: 阮攸) 가 남자로 쓴 『傳翹』(원작 이름은『斷腸新聲』Đoạn trường tân thanh) 이다. 이 작품은 이미 세계적으로 20여 종의 언어로 번역되었고, 응웬 주는 1965년 유네스코에 의해 "세계의 명인"으로 선정되었다.

아래는 남자로 씌어진 『傳翹』 중 몇 가지 예시이다 :

<table>
<tr><th>Nom script</th><th>𤾓</th><th>𢆥</th><th>𨤔</th><th>𡎝</th><th>𠊛</th><th>嗟</th></tr>
<tr><td rowspan="2">In Chinese</td><td>百</td><td>年</td><td>中</td><td>尘世</td><td colspan="2">人
类</td></tr>
<tr><td colspan="6">人类在 百年寿 那段时间的 生活</td></tr>
<tr><td rowspan="2">In English</td><td>hundred</td><td>year</td><td>in</td><td>the realm</td><td colspan="2">human</td></tr>
<tr><td colspan="6">As evidenced by centuries of human existence</td></tr>
<tr><td>In modern Vietnamese
(Quoc ngu script)</td><td colspan="6">Trăm năm trong cõi người ta</td></tr>
</table>

<table>
<tr><th>Nom script</th><th>𡨸</th><th>才</th><th>𡨸</th><th>命</th><th>靠</th><th>羅</th><th>怙</th><th>饒</th></tr>
<tr><td rowspan="2">In Chinese</td><td>字</td><td>才</td><td>字</td><td>命</td><td>恰巧</td><td>是</td><td>恨</td><td>相互</td></tr>
<tr><td colspan="7">才 和命(才能与运命) 这两个字 互相冲突</td><td></td></tr>
<tr><td>In English</td><td>script/
word</td><td>clever</td><td>是cript
/ word</td><td>destiny</td><td>true
that</td><td>is/are</td><td>hate</td><td>each
other</td></tr>
<tr><td></td><td colspan="8">Destiny and genius are apt to feud</td></tr>
<tr><td>In modern Vietnamese (Quoc ngu script)</td><td colspan="8">Chữ tài chữ mệnh khéo là ghét nhau</td></tr>
</table>

<table>
<tr><th>Nom script</th><th>𣦰</th><th>戈</th><th>沒</th><th>局</th><th>㴜</th><th>橷</th></tr>
<tr><td rowspan="2">In Chinese</td><td>经历</td><td>过</td><td>一</td><td>阵</td><td>海</td><td>桑</td></tr>
<tr><td colspan="6">经历一阵沧海桑田 的生活</td></tr>
<tr><td rowspan="2">In English</td><td colspan="2">experience</td><td>one</td><td>time/the</td><td>sea</td><td>strawberry</td></tr>
<tr><td colspan="6">Having endured an upheaval</td></tr>
<tr><td>In modern Vietnamese
(Quoc ngu script)</td><td colspan="6">Trải qua một cuộc bể dâu</td></tr>
</table>

<table>
<tr><th>Nom script</th><th>仍</th><th>調</th><th>𥉫</th><th>𧡊</th><th>罵</th><th>疠</th><th>疸</th><th>𢚸</th></tr>
<tr><td rowspan="2">In Chinese</td><td>一些</td><td>事</td><td>见</td><td>到</td><td>而</td><td>疼</td><td>痛</td><td>心</td></tr>
<tr><td colspan="8">为所遇到的事情而感到心疼</td></tr>
<tr><td rowspan="2">In English</td><td>some</td><td>events</td><td colspan="2">see</td><td>so</td><td colspan="2">pained</td><td>heart</td></tr>
<tr><td colspan="8">The sights observed must wrench one's heart</td></tr>
<tr><td>In modern Vietnamese (Quoc ngu script)</td><td colspan="8">Những điều trông thấy mà đau đớn lòng</td></tr>
</table>

–베트남어 문자 : 17세기 초에 이르러, 라틴어 알파벳을 바탕으로 베트남어 국어 문자가 형성되었다. 현재 베트남어는 베트남 국가의 언어로, 국어 문자는 베트남어의 유일한 공식 문자이다.

이쯤해서 위에서 나눈 시기 분류는 대략적이고, 단계 사이에는 간섭이 있다는 것을 밝혀야겠다.

(2) 베트남어에서 한자는 비록 "과거의 문자"에 속하지만, 부인할 수 없는 것은 현재까지도 베트남어 문화에서 한자가 깊은 흔적을 남기고 있다는 점이다:

베트남 국가에서 천년의 공식 문자로서의 한자는 베트남 봉건제도의 역사서, 행정관리 문서, 문학작품 창작 및 교육 과거시험의 중요한 기록문자로 쓰였다. 심지어는 남자(쯔놈)가 생긴 후에도 남자(쯔놈)와 공존했던 시기에도 한자는 여전히 광범위하게 사용되었다. 그래서 베트남에서는 한자와 남자(쯔놈)로 기록된 대량의 문헌들을 계속 "해독"해야 하는 수요가 존재한다.

그것이 지닌 유구한 역사로 인해 한자와 남자(쯔놈)는 중국-베트남 이중언어문화의 교류 역사에 있어 유력한 증거가 되었다. 베트남에서는 도시에서 농촌까지 거의 모든 탑과 사찰, 가문의 선조 위패 및 묘비 곳곳에서 한자의 흔적을 찾아볼 수 있다.

베트남인들은 한자를 중시하고, 심지어는 한자를 "신성화"하여 한자를 "성자(聖字:신성한 글자)"로 여겼다. 즉 한자는 사람들의 영적 문화의 일부분으로 여겨졌다. 이런 연유로, 현재에 이르기까지, 많은 가정에서 여전히 한자 가로 표어와 한자 주련을 사용해 새로 지은 탑, 공공주택, 새로 지은 조상의 위패 모시는 곳, 새 집을 장식한다.

설날에 사람을 청해 "성자(聖字: 신성한 글자)"를 쓰는 베트남의 이 전통 문화는 긴 역사를 가지고 있으며, 오늘날까지 이어지고 있다. 많은 베트남인들은 설날이 되면 절이나 사원에 가서 사람을 써 福, 祿, 安, 忍, 進......"등 "성자(聖字)"를 한자(국어로 쓰지 않음)로 쓰게 하고, 써준 이에게 신앙심에 가까운 존경을 표하면서 (받은 이들은 한자를 모르기 때문이다.) 받은 한자를 소중히 다룬다. 무당들도 한자를 주술의식에 쓰고, 점쟁이들도 점괘를 한자로 쓴다.

(3) 중 · 베트남 언어문화 교류의 결과로 베트남어에 많은 중국어 외래어를 만들어냈다.

역사가 흐르면서, 중국어 외래어는 최근 아래의 4가지 형태로 나눌 수 있다. 고대 베트남 한자 단어, 베트남 한자 단어, 베트남화 된 베트남 한자 단어와 중국어 방언에서 차용한 중국어 외래어이다. 그 중에서 베트남 한자 단어는 그 독특한 베트남 한자 독음으로 인해 차지하는 비중이 매우 크다. 중국어 외래어는 베트남어에서 위와 같이 상이한 독음 변체(變體)가 있어, 한자 하나가 베트남어로 유입된 후에 약간의 동의어가 생성되었다. 예를 들자면:

mộ, mồ mả 은 중국어"墓(묘)"글자의 상이한 변체(變體)의 베트남어 단어인데 이들의 의미는 미묘하게 다르다.

biên,bên, ven, viền 은 중국어 "边(변)" 글자의 상이한 변체(變體)의 베트남 단어이고, 한 부류의 동의어이다.

chính, chánh 은 중국어 "政/正" 글자의 상이한 변체(變體)의 베트남 단어이고, 한 부류의 동의어이다.

지적할만한 것은 베트남 국어가 출현한 후부터 많은 중국어 외래어가 베트남 국어에 의해 대체되었다는 점이다. 이 문제는 비록 베트남 국어가 지닌 고도의 통일성을 보여주는 것이지만, 좋지 않은 결과도 가져왔다. 예를 들어, 주지하다시피 중국어에는 동음이형(同音異形)의 한자가 매우 많다. 이런 글자가 베트남어에 차용될 때 대량의 동음단위를 만들어 냈으나 베트남어는 병음(표음) 알파벳을 사용하기에 일반적으로 이런 단위의 의미를 분별할 수가 없다. 예를 들어:

베트남어 중 독음이 kỷ인 것은 중국어의 "几 `纪 `己"에서 유래했다. 독음이 liên은 중국어의 "连 `联 `怜 `链"에서 유래했다.

(4) 위에 언급한 상황으로 현재까지 베트남어에서 한자 사용 문제와 관련된 견해에 대해 여러 이견들이 존재한다.

주의할만한 것은 아래의 아직 정설이 없는 두 가지 논쟁에 대한 문제이다:

첫째, 베트남 일반 중등학교에서는 한자를 교육시켜야 하는가? 이 문제에 대해서 두 가지 관점이 존재 한다:

+ 베트남 일반 중등학교에서는 한자 교육이 필요 없다는 것이다. 그 이유는 베트남어 국어에는 한자가 전혀 없기 때문이다. 한자를 가르친다면 학생들의 학업 스트레스만 증가시킬 것이다.(현재 베트남 학생의 학업 스트레스는 굉장히 크다고 여겨진다)
+ 베트남 일반 중등학교에서 한자를 꼭 가르쳐야 한다는 것이다. 그 이유는 베트남어에서 대량의 베트남 한자 독음 단어가 존재한다는 것이다. 학생들이 한자를 알면 베트남 어휘를 더 잘 이해할 수 있다는 것이다. 하지만 일반 중등학교에서 한자를 가르친다면 어느 정도의 한자를 가르치고, 구체적으로 어떤 한자를 가르쳐야 하는지에 대한 문제도 정확한 답을 아직 찾지 못한 상황이다.

둘째, 최근 몇 년간, 베트남 불교 협회는 베트남 불교문화 발전 방향에 대해 고찰과 연구를 진행했다. 그 중 불교용어는 확정이 필요한 내용 중 하나이다. 즉, 토론이 불가피한 문제는 : 새로 짓는 사원에서의 가로 표어와 주련을 한자로 써야 하는가 아니면 베트남어로 써야 하는가? 고(古)사찰에 있는 한자 가로 표어와 주련을 베트남어로 바꿔야 하는가? 만약 바꿔야 하면 어떻게 바꿔야 하는가?

이상의 상황은 베트남에서 한자 사용이 확실히 배우 복잡한 문제라는 것을 다시 한 번 설명해 준다.

2. 베트남 한자 사전 현황

베트남어에서 한자와 남자(쯔놈)가 중요한 위치를 차지하기 때문에 베트남인이 한자나 남자(쯔놈)를 공부하려는 수요는 객관적으로 존재한다. 이런 수요를 충족시키기 위해, 베트남에서 한자, 남자(쯔놈) 사전의 편찬과 출판 작업 역시 중요시된다. 예를 들어:

— 한자 사전 : tam thiên tự (3천 자), ngũ thiên tự (5천 자), 500 chữ Hán (5백 자), Hán Việt từ điển giản yếu (베트남 한자 사전 서머리), Từ điển yếu tố Hán Việt thông dụng (상용 베트남 한자 요소 사전), ……

— 남자(쯔놈) 사전 : Đ ại từ điển chữ Nôm (대 자전 쯔놈 ; 남자 대자전), Từ điển chữ Nôm trích dẫn (자전 쯔놈 인용 ; 남자 인용 자전), Từ điển Hán Nôm (한자-남자 사전), Từ điển chữ Nôm(남자 사전), ……

— 한자와 남자 사전 : Ngũ thiên tự (5천 자) 원래는 한자 사전이었고, 5,000개 한자를 수록하고, 그것의 뜻과 베트남 한자 독음을 기재하였다. 나중에 이 책에 남자(쯔놈)를 추가해 Ngũ thiên tự thích quốc ngữ(5천 자 역국어譯國語)(1909)를 만들었다. 이 책은 가장 완벽하고, 가장 훌륭한 한-남자 교과서로 인정되고 있다. 그 외에도,Tự học giả nghĩa ca(自學解義歌: 독학 뜻풀이) 역시 한자-남자 사전이자 한자와 남자 독학 교과서로 여겨진다.

17세기가 되고, 베트남 국어 문자(즉, 베트남인이 창제한 라틴어 알파벳)이 사용되자, 베트남어 사전 역시 줄이어 출간되었다. 예를 들어: ĐạiNam quấc âm tự vị (대남국 음자소:大南国音字位), Từ điển Việt-Bồ -La (베트남어-포르투칼어-라틴)가 있다. 후에는 다른 시리즈의 베트남어 사전도 나타났다. 주의할만한 점은 XX세기 50년대 전에 출판된 베트남어 사전에는 모든 수록어 옆에 모두 한자와 남자(쯔놈)를 기록했다는 점이다. 예를 들자면: *trời (heaven)* 月𡗶.

아래는 현재 베트남에서 보편적으로 사용되는 3개의 한자, 남자 사전의 편찬방식에 대해 소개하고자 한다.

(1) Tam thiên tự (3천 자)

Tam thiên tự(3천 자)는 베트남에서 가장 많이 사용되는 한자 사전이며, 사용가치가 오늘날까지 지속되고 있다. 이 책은 Ngô thì Nhậm에 의해 1831년 출간되었다. 이것은 계몽적인 이름인 "자학찬요(自學纂要)"라는 이름을 붙였다. 나중에 Đoàn Trung Côn이 새로 인쇄를 하여 그때부터 Đoàn Trung Côn이란 이름이 이 책과 함께 하게 되었다.

Tam thiên tự(3천 자)에는 3,000개의 통용되는 기초 한자가 수록되어 있다. 모든 글자(수록 단어)에는 모두 한자, 베트남 한자 독음과 글자의 뜻이 포함되어 있다. 예를 들면 天thiên: trời ; 地

đ iạ: đ ất. 강조하고 싶은 것은 이 사전의 각 글자(수록 단어)의 베트남 한자 독음을 함께 연결하면 매우 압운이 있는 하나의 시가 되어, 외우기 쉽다는 것이다. 예를 들면:

舉 cử : cất(제거하다)	存 tồn: còn(존재하다)
子 tử : con(아이)	孫 tôn: cháu(손주)
六 lục: sáu(여섯)	三 tam: ba(셋)
家 gia: nhà(가족)	國 quốc : nước(나라)
前 tiền: trước(앞)	後 hậu: sau(뒤)
牛 ngưu: trâu(들소)	馬mã: ngựa(말)
距 cự : cựa(뒤꿈치, 닭의 뒷발톱)	
牙 nha: răng(어금니)	無 vô : chăng(그렇다, 없다)
有 hữu: có(그렇다, 가지다)	犬 khuyển: chó(개)
羊 dương: dê(염소)	

(2) Từ điển yếu tố Hán Việt thông dụng(상용 베트남 한자 요소 사전)

Từ đ iển yếu tố Hán Việt thông dụng(상용 베트남 한자 요소 사전) 은 필자를 포함한 4명의 학자가 1992년 Toyota기금회의 협찬을 받아 편찬한 것이다. 이 사전에는 베트남어 중 차용된 중국어의 4,000단음절 단위(베트남 한자 요소)가 수록되어 있다. 모든 베트남 한자 요소에는 모두 중국어와 서로 대응되는 한자가 기록되어 있다. 모든 내용에는 이 단위 의미가 중국어 차용 의미인지 아니면 베트남어에서 발전된 의미인지가 설명되어 있으며, 어

의인지 아니면 형태소 의미인지와 그 단위와 서로 결합되는 조합 등이 설명이 되어 있다. 예를 들면:

ẢO (Fantasy) 幻

See HUYỄN (ILLUSORY). I. adj. 1. *Like the real but is not real.* Ảo ảnh, ảo đăng, ảo giác, ảo huyền, ảo tưởng, ảo vọng // Mờ ảo // 2. (V.). *Described with an imaginary number.* Vòng tròn ảo. Đường thẳng ảo. Không gian ảo // II. *Chimerical, unrealistic.* Ảo mộng // Diễm ảo, huyền ảo, huyễn ảo, hư ảo, kì ảo, mộng ảo // III. *Transformed, make changes.* Ảo hóa, ảo thuật // Biến ảo //

설명 :

"幻환"은 베트남어에서 두 가지 독음을 가진다. ẢO, HUYỄN ; [2. (V)] : 이 의미는 베트남어에서 발전된 의미이다. I, II부호에서 가리키는 것은 다른 품사라는 것이다.

ẢO幻

cđ. HUYỄN.I. tt. 1. Giống như nhật nhung không có thật. Ảo ảnh, ảo đăng, ảo giác, ảo huyền, ảo tưởng, ảo vọng // Mờ ảo // 2. (V.). Được miêu tả bằng số ảo. Vòng tròn ảo.Đường thẳng ảo. Không gian ảo // II. Viển vông, không thực tế. Ảo mộng // Diễm ảo, huyền ảo, huyễn ảo, hư ảo, kì ảo, mộng ảo // III. Biến hóa, làm thay đổi. Ảo hóa, ảo thuật // Biến ảo //

(3) Từ điển chữ Nôm(남자 사전)

Từ điển chữ Nôm(사전 남자/남자 사전) 은 베트남에서 가장 최대의, 최고의 권위를 가지고 있으며, Nguyễn Quang Hồng이 2013년 편찬 출간한 남자 사전이다. 이 사전은 2213라는 방대한 페이지를 자랑하며, 사이즈도 14×16 cm에 달하는 대사전이다. 이 사전의 특징은 모든 베트남 한자 단위에 상이한 변체(變體)의 남자를 주석으로 달았다는 점이다. 예를 들어: chữ字 茡芓 佇宁이다. 모든 글자의 의미에는 문학작품에서 인용하는 실제적인 사례를 들었다.

사전을 편찬함과 동시에 베트남에서는 많은 중국어 고전 작품의 중국어-베트남어 독본이 출간되었다. 이런 독본은 베트남인들이 그 내용을 이해하도록 도움을 줬을 뿐 아니라, 한자를 공부하는 데도 도움을 줄 수 있었다. 예를 들면: Tam tự kinh(Vương Ứng Lân王應麟; 1223-1296) : 한자와 베트남 한자 독음이다. Tam thiên tự(삼천 자)와 같이 이 책의 베트남 한자 독음을 읽어나가면 압운이 매우 잘 형성되어 있어, 암기하기에 좋다:

人之初, 性本善

Nhân chi sơ; Tính bản thiện.

(처음에 사람의 본성은 선하다.)

性相近, 习相远

Tính tương cận; Tập tương viễn.

(본성은 서로 가깝지만, 습관은 서로 멀다.)

苟不教, 性乃迁

Cẩu bất giáo; Tính nãi thiên.

(어리석게도 가르치지 않는다면, 본성은 [나쁘게] 변한다.)

教之道, 贵以专

Giáo chi đạo; Quí dĩ chuyên

(가르침의 길은 오롯함을 중요하게 여기는 것이다.)

III. 베트남 한자와 한자사전 편찬에 대한 전망

1. 위에서 언급한 바처럼, 한자와 남자는 베트남 문학에서의 한 부분을 차지한다.

베트남의 일련의 문화유산은 모두 한자와 남자로 기록되어 있다. 언어적인 면에서 베트남어 어휘 중에서 중국어 차용 단어는 전체 단어 수량에서 차지하는 비율이 거의 70%에 이를 정도로 높다. 외국어 공부라는 시각에서 본다면, 베트남에서 중국어는 제 2 외국어에 속한다. 즉, 중국어 학습자수가 영어 학습자수 다음이라는 것이다. 이러한 상황은 비록 현재 베트남 여론이 한자에 대해 각기 다른 견해를 가지고 있지만 베트남 언어문화 연구에 있어서 한자가 가진 역할과 한자 학습에 대한 수요에 대해서는 부인할 수 없다는 것을 다시 한 번 확인해 준다.

실제 상황에 대한 고찰을 통해, 베트남에서 편찬되는 베트남어 사전 및 영-베트남어 사전, 러시아어-베트남어 사전, 불어-베트남어 사전, 중국어-베트남어 사전 등 외국어-베트남어 사전은 주로 종이 출판이라는 점을 알 수 있었고, 한자 사전 역시 예외는 아니었다.

최근 이 방면에도 한 가지 기뻐할만한 상황이 나타났다. 베트남에서 일부 사전은 PDF의 형식으로 인터넷에 업로드 되었다는 점이다. 이 중에는 한자, 남자 사전도 있다. 예를 들면: Từ điển 와án Việt Giản yếu(간단 명료한 베트남 한자 사전), Tam thiên tự(3천자), 고전 서적 문헌 전장(典藏) 디지털화 계획이다. 하지만 이런 사전의 저작권은 베트남에서 여전히 풀기 힘든 문제이다. 우리는 이 심포지엄에서 각국 학자들의 경험을 벤치마킹하고자 한다.

2. 이번 기회를 통해, 필자는 한 가지 건의를 하고자한다: 베트남, 한국, 일본학자들이 한자 문화권인 한-한, 한-베트남, 한-일 등 한자 사전을 함께 편찬하자는 것이다.

구체적인 사항은 아래와 같다:

1) 베트남어, 한국어, 일본어에는 중국어에서 차용되어온 대량의 동일한 단위들이 존재한다. 그러므로 그 중에서 베트남어, 한국어, 일본어 3가지 언어의 공동 한자 기원 글자로 3,000단어를 선정할 수 있다.
2) 베트남어, 한국어, 일본어라는 상이한 언어에서 각 글자의 상이한 독음을 밝힌다.
3) 베트남어, 한국어, 일본어라는 상이한 언어에서 각 글자의 의미와 사용법의 유사점과 차이점을 밝혀낸다.

만약 이런 사전을 만들 수 있다면, 그것은 현대 한자 및 한자 문화권의 각기 다른 언어에서 그것이 서로 대응되는 언어 단위에 대한 비교 사전이 될 수 있을 것이다. 또한 이 사전은 각 국민이 자신의 모국어를 학습하고, 외국어인 기타 언어를 학습하는데 참고 자료가 될 수 있다. 이뿐 아니라, 기원은 같지만 다른 양상을 보이는 한자 단어(베트남 한자 단어)간에 음성, 문법, 어의에서의 유사점과 차이점을 통해 각 언어 문화의 특색과 심도 깊은 민족 사상을 이해하고 설명할 수 있을 것이다.

〈참고 문헌〉

Nguyen Van Khang (co-authors). *Dictionnary of Sino-Vietnamese everyday usage elements.* Social science Publishing House, 1991.

Nguyen Van Khang. *Dictionnary of Chinese-Vietnamese idioms.* Social science Publishing House, 1998.

Nguyen Van Khang. *Dictionnary of Vietnamese - Chinese idioms.* Social science Publishing House, 2007.

Nguyen Van Khang (co-authors). *Vietnamese Dictionnary of Vietnamese.* Culture - information Publishing House, 1999. (Reprinted in 2010).

Nguyen Van Khang. *Foreign Words in Vietnamese.* Vietnam Education Publishing House, 2007.

Nguyen Van Khang. *Sociolinguistics.* Vietnam Education Publishing House, 2007.

Nguyen Van Khang (co-authors), *A Linguistic Contrastive Study on Sino-Vietnamese.* Ha Noi National University Publishing House, 2013.

Nguyen Van Khang. Language Planning. Social science Publishing House, 2003.

Nguyen Van Khang. "Bilingual Chinense-Vietnammese contact", *Vietnammese history before the Century XX.* Ha Noi National university Publishing House, 2015.

Dao-Duy-Anh, *Sino-Vietnamese Simplified Dictionary.* Culture and Information Publishing House, 1931 (Reprinted in 2005).

Nguyen Quang Hong, *Nom Script Dictionary*. Social Science Publishing House, 2015.

[번역: 이지은(한국외국어대 통번역대학원 졸업)]

《異體字字典》的應用與未來

李 添 富

一、前言 :《異體字字典》編纂緣起

台灣教育主管當局自1970年代初, 開始有關標準字體的整理工作, 前後

公布了《常用國字標準字體表》、《次常用國字標準字體表》、《罕用字體表》 等三個標準字體表[1], 同時也初步整理了《異體字表》。前三個字體表所收錄的, 都是具有獨立音義的文字, 《異體字表》所收錄的, 則是對應這些正字的不同寫法。而這四個字表所收的文字, 也正是現行中文標準交換碼納編 (CNS11643) 的依據。

1995年本師 陳伯元先生前來韓國參加「第二屆漢字文化內生活漢字問題國際研討會」, 針對目前亞洲各國所用的漢字字形參差問題, 提議統整, 並獲大會議決通過。先生返國後, 即向教育部國語運動推行委員會(簡稱國語會, 下同) 提出建議。國語會主任委員李老師爽秋先生在邀集相關學者專家討論後, 基於 :

1) 由於三個標準字體表具有規準功能, 一般或稱為正字表。

(一) 為維護傳統正字的地位，有必要將亞洲漢字以正字為綱領作一統整。

(二) 為日後擴編中文電腦內碼，有必要作大規模整理，以為擴編之基礎。

(三) 為修訂原異體字整理的初步成果，有必要正訛與增訂。[2)]

等三項理由，決定推動《異體字字典》編輯專案。並據此明定《異體字字典》之編輯目標為：

甲、作為語文教育及研究的參考。

乙、提供國際漢字標準化、統一化工作的參考。

丙、作為修訂原《異體字表》的依據。

丁、作為日後擴編中文電腦內碼的基礎。

耗時六年，動員一百二十餘位同仁，檢閱一千三百餘種典籍文獻後，《異體字字典》終告完成。本典引據的文獻，可以分為基本文獻與參考文獻兩類；基本文獻為字形來源，又分：說文、古文字、簡牘、隸書、碑刻、書帖、字書、韻書、字樣書、俗字譜、佛經文字、現代字書等12類，凡62種。列舉字形實際用例的參考文獻則涵蓋經、史、子、集，共1242種。全書共 106,230字(最新版次 106,333字)，其中正字 29,892字(最新版次29,924字)，異體字 76,338字(最新版次分為異體字74, 407字，待考字 2,002字，合計 76,469字) 可以說是一部大型的中文字形彙典。本典的主要特色有四：

1. 一個全世界最大的中文文字資料庫。

2) 詳見《異體字字典·編輯說明·編輯委員會主委序》(2004年1月)

2. 一部字字交代文獻出處的字形字典。
3. 一個結合古今文獻用字的字形彙典。
4. 一部集合國內文字專家智慧的字庫。[3]

至於本典的具體效用，則在於：

1. 記錄文字歷史。
2. 樹立當代字樣。
3. 推進中文資訊。
4. 提供學理依據。[4]

二、《異體字字典》的字形系統

就字典字形彙集成果之呈現而言，《異體字字典》是一部依照層級以「正字」

引領所屬「異體字」群的字典。所謂「正字」蓋指具有獨立音、義之形體，所謂「異體字」則指音、義與「正字」全同的異寫或異構文字。可知《異體字字典》的編纂，乃基於「樹立用字標準」的立場，透過「正字繫聯音義相同的其他異體寫法」，以教育部視為用字標

3) 詳見曾榮汾〈近二十年來國語會語文整理成果析介〉(《辭典學新論2006》，辭典學研究室，2007年6月。)

4) 詳見陳逸玫〈教育部《異體字字典》研究〉(輔仁大學中文研究所博士論文研究計畫，2013年4月)

準的三個標準字體表為綱領, 蒐羅古今字書、文獻中相應異體字形的大型資料庫。換句話說,《異體字字典》是一部立足於當代用字, 並在時間軸上往前推求, 彙集與正字用法相應但形體不同者的字形彙典。

(一)《異體字字典》正、異體字間的繫聯

《異體字字典》中的「正字」與「異體字」, 既然存在於上述時間軸上的某個斷面, 可知所謂「正」與「異」, 並非字形本身的固有屬性, 而是某些字形被賦予規範用字性質的「正字」地位之後, 屬於同一字樣的其他字形, 便被認定為異體。因此,《異體字字典》賦予「異體字」的定義為 :「對應正字的其他寫法」[5], 至於正、異體字之間的繫聯方式, 大抵有以下數種 :

1. 文獻注明正、異關係者

凡文獻中見有正、異體字對應線索者, 本典概於以正字為綱領的前提下, 建立字形之正、異關係。如 :

【企】《龍龕手鏡》:「佱𠆯, 二俗。企, 正。」
本典據以收「佱」、「𠆯」為「企」之異體。

【拉】《廣韻》:「拉, 折也, 敗也, 摧也。盧合切。搚, 上同。擸, 亦同。」
本典據以收「搚」、「擸」為「拉」之異體。

5) 詳請參閱《異體字字典. 編輯說明. 編輯略例》詳見常用國字標準字體表說明。

2. 本為通假字，惟文獻上已明示為正、異關係者

此類具正、異關係之二字，原本各自分用，各有獨立音義，或因通假成俗，字、韻書遂以正、異關係視之，故其中異體多兼具正字身分。如：

【後】《說文・彳部》：「遲也。从彳、幺、夊者，後也。徐鍇曰：『幺猶躓之也。』」《說文·口部》：「后，繼體君也。象人之形，施令以告四方，故厂之從一口，發號者君后也。」

「後」、「后」各義。文獻中或見借「后」為同音字「後」者，故《宋元以來俗字譜》引《通俗小說》等，於「後」字下收「后」為異體，本典據以收「后」為「後」之異體。

3. 異形聯綿詞之用字具明確孳乳或變易關係者

聯綿詞專為描摹語音而設，故常見多形，如「彷彿」或作「仿佛」，亦可書作「髣髴」，以其形體但有記音功能，是以此類多形資料本不宜盡視為正、異體字，故本典只就其中字形具明確孳乳或變易關係者建立正、異關係。如：

【崑崙】「崑崙」與「崐崘」為異形聯綿詞，「崑」與「崐」、「崙」與「崘」間具有部件易位之字形變易關係，文獻又見「崐崘」用法，足以證知二組聯綿詞用字具正、異關係，故本典據以分別收錄「崐」、為「崑」之異體，「崘」為「崙」之異體。

【徘徊】「徘徊」與「俳佪」為異形聯綿詞，「徘」與「俳」、「徊」與

「佪」間雖則形符不同, 文獻卻多見「徘佪」用法, 足以證知二組聯綿　詞用字具正、異關係, 故本典據以分別收錄「俳」為「徘」之異體,「佪」為「徊」之異體。

4. 可以明確認定為某正字之缺筆避諱字者

古代避諱用字或有同音替代、缺筆之異, 本典就其中「缺筆諱字」與正字之間建立正、異關係。如 :

【玄】《廣韻》、《類篇》等均見「玄」形, 經考乃知宋太祖名「玄朗」, 故宋代刻本或抄本多將「玄」字缺末筆以避諱, 本典據以收「玄」為「玄」之異體。

【朗】《廣韻》見「朗」形, 經考乃知宋太祖名「玄朗」, 故宋代刻本或抄本,「朗」字多缺末二筆以避諱, 本典據以收「朗」為「朗」之異體。

5. 文獻中僅言「音某」, 惟察考其字形可以確認為某字之異體字者

文獻中或見某字形注云「音某」, 而非「同某」, 但從文獻資料以為考釋, 僅能證知其字與「某」字音同, 而不能證得正、異關係。因此, 本典將此類資料列為附錄待考字。唯其中部分文字, 在察考其形體資料或參酌其他文獻後, 可以推斷其為某字之異體者, 本典亦據以建立正、異關係。如 :

【丘】《龍龕手鑑·一部》「㐀」字注云 :「音丘。」《玉篇·丘部》:

「丠，丘同。」又云：「[illegible]，丘同。」《集韻 · 平聲 · 尤韻》：「[illegible][illegible]丘[illegible]，祛尤切。《說文》：土之高也，非人所為也。……」經察考，可以推斷「[illegible]」字因與「丠」、「[illegible]」形體相近而訛成，故本典據以收「[illegible]」為「丘」之異體。

6. 文獻中未見直接線索，察考其音義關係可以確認為某字之異體字者

另有部分字形，雖於文獻中未見與某正字具有直接關聯之線索（如「同某」、「某俗字」等），若從音義相同、字形演變或其他週邊關係，可以推斷其為某字之異體者，本典亦收錄為某字之異體。如：

【畸】《說文 · 田部》：「[illegible]，殘田也。从田奇聲。」《廣韻》：「畸，殘田。」《集韻 · 平聲 · 支韻》：「[illegible]，《說文》殘田也。」《集韻》雖未列正字「畸」形，惟由音義相同、文獻相承關係，以及「奇」形常見作「竒」等線索，推斷「[illegible]」即「畸」，故本典亦據以收「[illegible]」為「畸」之異體。

（二）《異體字字典》正字綱領之實踐

誠如上述，「異體字」乃相對於「正字」而言，故於浩瀚文獻中蒐羅異體字形之前，必須先行確立正字，方能以其形、音、義為綱領，脈絡分明地對應其所彙集之異體字形。《異體字字典》以教育部頒行之標準字體表作為正字依據，綱目至為明確。故能突破歷代文獻因正字標準不一產生之淆亂，所有字形均能有所依歸。而此一正字綱領體例之實踐，在編輯成果上，具有兩項重要成就：

1. 立足於當代用字，聯繫歷史文獻字形。讀者可以藉由較為熟悉之當代文字，認識文獻中之陌生字形，有助於文獻之解讀。
2. 彙集正字字形在文獻中之演變情形。讀者可以藉由探究正字之演變脈絡與途徑，進而確立其形、音、義，有助於當代文字之正確使用。

(三) 教育部頒行的三個國字標準字體表

在《異體字字典》裡，扮演歸納異體的正字角色，而有引領功能的三個標準字表，肇始於臺灣師範大學國文系文字學老師組成的「國字整理小組」，幾位老師課餘研訂的漢字系統，獲得美國國會圖書館採用，引起教育主管當局的重視，也因而開啟了字表研定的漢字整理工程。

1.《常用國字標準字體表》(亦稱《常用國字標準字體表甲表》、《甲表》)

1973年2月由「國字整理小組」擴編的「常用國字編纂處」在林尹先生領導下，著手進行常用標準國字的整理工作。《甲表》共收常用國字 4,808字，其收字及選字標準為：

本表選字以《中文大辭典》編纂處「總字表」(49,905字)、師大國文研究所研訂之「常用字表」(2,408字) 及教育部「國民學校常用字彙表」(4,708字)，合併統計其總出現次數，再參酌各方意見修訂而成。[6]

6)《國民常用字典》雖已完成編修工作，因故未正式刊行。但坊間卻見其中,《中文大辭典》「總字表」由《中文大辭典》等十五種文獻資料歸納統計而成, 臺灣師範大學國文研究所「常用字表」, 則據當代書刊雜誌抽樣統計而成。可知《甲表》之纂輯, 蓋廣泛蒐集當時較為通行的辭書以及報章雜誌而來。後來教育部更以這4,808個字為基礎, 加上由大陸地區報章雜誌統計得到的四千七、八百個常用字, 合併整理出一個5,401字的通行字表, 並據以編纂《國民常用字典》。

2. 《次常用國字標準字體表》(亦稱 《常用國字標準字體表乙表》、《乙表》)

1980年編纂團隊研訂常用國字外之次常用國字10,740字。在參酌各方意見後, 依據使用頻率, 將10,740字區分為《次常用國字標準字體表》(《乙表》) 6,341字(含單位詞9字) 以及 《罕用字體表》(《丙表》) 4,399字。同時決定凡甲乙丙三表之異體字, 另立《異體字表》(《丁表》)收納之, 以方便檢索。

《乙表》的選字原則有三:

(1) 凡十三經、四史、《楚辭》、《文選》、《淮南子》、《老子》、《莊子》、《荀子》、《韓非子》、《呂氏春秋》、《管子》等書用字。
(2) 以《中文大辭典》為根據, 再參酌其他辭書, 凡某字之詞頭次數超過兩次以上者。
(3) 現代學術專業或地方性用字, 經討論決定者。

《丙表》之選字原則為:

同名而且收字相同的字典。

(1) 凡甲、乙兩表未收, 且非甲、乙兩表之異體字者。
(2) 罕用字中有異體者, 經討論後擇一錄之。

至於《丁表》因後來據以擴充纂成《異體字字典》, 雖亦彙集成冊, 但未公告使用, 就1984年3月版而言, 收有異體18,588字, 補遺22字, 總計15,610字。

依據《乙表》的編輯說明, 可以得知字表的纂輯範疇, 已由當時通行的書報, 擴展至熟知常見的古籍經典。由於這些典籍並非一般民眾日常閱讀材料, 因此, 整理所得的文字, 列為次常用字。至於只出現在其他文獻資料或較為罕僻, 但確認可以獨立使用, 且不為甲、乙表字之異體者, 則收為《罕用字表》(《丙表》)。

3. 《罕用國字標準字體表》(亦稱《罕用字體表》、《丙表》)

1982年編纂團隊研議擴充《罕用字體表》(《丙表》)並修訂《異體字表》(《丁表》)。本次研訂, 《罕用國字表》 由原訂4,399字擴充為18,388字 (若含附錄字18字、補遺74字, 則為18,480字)。《丙表》之收字審定原則亦同時修正為 :

(1) 凡具有獨立音義而不屬於甲、乙兩表之異體者。
(2) 一字多體, 其選字原則為 :
① 選取其合於六書之造字原則者。
② 多體皆合於六書造字原則, 則儘可能取其出現時代較早者。
③ 多體皆合於六書造字原則, 若其時代較早者過於罕僻, 則取其筆劃較不繁瑣者。
④ 凡屬姓氏、化學元素名、地名、水名等專有名詞, 雖本為他字之異體, 然以專名不能兩通, 故皆獨立為罕用正字。

⑤ 複音詞或聯綿字，兩字並收。如：、

⑥ 凡音義不全或構形難解之訛字，概不收入。

(四)《異體字字典》裡的《新增正字表》(《N表》)

前面曾經提到，《異體字字典》總收字為106,230字，其中正字29,892字，異體字76,338字(含待考之附錄字)。字典中的正字完全依照部頒的常用、次常用以及罕用等三個標準字體表。但如遇有正、異體對應關係淆亂，或者三個字表未收，卻有獨立音義之文獻字形，則補收為新增正字。若有三個標準字體表所收字形確屬疏誤而與部頒資料牴牾者，則於討論確認後，參據教育部《國字標準字體楷書母稿》、經濟部中央標準局《國家中文標準交換碼》等資料修訂之。

(五)《異體字字典》正字綱領的特殊現象

理論上，三個標準字體表加上新增正字表，應該可以完全肩負引領異體的工作，然而，文字的發展形勢多元，四個字體表，亦有未能完全切合文獻用字的情形。因此，《異體字字典》中，偶有正字綱領未能徹底發揮效用或執行未盡完善情形。如：

1. 文獻雖已明白指出正、異關係，標準字體表卻分別收為不同正字，本典或依文獻處理正、異關係，未能兼顧各正字所應具備之條件。如：「汙」、「污」二字於標準字體表中，分別收為常用字與次常用字，唯此二字實為同源，僅字形之末筆是否彎曲、橫筆交接與否二處略見差異而已, 故歷來文獻皆以正、異關係處理之。本典以「汚」(次常用字) 為「汙」(常用字) 之異體字, 雖無不妥, 但「汚」字之釋義云 :「同『汙』。」造成「汚」字不具獨立音義, 正字條件有所不足, 依例不得收為正字卻又收為正字的矛盾現象。

2. 或有教育部標準字體表未列為正字, 而於文獻中卻見某字有獨立於所有正字以外之音義者, 本典因其字不在現行標準字體範圍之內, 而將該字形另行獨立為新正字。如 :「亘」字教育部《異體字表》列為「亙」字之異體, 非屬正字。惟察考文獻,「亘」字見於《說文 · 二部》:「亘, 求亘也。从二从。, 古文回, 象上下所求物也。」音ㄒㄩㄢ, 復因具有上下求而盤桓義, 可以推知當為「宣」之本字。唯ㄒㄩㄢ音、上下求而盤桓義, 皆屬其所對應正字「亙」字所未能含括者, 是以本典依其音、義, 另立「亘」字為正字。唯此一新立正字之作為, 卻與正字表不相契合。

3. 漢字凡有二字構件及其音、義全同, 只是構件位置不同情形者, 文獻多以正、異關係處理, 譬如「峰」與「峯」、「群」與「羣」、「秋」與「秌」之類。唯《異體字字典》中卻有二字構件全同, 位置不同, 音、義亦異現象。如 : 《說文 · 木部》:「櫳, 檻也。从木龍聲。」又云 :「櫱, 房室之疏也。从木龍聲。」而《玉篇 · 木部》云 :「櫱, 例同切, 房室之疏。亦作櫳。」《字彙 · 木部》云 :「櫳, 盧容切, 音龍。養獸檻。櫱, 同上。一曰房室之疏。」《正字通 · 木部》云 :「櫱, 同櫳。」《說文》二形二義,《玉篇》「櫳」為「櫱」之異體,《字彙》、《正字通》則以「櫱」為

「櫳」之異體。二字之正異關係糾葛淆亂。本典依《字彙》、《正字通》以「龒」為「櫳」之異體，固然合於教育部三個標準字體之安排與理念，卻無法解釋《說文》與《玉篇》之現象。究竟應以正字表為依歸，維持現狀，抑或依據新立正字體例，獨立字，似乎都有不盡周延之處而難以決斷。

有關上述幾個正字綱領未能徹底執行之情形，究其原因，或與教育部標準字體表之溢收或漏收有關。《異體字字典》在必須維持標準字體表之標準正字地位，又要考量正、異體字對應關係之情況下，究竟應該如何取捨的課題，值得深思。

三、《異體字字典》的字音系統

《異體字字典》主要在於收錄歷代文字因異寫或異構造成之殊形，因此，音、義之呈現完全配合文字形體。字典編纂初期，由於人力限制，加上專心致志的以文字形體之殊異為主要研究範疇，因此有關音讀以及釋義之選錄，除非有重大變革或誤訛，經討論後重新修訂，否則大抵以《重編國語辭典修訂本》所載之音義為本；另外，某字形若於發展或使用過程中，有其特殊音、義而與今日為別者，本典為呈現其發展脈絡與途徑，保存其音、義，故其音讀之收錄，每有多於《重編國語辭典修訂本》之情形；至若由教育部頒行，具有規範性質的《國語一字多音審訂表》中罕用不錄或併讀者，本典則亦視其形體與音、義關係，斟酌選錄。

2013年起，為更方便讀者使用，並修正誤訛，本典啟動修訂工程。修訂過程中，每見因依據《重編國語辭典修訂本》或《國語一字多音審訂表》 定音造成之音義未盡切合情形，於是或有零星修訂調整。為使音、義與形體之對應關係精準一致，工作團隊雖已將字音之選錄與調整，列入工作計畫，卻未及實施。因此，有關《異體字字典》之字音系統，目前尚未全面建構，只能配合《重編國語辭典修訂本》之修訂，做小幅度的調整。目前，我們處理的原則為：

（一）一音一義為原則，惟若屬《修訂本》既有取音，原則上均予以保留，不作刪除。

（二）正字義若含多音，字音隨義項排列（首依字義演變脈絡，次依書證時代先先）；　異體字若因對應多個正字有不同音讀，暫依現況排列字音，待本典音系確認後再視需要調整。

（三）正字另兼為他字異體時，依次呈列正字、異體字音，如：A00884「她」，先列正字音ㄊㄚ及義項，次列對應「姐」之異體字音ㄐㄧㄝˇ。

（四）若為無歧義之多音，　原則上僅於其中一音下作釋義說明，其他字音則僅交代「某之又音」。如多音屬正、又音，於正音下作釋義說明，其他字音處則僅交代「某（正音）之又音」。

四、《異體字字典》的字義系統

與字音系統相同，建構初期，本典的字義系統，除非誤訛或重大變革，大抵以《重編國語辭典修訂本》所載為準。但自啟動修訂以來，有關釋義之選錄以及排列之修訂意見已臻一致，而且形成共識，於是試為擬訂正字釋義原則，其要點大抵有：

(一)《異體字字典》原正字釋義，錄自《重編國語辭典修訂本》，除明顯誤訛或重大變革外，以原有釋義體例及義項內容為基礎。

(二) 原有詞類含多義項者，先歸併為一大義項，再細分為小義項。歸併義項以虛詞詞類為主，量詞亦比照處理。

(三) 實詞義項逕釋字義，不作詞性說明；虛詞義項及構詞性質為狀聲詞或詞綴者，則予標明。虛詞之語法屬性說明，含括介詞、連詞、助詞、嘆詞。

(四) 姓名用字義屬《修訂本》既有者，均予保留，並酌引文獻出處原文。確知為援引其他古典文獻者，則立為義項；然若字書僅釋以「姓也」、「複姓」(如「司馬」)，則不予收錄。

(五) 若有下列需要，可酌增古典書證之前人注疏或本典形體資料表之字、韻書為證，情形如下：

1. 詞義流變脈絡清晰，惟古典書證用例之語義較不易理解時，可酌引前人注疏，以支撐字義或幫助理解文義。

2. 詞義流變脈絡難以推求之通假義或罕見義項，則引錄前人注疏或字韻書線索，作為字義來源依據或佐證。

(六) 釋義中「通『某』」、「同『某』」用語處理原則如下：

1. 凡為音之通假，無正異關係者，一律曰「通」。

2. 凡於本典具正異關係者（列有異體訊息），一律曰「同」。

3. 凡於本典未具正異關係（未有異體訊息），然確屬義同或可同用者，亦曰「同」。

4. 通、同字若有多重音義，皆明確標示其所對應者，如「偺」：「余也、吾也。同『咱』(一)、『喒』(一)。」

(七) 本典釋義以單詞為主，若因特殊狀況須以複詞為釋，則先陳列該複詞，再行解釋。

1. 以聯綿詞為釋者，如「倉」，「倉皇」：恐懼忙亂貌。

2. 以複詞為釋者，如「伏」，「伏日」、「伏天」：指自夏至後之第三庚日起，每十日為一伏，有三伏，共三十日，稱為「伏日」，為一年中最熱之時。

(八) 解說時，以不加按語融入編者個人主觀意見為原則。

五、《異體字字典》裡的簡化字

現版《異體字字典》有關大陸簡化字之收錄，受限於編纂時的政治與兩岸關係，持較為保守的態度，依照《異體字字典·異體字編輯體例》的敘述，本典對於簡體字與簡化字的收錄，大抵參考中國文字改革委員會1986年出版的《簡化字總表》以及湖北四川辭書出版社1990年出版的《漢語大字典》，收錄之簡體字與簡化字共有兩類：

1. 教育部於西元1935年頒布的324個簡體字，皆收錄為異體。例如：「遅」、「卖」、「涨」分別收為「遲」、「賣」、「漲」之異體。
2. 大陸地區使用之簡化字，僅收錄其公布之第一批簡化字字形。例如：「迟」、「护」、「疗」分別收為「遲」、「護」、「療」之異體。

2013年10月在由澳門語言學會召開的「兩岸漢字使用情況學術研討會」中，與會學者對於兩岸四地漢字形體參差問題，7) 討論甚為熱烈，並建請由王寧先生召集四地學者，以甫公告的《通用規範漢字表》字形為中心，就四地的文字異形進行比較分析，由中華書局印行，供各界研究利用。

《異體字字典》編纂委員會以為港澳陸地區部分規範字形，雖與標準正字

形構不盡相同，卻具學理依據，且依本典異體字收錄原則與精神，似乎應予考慮增收。至於部分本典已收為異體，三地新定規範字形卻有變動情形者，則有全面檢討刪併之必要。因此，在具體評估工作能量後，向主管當局提出簡化字修訂建議。《異體字字典》主管當局「教育部國家教育研究院語文教育研究發展辦公室」(現已與「編譯發展中心」歸併為「語文教育及編譯研究中心」) 在評估辭典發展與使用需求後，擬定「《異體字字典》港澳陸規範字收錄研究」專案計畫，委由輔仁大學李鵑娟教授全面檢討現版《異體字字典》有關簡化字之收錄問題，擬於分析暨增刪建議方案完成後，啟

---

7) 臺灣、大陸、香港、澳門。

動簡化字收錄硏議機制, 著手進行《異體字字典》簡化字收錄之增刪工作。

李鵑娟教授的研究報告以為 : 依照《異體字字典》收錄異體字的原則與精神, 凡是形構具有學理依據的漢字, 都應考慮收為異體。因此,《異體字字典》是否應該全面收錄大陸簡化字, 其實不是問題。站在文字發展與運用的立場以及《異體字字典》既然已經收錄第一批簡化字並增列漢語拼音檢索功能的前提下, 全面收錄形構具有學理依據的大陸簡化字以為異體的做法, 應該是無庸置疑的。因此, 對於《異體字字典》收錄簡化字的議題, 我們具體的看法是 :

1. 《通用規範漢字表》既然已經成為大陸地區用字規範, 就《異體字字典》的纂輯與文字整理工作的精神而言, 都應據以整理並建立對應關係, 建構更為完善周延的異體字網絡。
2. 基於《異體字字典》「收錄正體字不同書寫形式, 藉以觀察正字與異體字孳乳與字形變易的脈絡」的編輯目的, 《簡化字總表》中一些後來被淘汰未收的簡化字, 仍應收錄, 以保持完整的異體字收錄及其變革史實。
3. 《通用規範漢字表》中承續《簡化字總表》諸字形之呈現方式, 可依仿本典歷代字書處理模式, 加列關鍵文獻。
4. 將簡化字當作異體字處理, 不僅合乎《異體字字典》編纂的基本精神, 更不必為了刻意避開簡化字而造成不合學術規範的奇特現象。

換而言之, 全面廣泛收錄具有構形理據的簡化字, 刪汰任意簡省訛變而不具構形理據的異體簡化字的簡化字收錄原則, 是《異體字字典》日後進行增刪簡化字工作的主要依據。

六、《異體字字典》的增修與調整

《異體字字典》的修訂工作，從未停止。我們持續進行的工作大抵有：

(一) 內容編修部分

1. 持續修訂「正字解說」中之「釋義」

本典收錄約三萬個正字， 其中約有一萬個正字的釋義原係引自教育部《重編國語辭典修訂本》，為使該批正字釋義更能切合本典性質，我們持續的邀請學者專家進行修訂，期使釋義內容能夠更為貼合本典陳列文獻之字義演變脈絡，並參考兩岸重要辭書，酌補常用字義。

2. 持續增補「正字解說」中之「說文釋形」

漢代許慎《說文解字》的構形說解，向來為探討文字本形之主要依據。為此，本版次增設「說文釋形」欄，陳列《說文解字》中之文字本形，並及字義和字構析解，以呈現《說文》本形與正字字形和字義之關聯，做為正字溯源之參考。

3. 字形收錄之必要增補或刪改

就學者專家以及編務人員於使用或修纂過程中, 陸續提供、發現之文獻資料以及字形聯繫線索等進行審查, 並作必要之增補或刪改 (如 : 新增異體、異體字改形、增列對應正字關係等)。

4. 形體資料表文獻影像之改良

本典以正字為綱領, 並逐字附錄形體資料表提供形、音、義發展脈絡以為參考。惟原版次因編輯年代較早, 掃描技術未盡成熟, 故形體資料表中部分文獻影像稍嫌模糊, 爰於建置新版系統時, 重新數位化其中33部可以對外開放瀏覽文獻, 提升影像辨識, 俾利讀者參考。

5. 擴充附錄「正字表」

本版次擴充附錄「正字表」, 納編本典收錄之正字 (含常用、次常用、罕用字及新增正字), 確實呈現教育部國字標準字體的修訂成果, 也便於讀者查閱。

6. 改善附錄字圖

本典原有字圖之解析度較低, 且因當時受限於編輯期程, 未及完成楷體字型之製作。本版次除逐步改善辭典正文及附錄內容中之字圖資料外, 更以楷體風格重製原有手寫字圖, 使字形更為清晰劃一。

(二) 系統調整

本典自公布試用以來，累計使用已達200萬人次，平均每日約有1,200使用人次，為因應教育部之修訂規範，並參考讀者反應意見以及自我檢測結果，提昇字典服務品質。本版次新增或修訂之系統特色如下：

1. 查詢介面

(1) 正文收字查詢

除既有的「部首查詢」、「筆畫查詢」外，本版次另增設「單字」、「注音」、「漢語拼音」、「倉頡碼」、「四角號碼」等五種傳統查詢方式，以及綜合上述七種方式後再加入筆順、形構等條件的「複合查詢」。總計提供八種查詢方式。

(2) 附收字查詢

提供部分附收字綜合查詢功能，包含〈正字表〉、〈待考正字表〉、〈單位詞參考表〉、〈符號詞參考表〉、〈日本特用漢字表〉、〈韓國特用漢字表〉、〈臺灣閩南語用字參考表〉、〈臺灣客家語用字參考表〉、〈漢語方言用字參考表〉等九種附錄之收字查詢。

2. 收字呈現

(1) 系統字由原先使用之 Big5 字集改為 Unicode 字集，字型以微軟標楷體為主。

(2) 非系統字則提供「教育部宋體字圖」及「原版手寫字圖」兩種模式選擇，並以前者為系統預設模式，讀者可依個別需求，轉換呈現模式。

(3) 配合教育部規範之修訂，將注音符號韻符「ㄧ」全面修改為「一」，以利排版與辨識。

七、結語

本典既然定名為《異體字字典》，當然是以歸納整理典籍文獻中的異體字為主要任務。然而，由於異體字的產生原因不一，分化演變的過程更是複雜，使得正異關係的判定，或因時代、個人理念的不同而異； 再加上主管當局為因應各種不同理由以及民眾反應意見，建議修正或增訂，使得《異體字字典》必須扮演的角色，越來越不單純。因此，《異體字字典》所面臨的，將是一個充滿變數的局面。

後學自從1995年加入《異體字字典》編輯團隊以來，只知道要盡其在我的將每一個負責審定的字，不論字形、字音或字義，都做最為詳贍的考察與辨識， 提供讀者最為精準明確的異體字相關訊息。就是沒想過在《異體字字典》面臨變革如此嚴峻的局面下，必須承繼師長們的志業，承擔起規劃和繼續修審的重責大任。二十幾年的《異體字字典》纂輯經驗，讓我們很清楚的了解到，不管我們再怎麼努力的修訂，總是有所不足，因為新的證據不斷出現，讀者寄予我們的厚望也日益殷切，我們的人力卻有所不足，我們的資源也不是那麼的豐沛。但是，我們卻很願意，也很享受於沉浸在異體字的世界裡，為學界提供服務、為讀者提供新知，為漢字的發展與承傳，略盡我們的綿薄之力。

最後，想借這個機會再一次提出來的是 ： 固然主管當局的決策，是我們工作的依據；讀者的回饋，卻是我們工作熱情與動力的來源。因此，衷心的企盼學界朋友能夠指摘我們的不足，提供我們修訂的意見，讓我們在還可以使得上力的時候，讓《異體字字典》能夠呈現更為周延的面貌，提供更為詳贍的服務，展露更為耀眼的風華。

〈主要參考書目〉

《異體字字典》，臺北：教育部，http://dict.variants.moe.edu.tw/，2017.

曾榮汾 等，《辭典學新論2006》，臺北：辭典學研究室，2007.

李添富，<《異體字字典》與簡化字收錄問題>，《兩岸漢字使用情況學術研討會論文集萃》，澳門：澳門語言學會，2014.

李添富，<《異體字字典》的正字選錄原則>，《漢字研究》15，釜山：慶興大學，2016.

附錄 :《異體字字典》檢索便覽 :

《異體字字典》正式六版首頁 (網址 :
http://dict.variants.moe.edu.tw/)

《異體字字典》正式五版首頁

（網址：http://dict2.variants.moe.edu.tw/）：本版於2017年9月後停止更新，置於第六版「字典附錄」僅供參考。

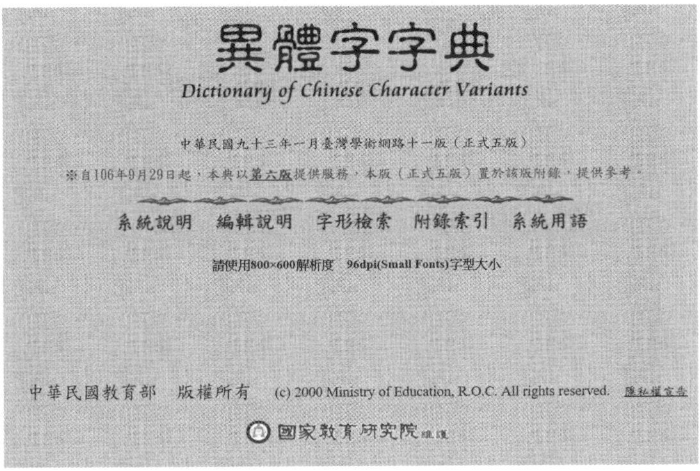

《異體字字典》正式六版「檢索功能」：提供「部首查詢」、「筆畫查詢」等8種方式用於檢索正文收字，「附收字查詢」則用於綜合查詢附錄項目收字。

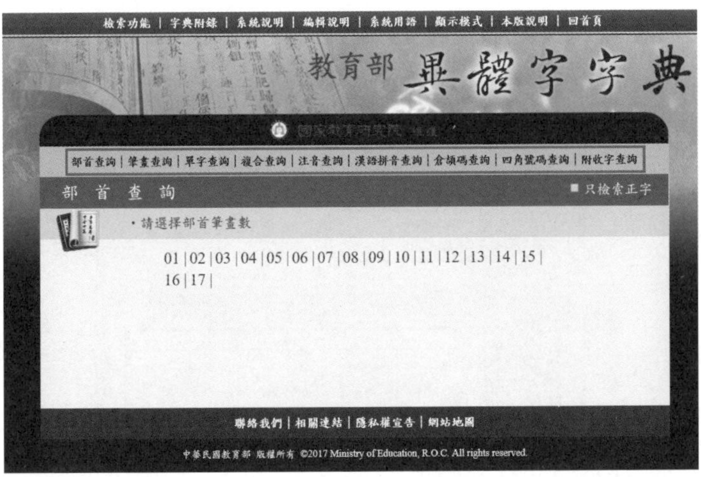

《異體字字典》正式六版「正字頁」: 提供本典正字之字形音義、古今文獻形體資料，以及正字相應之歷代異體字形。

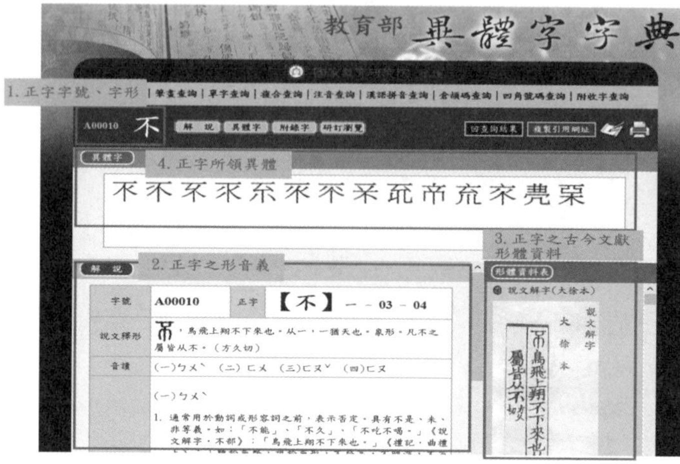

《異體字字典》 正式六版「異體字說明頁」: 提供本典所收異體字形依據之關鍵文獻，部份附上異體字形之專家研訂說明。

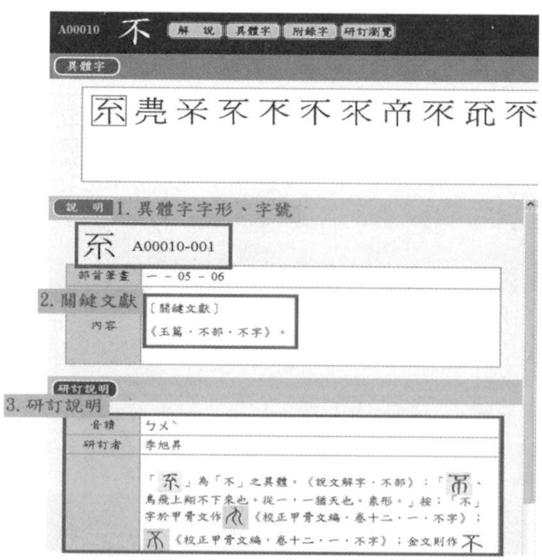

《異體字字典》正式六版「字典附錄」：本典編錄「正字表」、「異體字表修訂版(第二版)」、「異體字例表」等附錄可供參考。

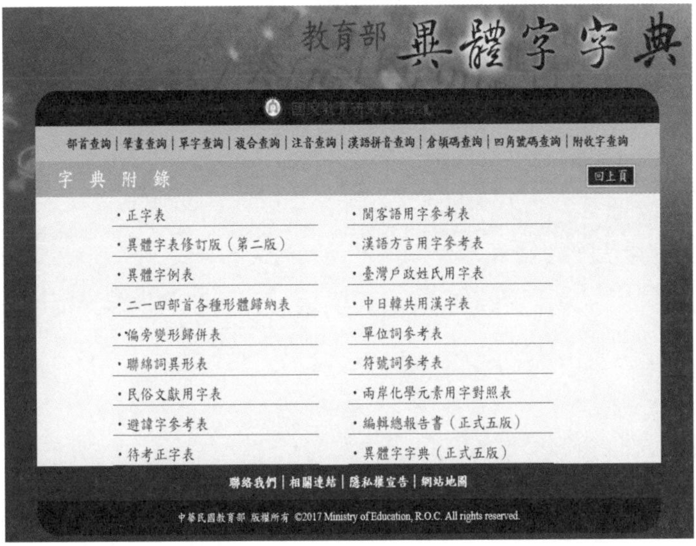

[*이 글은 단국대학교 동양학연구원 학술지 『동양학』 71집(2018.4.30)에 수록된 것이다. 이후 동양학연구원 사전학총서 5집 간행의 취지에 부응하여 재수록하였다.]

『異體字字典』의 응용과 미래

리 텐 푸(李添富)

一. 서론: 『異體字字典』의 편찬 과정

대만 교육당국은 1970년대 초부터 표준한자 정리 작업을 시작했고, 『常用國字標準字體表』, 『次常用國字標準字體表』, 『罕用字體表』 등 3가지 한자표[1]와 기초적인 『異體字表』를 만들었다. 앞서 발표한 3가지 한자표는 모두 독립적인 음과 뜻을 지닌 문자를 포함하고, 『異體字表』는 이러한 정자(正字)와 음과 뜻은 같지만 표기법은 다른 한자를 수록하고 있다. 4개 표는 현재 중국어표준유니코드(CNS11643)의 근간을 이루고 있다.

1995년 진백원(陳伯元) 교수가 한국에서 열린 『제 2차 한자문화권 생활한자문제 국제학술회(第二屆漢字文化內生活漢字問題國際研討會)』에서 현재 아시아 각국에서 쓰고 있는 한자의 자형의 각기 다르다는 문제에 관해 정리 작업의 필요성을 제기했고, 이에 진 교수의 제안이 안건으로 통과되었다. 진 교수는 대만에 돌아온 후

1) 3개 표준한자표는 표준화 역할을 하기 때문에 보통 '정자표'라 부른다.

교육부의 국어운용추진위원회(국어회)에 이에 대한 제안을 했다. 국어회 주임위원이었던 이 교수는 추 교수와 함께 관련 학자들과 논의한 결과, 『異體字字典』 편찬을 추진하기로 했다. 이유는 다음과 같다.

(一) 전통적인 정자의 지위를 지키기 위해 정자를 기준으로 아시아 한자를 정리할 필요가 있다.
(二) 컴퓨터 중국어 유니코드를 확대하기 위해 그 기반으로 대대적인 정리작업이 필요하다.
(三) 기존의 이체자 정리표를 보완 및 확대할 필요가 있다.[2)]

또한 『異體字字典』 편찬 목적을 다음과 같이 정하였다.

첫째, 국어 교육 및 연구 시 참고한다.
둘째, 국제한자 표준화 및 통일화 작업 시 참고한다.
셋째, 기존의 『異體字表』 보완 시 근거로 활용한다.
넷째, 향후 중국어 유니코드 확대 시 활용한다.

6년 후, 약 120명의 전문가가 참여하고, 약 천 3백여 개의 문헌을 참고한 결과 『異體字字典』이 완성되었다. 본 자전 편찬에 활용된 문헌은 기본문헌과 참고문헌 두 가지로 나눌 수 있다. 기본문헌은 자형 출처로, 다시 설문(說文), 고대문자, 간독(簡牘), 예서(隸書), 비석문, 서첩(書帖), 자서(字書), 운서(韻書), 자양서(字樣書),

---

2) 《異體字字典 · 編輯說明 · 編輯委員會主委序》(2004年1月) 참조.

속자보(俗字譜), 불경문자, 현대자서 등 12가지 62개 문헌으로 나뉜다. 자형의 실제 사용사례에 쓰인 참고문헌은 경사자집(經史子集)으로 총 1,242개이다. 자전에 수록된 한자는 총 106,230자(최신 개정판 106,333자)로, 그 중 정자는 29,892자(최신 개정판 29,924자), 이체자 76,338자(최신 개정판에서는 이체자 74,407자, 보류자 2,002자로 총 76,469자)로, 초대형 중국어 자형자전이라고 할 수 있다. 본 자전은 크게 네 가지 특징이 있다.

1. 세계최대 중국어 문자 데이터베이스
2. 모든 수록한자의 출처가 문헌인 자형자전
3. 고대와 현대의 문헌을 결합한 자형자전
4. 국내 문자전문가의 지혜를 담은 자전[3)]

본 자전의 의의는 다음과 같다.

1. 문자의 역사를 기록
2. 현대 한자 모양 수립
3. 중국어 정보 제공
4. 학문 연구 근거 제공[4)]

---

3) 曾榮汾의 〈近二十年來國語會語文整理成果析介〉(曾榮汾) (《辭典學新論2006》, 사전학연구실, 2007.6) 참조.

4) 陳逸玫의 〈教育部《異體字字典》研究〉(輔仁大學中文研究所博士論文研究計畫, 2013年 4月) 참조.

二. 『異體字字典』의 자형 체계

『異體字字典』은 '정자'를 기준으로 그에 상응하는 '이체자'가 수록되어 있는 형식이다. '정자'는 독립적인 발음과 의미를 지닌 한자를 뜻하고, '이체자'는 음과 뜻은 '정자'와 같으나 모양이나 구조가 다른 한자를 일컫는다. 『異體字字典』은 '한자사용 표준 확립'을 위해, 정자와 그에 상응하는 이체자를 연결하는 방식으로, 교육부가 발표한 3개의 한자표준표를 기반으로, 고대와 현대한자 및 대량의 문헌 속 실제 활용사례를 참고하여 편찬한 것이다. 다시 말하면, 『異體字字典』은 현대한자를 바탕으로 역사적으로 정자와 음과 뜻은 같으나 형식이 다른 이체자를 수록한 자전이다.

(一) 『異體字字典』 속 정자와 이체자의 상관관계

앞서 언급한 바와 같이 『異體字字典』 속 '정자'와 '이제차'가 역사의 흐름 속 어느 단면에 존재하는 만큼, 정자와 이체자는 결코 자형 자체의 속성이 아니라, 어떤 자형이 '정자'의 지위를 얻게 된 후 같은 속성을 지닌 다른 자형이 '이체자'로 인식된 것이다. 따라서 『異體字字典』은 '이체자'를 '정자에 상응하는 다른 자형'[5]이라 정의한다. 정자 이체자의 상관관계는 다음과 같이 분류할 수 있다.

5) 《異體字字典. 編輯說明. 編輯略例》 참조.

1. 문헌에 정자와 이체자의 관계가 명시된 경우

문헌에 정자와 이체자가 상응한다는 근거가 있을 경우 본 자전은 정자를 기준으로 해당 정자-이체자 관계를 만들었다. 예를 들면 다음과 같다.

【企】『용감수경(龍龕手鏡)』: 佱㪰, 二俗。企, 正。
본 자전은 이에 따라 '佱'자와 '㪰'자를 '企'자의 이체자로 분류한다.

【拉】『광운(廣韻)』: 拉, 折也, 敗也, 摧也。盧合切。搚, 上同。擸, 亦同。
본 자전은 이에 따라 '搚'자와 '擸'자를 '拉'자의 이체자로 분류한다.

2. 원래 통가자(通假字)이나, 문헌에서 정자, 이체자 관계로 명기된 경우

이러한 경우 원래 각자 음과 뜻을 가지고 다르게 쓰였던 글자가 잘못된 용례의 보편화로 인해(통가자) 자서, 운서에서 정자-이체자 관계로 서술하고 있어 이체자가 정자의 신분을 가지고 있다. 예를 들면 다음과 같다.

【後】『설문 · 척부(說文 · 彳部)』: 遲也。从彳, 幺, 夂者, 後也。서개(徐鍇) 왈(曰): 幺猶躓之也。『설문 · 구부(說文 · 口部)』: 后, 繼體君也。象人之形, 施令以告四方, 故厂之從一口, 發號者君后也。

이처럼 '後'자와 '后'자는 뜻이 다르다. 일부 문헌의 경우 '後'자 부분에 '后'자를 이체자로 소개하고 있어, 본 자전은 '后'자를 '後'자의 이체자로 분류했다.

3. 형태가 다른 연면어(連綿語) 중 파생 혹은 변역 관계가 명확한 경우

연면어(連綿語)는 소리를 표현하기 위한 것이기 때문에 다양한 형태로 나타난다. 예를 들면 '彷彿(방불)' 혹은 '仿佛'은 '髣髴'로 표기할 수 있다. 이렇게 소리를 나타내기 위해 다양한 형태의 글자가 쓰이는 경우 본래 정자-이체자의 관계로 보지않는다. 따라서 본 자전은 그 중에서 명확한 파생 혹은 변역 관계가 있는 경우만을 정자-이체자 관계로 정리했다. 예를 들면 다음과 같다.

【崑崙】 '崑崙'과 '昆崘'은 형태가 다른 연면어이다. '崑'자와 '昆'자, 그리고 '崙'자와 '崘'자를 보면 같은 구성자가 위치만 다르게 나타나 변역의 관계가 있음을 알 수 있다. 또한, 문헌에서 '昆崘'의 용법을 찾을 수 있다는 점에서 두 단어에 쓰인 글자가 정자-이체자 관계임을 알 수 있다. 따라서 본 자전은 각각 '昆'자를 '崑'자의 이체자로, '崘'자를 '崙'자의 이체자로 수록했다.

【徘徊】 '徘徊'와 '俳佪'는 형태가 다른 연면어이다. '徘'자와 '俳'자, 그리고 '徊'자와 '佪'자는 형부(形符, 뜻을 나타내는 부분)가 다르지만 문헌에서 '俳佪'의 용법이 자주 등장한

다는 점에서 두 단어에 쓰인 글자가 정자-이체자 관계임을 알 수 있다. 따라서 본 자전은 각각 '俳'자를 '徘'자의 이체자로, '佪'자를 '徊'자의 이체자로 수록했다.

4. 정자에서 일부 획을 생략한 것으로 확실하게 판명되는 피휘자(避諱字)

고대에 피휘자는 음이 같은 글자로 대체하거나 일부 획을 생략했다. 본 자전은 그 중에서 '일부 획을 생략한 피휘자'와 정자를 정자-이체자 관계로 보았다. 예를 들면 다음과 같다.

【玄】『광운(廣韻))』, 『유편(類篇)』 등에서 '𤣥' 이와 같은 글자를 볼 수 있다. 송태조의 이름이 '현랑(玄朗)'이었기 때문에 당시 책을 쓸 때 '玄'자의 마지막 획을 생략하여 피했다. 따라서 본 자전은 '𤣥'을 '玄'의 이체자로 수록했다.

【朗】『광운(廣韻))』에서 '[illegible]'이와 같은 글자를 볼 수 있다. 송태조의 이름이 '현랑(玄朗)'이었기 때문에 당시 책을 쓸 때 '朗'자의 마지막 두 획을 생략하여 피했다. 따라서 본 자전은 '[illegible]'을 '朗'의 이체자로 수록했다.

5. 문헌에 '발음이 같다'로만 표기되어 있으나 모양이 이체자임을 추측할 수 있을 때

문헌에서 어떤 글자의 설명에 '同+무엇(무엇과 똑같다)'가 아닌 '音+무엇(무엇과 음이 같다)'이라고만 표기되어 있어, 두 글자의 음이 같은 것은 확인되지만 정자-이체자 관계는 명확하지 않은 경우가 있다. 이 경우 본 자전은 '부록 보류자'로 분류한다. 차후에 다른 문헌에서 정확한 정자-이체자 관계가 확인되는 경우 다시 정자-이체자로 수록한다. 예를 들면 다음과 같다.

【丘】『용감수감 1부(龍龕手鑑 · 一部)』: 𠀉, 音丘。
『옥편 · 구부(玉篇 · 丘部)』: 丠, 丘同。
『집운集韻 · 평성平聲 · 우운尤韻』: 丠 𡊥 丘 𡴀, 祛尤切。
『설문(說文)』: 土之高也, 非人所為也。……

이로 미루어 보아, '𠀉'자는 '丠'자, '丠'자와 모양이 비슷해 자형이 변한 것으로 판단할 수 있다. 따라서 본 자전은 '𠀉'를 '丘'의 이체자로 수록했다.

6. 문헌에 직접적인 단서는 없으나, 음과 뜻을 봤을 때 이체자로 판단되는 경우

문헌에서 직접적으로 관계를 언급한 것은 아니지만, 음과 뜻이 같고 자형이 변했다고 판단되는 경우 이체자로 볼 수 있다. 따라서 본 자전은 이러한 유형도 이체자로 분류했다. 예를 들면 다음과 같다.

【畸】『설문 · 전부(说文 · 田部)』: 畸, 残田也。从田奇声。『광운(廣韻)』: 畸, 残田。『집운集韻 · 평성平聲 · 지운支韻』: 畸, 《說文》殘田也。

『집운』에서 정자인 '畸'가 직접적으로 등장하지는 않지만, 두 글자가 음과 뜻이 같고, 여러 문헌 간에 서로 관련성이 나타나고, '奇'자가 '竒'자로 자주 쓰인다는 점을 감안했을 때 '⿰田竒'자가 '畸'자임을 추측할 수 있다. 따라서 본 자전은 '⿰田竒'자를 '畸'자의 이체자로 수록했다.

(二)『異體字字典』의 정자강령 실천

이처럼 '이체자'는 '정자'의 상대적인 개념이다. 따라서 수많은 문헌 속에서 이체자를 선별해 내려면 먼저 정자에 대한 개념을 확실히 해야 한다. 정자에 대한 정의가 명확하게 수립되어야 그 형태, 음, 뜻을 기준으로 그에 따른 이체자를 분류할 수 있다.『異體字字典』은 교육부가 반포한 표준한자표의 정자를 바탕으로 했다. 이로써 지금까지 정자에 대한 일정한 기준이 없어 초래된 혼란을 막을 수 있었다. 또한 이렇게 정자강령을 자전에 활용하여 크게 두 가지 성과를 이루었다고 볼 수 있다.

첫째, 현재 사용하는 한자를 기본으로 하여 역사문헌의 자형을 함께 수록했기 때문에, 독자가 익숙한 현대한자를 통해 문헌 속 생소한 자형을 익히게 되면서 문헌을 더 잘 해석할 수 있게 된다.

둘째, 정자의 자형이 문헌에서 변화하는 과정을 보여주어, 독자는 정자의 변화 배경과 방식을 알게 되고 그 형태, 음, 뜻을 확실히 파악하게 되어 한자를 정확하게 사용하게 된다.

(三) 교육부가 반포한 국가한자표준자표

『異體字字典』에서 정자의 기준이 되는 표준자표는 대만사범대학 국문과 문자학 교수진으로 구성된 '국가한자정리팀'이 만들었다. 교수진 몇 명이 수업 후 남는 여가 시간에 한자체계에 대한 연구를 진행했고, 그 연구결과가 미국국회도서관에서 채택되어 교육관련당국의 관심을 받게 되면서 한자표 정리사업이 시작되었다.

1. 『常用國字標準字體表』(『常用國字標準字體表甲表』 혹은 『갑(甲)표』)

1973년 2월 '국가한자정리팀'이 확대되어 설립된 '상용국가한자편찬처'는 린이센(林尹先) 교수의 주도로 상용표준국가한자 정리작업에 착수했다. 『갑표』는 총 4,808자의 상용한자를 수록하고 있으며 수록기준은 다음과 같다.

> "이 표에 수록된 한자는 『中文大辭典』의 「총자표」(49,905자), 사범대국문연구소가 엮은 「상용한자표」(2,408자), 교육부의 「국민학교상용한자표」(4,708자)를 바탕으로 출현횟수 및 각 전문가의 의견을 종합하여 선정하였다."[6)]

이 중 『中文大辭典』의 「총자표」는 『中文大辭典』을 포함한 문헌자료 15개를 참고하여 정리한 것이고, 대반사범대학교 국문연구소의 「상용한자표」는 현대 간행물의 샘플통계를 통해 엮은 것이다. 이처럼 『갑표』는 현재 사람들이 많이 읽는 자료와 간행물을 기반

---

6) 자세한 내용은 國字標準字體表 설명 참고.

으로 만든 것이다. 이후 교육부는 갑표의 4,808개 한자를 기반으로 이에 6개 지역의 간행물 통계를 통해 얻은 약 4천 7,8백 자의 상용자를 더하여 총 5,401개의 상용자로 구성된 『國民常用字典』[7]을 편찬했다.

2. 『次常用國字標準字體表』(『常用國字標準字體表乙表』 혹은 『을(乙)표』)

1980년 편찬팀이 상용국가한자 외의 차상용국가한자 10,740자를 정했다. 각 전문가의 의견과 사용빈도를 종합하여 10,740개의 한자를 『차상용국가한자표준한자표』(『을표』)의 6,341개와 『罕用字體表』(『병(丙)표』)의 4,399개로 나누었다. 또한 한자를 더 쉽게 찾을 수 있도록 하기 위해 3개 표에 수록된 한자의 이체자를 『異體字表』(『정(丁)표』)로 정리했다.

『乙표』 한자의 선정기준은 다음과 같다.

1) 사서삼경, 『초사』, 『문헌』, 『회남자』, 『노자』, 『장자』, 『순자』, 『한비자』, 『여씨춘추』, 『관자』 등에 사용된 한자.
2) 『中文大辭典』과 다른 사전에서 단어의 첫 글자로 두 번 이상 쓰인 한자.
3) 현대학술분야 혹은 지역성 한자는 토론을 통해 결정.

『丙표』 한자의 선정기준은 다음과 같다.

---

7) 『國民常用字典』은 이미 수정 작업이 끝난 상태이지만 아직 정식적으로 출판되지 않았다. 하지만 서점에서 같은 이름의 자전을 볼 수 있다.

1) 갑표, 을표에 수록되지 않고 해당 한자의 이체자도 아닌 경우.
2) 자주 쓰이지 않는 한자 중에서 이체자가 있는 경우 토론을 통해 수록 여부 결정

『병표』의 경우 차후에 『異體字字典』으로 확대 편찬되었기 때문에 책으로 만들어지긴 했으나 공개 발표하지 않았다. 1984년 3월에 정리한 『병표』는 이체자가 모두 18,588자였고, 추가된 한자가 22자로, 총 15,610자였다.

『을표』의 한자 선정기준을 보면 알 수 있듯이, 『갑표』가 일반적인 간행물을 근거로 했다면 『을표』는 많이 알려져 있는 고전문학을 기반으로 했음을 알 수 있다. 이러한 작품은 일반적으로 많이 읽는 자료가 아니기 때문에 차상용자로 정리한 것이다. 이 외의 다른 문헌자료에서 등장하고 잘 쓰이지 않지만 독립적으로 사용할 수 있고 갑표, 을표 한자의 이체자가 아닌 한자는 『罕用字表』(『병표』)로 분류했음을 알 수 있다.

3. 『罕用國字標準字體表』 (『罕用字體表』 혹은 『병(丙)표』)

1982년 편찬팀은 『罕用字體表』(『병표』)를 보완하고 『異體字表』(『병표』)를 개정했다. 이번 개정을 통해 『罕用字體表』는 기존의 4,399개 한자에서 18,388자로 확대되었다.(부록한자 18자, 추가 74자를 포함하면 18,480자) 『병표』 한자 수록원칙 역시 수정되었다.

1) 독립된 음과 의미를 가지고 있으면서 갑표, 을표의 이체자에 해당되지 않는 경우.
2) 한 글자에 여러 가지 형태가 있을 경우 다음 원칙을 따른다.
   ① 육서 글자조합 원칙에 맞는 자형을 취한다.
   ② 여러 자형이 육서원칙에 맞을 경우 출현연도가 이른 자형을 취한다.
   ③ 두 번째 원칙에 부합하는 자형의 사용빈도가 너무 낮을 경우 필획이 단순한 자형으로 선택한다.
   ④ 성씨, 화학원소, 지명 등 고유명사는 다른 글자의 이체자인 경우에도 단독으로 자주 쓰이지 않는 정자로 분류한다.
   ⑤ 복음사(複音詞) 혹은 연면자는 두 글자를 모두 포함한다. (예: [illegible][illegible], [illegible][illegible])
   ⑥ 음과 뜻이 완전하지 않고 형태가 난해한 오자는 모두 수록하지 않는다.

(四) 『異體字字典』의 『新增正字表』 (『N표』)

앞서 언급한 바와 같이, 『異體字字典』은 총 106,230자를 수록하고 있고, 그 중 정자는 29,892자, 이체자는 76,338자이다(보류 중인 부록한자 제외). 자전 내 정자는 모두 교육부가 반포한 3개 표준자표에 따르고 있다. 하지만 정자-이체자 관계가 복잡하거나 3개의 표준자표에 수록되지 않았지만 독립적인 음과 뜻을 지닌 문헌자형을 몇몇 발견하게 되어 추가정자로 정리했다. 3개 표준자표에 명확한 오류가 발견되거나 확인이 필요한 사안이 생기면 의논을 통해 교육부의 『國字標準字體楷書母稿(국가한자표준자체해서초안)』 및 경제부 중앙표준국의 『國家中文標準交換碼(국가중문표준유니코드)』 등 자료를 참고하여 수정하였다.

(五)『異體字字典』 정자강령의 특수현상

이론적으로 보면, 3개 표준자표에 추가정자표를 더하면 이체자 작업이 완벽에 가까워야 하지만, 문자는 다양하게 발전하기 때문에 4개의 표만으로는 문헌에 등장하는 모든 한자를 포괄할 수 없다. 따라서 『異體字字典』에는 정자강령이 완벽한 효과를 발현하지 못하는 부분이 있다. 예를 들면 다음과 같다.

1. 문헌에는 명확하게 정자-이체자 관계가 드러나 있으나 표준한자표에는 모두 독립적인 정자로 분류되어 있는 경우, 본 자전은 문헌에 맞추어 정자-이체자 관계로 분류했기 때문에 두 글자가 가지고 있는 각기 다른 조건을 모두 포함하지는 못했다. 예를 들면 '汙(더러울 오)'자와 '汚'자는 표준한자표에는 각각 상용자 및 차상용자로 분류되어 있지만, 사실 두 글자는 기원이 같고 자형도 마지막 획이 구부러져 있는지, 가로획이 연결되어 있는지의 여부가 다를 뿐 그 차이는 미미하다. 따라서 예전부터 문헌에서는 두 글자를 정자-이체자 관계로 처리했다. 본 자전은 '汙'자(차상용자)를 '汚'자(상용자)의 이체자로 분류했다. 하지만 또 문헌을 보면 '汚'자는 '汙'자와 같다(「同『汙』。」)고 정의되어 있다는 점에서 '汚'자가 독립된 음과 뜻을 지니고 있지 않아 정자의 조건에 미치지 못한다. 따라서 정자로 분류하기에 부적합하지만 정자로 분류된 모순된 현상

이 나타났다.

2. 교육부 표준한자표에는 정자로 분류되어 있지 않지만 문헌에서는 독립된 음과 뜻을 가지고 있는 경우, 본 자전은 이러한 글자를 따로 정자로 간주하였다. 예를 들면, '亘(뻗칠 긍)'자는 교육부의 『異體字表』에는 정자가 아닌 '亙'자의 이체자로 분류되어 있다. 하지만 『설문 · 이부(說文 · 二部)』를 보면 '亘자는 위, 아래로 움직이는 물건을 뜻한다.'라고 정의되어 있고 발음은 ㄒㄩㄢ(xuan)이다. 위, 아래로 움직이며 배회한다는 뜻이 있기 때문에 '宣'의 본자라는 것을 추측할 수 있다. 하지만 ㄒㄩㄢ(xuan) 이라는 발음과 배회한다는 뜻은 정자로 분류된 '亙'자에는 없는 음과 뜻이기 때문에 본 자전은 '亘'자를 정자로 분류했다. 기존에는 이체자로 분류되어 있던 것을 정자로 새로 지정했기 때문에 기존 정자표에 상응하지 않는 부분이다.

3. 보통 음과 뜻, 그리고 구성요소도 같지만 구성요소의 위치가 다른 한자는 대부분 문헌에서 정자-이체자 관계로 분류한다. 예를 들면 '峰(봉우리 봉)'과 '峯', '群(무리 군)'과 '羣', '秋(가을 추)' 와 '秌' 등이 있다. 하지만 『異體字字典』에는 두 글자의 구성요소는 같으나 위치가 다르고 음과 뜻도 다른 현상이 나타났다. 그 예로 '櫳(난간 롱)'과 '龒'이 있다. 문헌을 보면 다음과 같이 설명되어 있다.

『설문 · 목부(說文 · 木部)』: 櫳, 檻也。从木龍聲。/ 龒, 房室之疏也。从木龍聲。

『옥편 · 목부(玉篇 · 木部)』: 櫳, 例同切, 房室之疏。亦作櫳。

『자휘 · 목부(字彙 · 木部)』: 櫳, 盧容切, 音龍。養獸檻。櫳, 同上。一曰房室之疏。

『정자통 · 목부(正字通 · 木部)』: 櫳, 同櫳。

『설문』에서는 두 글자의 뜻과 모양이 모두 다르고, 『옥편』은 '櫳'자를 '櫳'자의 이체자로 보고 있다. 『자휘』, 『정자통』은 반대로 '櫳'자를 '櫳'자의 이체자로 간주하여 교육부의 3개 표준자표의 이념에 부합한다. 하지만 『설문』과 『옥편』의 내용은 표준자 표대로라면 설명이 불가능하다. 정자표에 따라 정자-이체자 관계로 보던, 아니면 두 글자를 독립된 정자로 새로 정의하던, 모두 완벽한 결론은 아니기에 판단이 어려운 부분이 있다.

이처럼 정자강령으로는 완벽하게 설명할 수 없는 부분이 나타나는 이유는 교육부의 표준자표에 불필요한 정자가 더해지거나 혹은 일부가 누락되었기 때문일 것이다. 『異體字字典』은 표준자표의 정자를 기준으로 하면서도 정자-이체자 관계를 함께 고려해야 하기 때문에 어떤 선택을 하느냐는 많은 고민이 필요한 부분이다.

三. 『異體字字典』의 자음(字音) 체계

『異體字字典』은 주로 역사적으로 글자를 다르게 쓰거나 구조가 달라진 한자를 위주로 다루기 때문에 음과 뜻은 글자의 형태에 완벽히 맞추어져 있다. 편찬 초기 인력에 한계가 있고, 주로 문자의 형태를 중심으로 연구했기 때문에 각 글자의 음과 뜻이 크게 달라진 부분은 토론을 통해 바꾼 부분도 있지만 대부분 『새국어사전개정판』에 수록된 음과 뜻을 기준으로 했다. 또한, 어떤 발전을 거치면서 음과 뜻이 오늘날의 용법과 달라진 한자의 경우, 그 변화과정을 담는다는 의미에서 기존의 용법을 함께 수록했다. 따라서 본 자전은 『새국어사전개정판』보다 발음이 많이 수록된 글자가 몇몇 있다. 교육부에서 발행한 『국어다음자수정표』도 참고 했으며, 그 중 자주 쓰이지 않아 수록되지 않은 발음이나 발음이 중복되는 경우 논의를 거쳐 일부만 수록했다.

본 자전은 2013년부터 사용자의 편의와 오류 수정을 위해 개정 작업을 시작했다. 그 과정에서 『새국어사전개정판』 혹은 『국어다음자수정표』를 기준으로 봤을 때 음과 뜻이 부합하지 않는 경우가 있어 일부 수정했다. 음, 뜻, 형태의 대응관계 기준을 통일하기 위해 개정팀이 발음수정 계획을 수립했으나 아직 실행하지는 못했다. 따라서 현재 『異體字字典』의 자음체계는 아직 완벽하게 구성된 것이라고는 볼 수 없고, 다만 『새국어사전개정판』 개정에 맞추어 일부 수정하고 있는 정도이다. 현재 異體字字典의 자음처리 원칙은 다음과 같다.

첫째, 하나의 음에 하나의 뜻을 원칙으로 하나, 『개정판』에 별도의 음이 추가된 경우 삭제 없이 모두 수록한다.

둘째, 정자의 한 가지 뜻에 여러 개의 음이 있는 경우, 뜻을 기준으로 음을 나열한다. (먼저 뜻의 변화 순서, 그 다음으로 문헌의 연대 순으로 나열) 하나의 이체자에 정자가 여러 개 있어 음이 다양한 경우 우선 현재의 발음 나열 순서를 유지하고 차후에 본 자전의 자음체계가 확정된 후 필요할 경우 수정한다.

셋째, 정자이면서 다른 글자의 이체자인 경우, 정자, 이체자 순서로 발음을 표기한다. 예를 들면, A00884 '她(그녀 타)'는 먼저 정자의 발음인 ㄊㄚ(ta)와 뜻, 그 다음 '姐(누이 저)'의 이체자 발음인 ㄐㄧㄝ(jie) 순서로 수록한다.

넷째, 뜻은 같으나 여러 개의 발음이 있는 경우, 원칙적으로 그 중 한 가지 발음에 뜻을 적고 다른 발음은 추가로 '~로도 발음 한다'라고 덧붙인다. 예를 들어 한 글자에 '正(바를 정)'과 '又(또 우)' 두 개의 발음이 존재할 경우 우선 '正' 발음에 뜻을 적고 다른 발음을 적는 공간에 '又'라고도 발음한다'라고 표기한다.

四. 『異體字字典』의 자의(字義) 체계

자음 체계와 마찬가지로 편찬 초기 본 자전의 자의 체계는 크게 바뀐 부분을 제외하고 대부분 『새국어사전개정판』을 기준으로 했다. 하지만 개정 작업을 시작하면서 뜻 수록 및 배열 원칙에 대한 합의를 이루었다. 원칙은 다음과 같다.

첫째, 『異體字字典』의 정자 뜻은 크게 바뀐 부분을 제외하고 모두 『새국어사전개정판』을 기반으로 한다.

둘째, 뜻이 여러 가지인 경우 먼저 큰 항목으로 묶어 분류한 뒤 세분화한다. 큰 항목으로 분류 시 허사(虛詞, 실질적인 뜻은 없고 단순히 문장의 구성을 돕는 품사)를 위주로 하고, 양사(量詞, 사람이나 사물 또는 동작의 단위를 표시하는 품사)도 대조하여 처리한다.

셋째, 실사(實詞, 의미가 비교적 구체적인 단어로, 명사 · 동사 · 형용사 · 수사 · 양사 등을 포괄함)의 경우 품사 없이 의미만 수록하고, 허사는 의성어 혹은 접두사, 접미사인 경우 표기하고, 그 외에 전치사, 접속사, 조사, 감탄사도 설명을 더한다.

넷째, 이름용 한자는 『새국어사전개정판』에 포함되어 있는 경우 문헌 출처와 함께 그대로 수록한다. 다른 문헌 출처가 있는 경우 따로 항목을 만들어 표기한다. 다만, '사마(司馬)' 처럼 자서(字書)에 '성씨이다.' 혹은 '복성이다'라고만 표기되어 있는 경우 수록하지 않는다.

다섯째, 다음과 같은 경우 고전 문헌을 인용할 수 있다.

1. 뜻의 변천과정이 명확하게 드러나지만 고전 문헌의 용례를 설명하기 어려운 경우 고전을 그대로 인용한 뒤 해석을 덧붙여 이해를 돕는다.
2. 뜻의 변천과정이 명확하지 않은 통가자 뜻 혹은 보기 드문 뜻의 경우 고전을 그대로 인용한 뒤 해석을 덧붙이거나 자서 혹은 운서를 인용하여 해당 뜻의 출처 혹은 근거로 삼는다.

여섯째, '通(통)~' 혹은 '同(동)~'으로 표기된 경우는 다음과 같다.

1. 통가자이나 정자-이체자 관계가 없을 경우 모두 '通(통)~'으로 표기한다.
2. 본 자전에서 정자-이체자 관계인 경우 모두 '同(동)~'으로 표기한다.
3. 본 자전에서 정자-이체자 관계는 아니지만 뜻이 같거나 그렇다고 볼 수 있는 경우에도 '同(동)~'으로 표기한다.
4. 음이나 뜻이 여러 개인 경우 그 중 어느 것에 해당하는지 명확하게 표기한다. 예를 들면, '偺(나 찰)'자는, 「나 자신, 同 '咱'(1), '喒'(1).」라고 구체적으로 명기한다.

일곱째, 한 글자에 대한 뜻을 위주로 하지만, 여러 글자의 뜻으로 설명이 필요한 경우 해당 단어를 먼저 쓴 뒤 설명한다.

1. 연면어. 예를 들면, 「倉(곳집 창)」, 「倉皇(창황)」: 어떻게 할 겨를도 없이 매우 급함.
2. 두 글자 단어. 예를 들면, 「伏(엎드릴 복)」, 「伏日」, 「伏天」: 하지 이후 제3경(庚)일부터 30일간 10일 간격으로 삼복이 있고, 이를 '복날'이라 부른다. 1년 중 가장 더운 시기이다.

여덟째, 설명 시 편집자의 주관적인 의견은 더하지 않는 것을 원칙으로 한다.

五. 『異體字字典』의 간화자

현재 『異體字字典』은 편찬 당시 정치 문제와 대만과 중국의 관계로 인해 대륙의 간체자를 수록할 때 비교적 보수적인 입장을 취했다. 『간체자자전 · 간체자편찬체계』의 내용에 따라 간체자와 간화자는 대부분 중국문자개혁위원회가 1986년 출간한 『간화자총표』와 하북사천출판사가 1990년 출판한 『한어대사전』을 참고하였다. 수록된 간체자와 간화자는 모두 두 종류이다.

1. 교육부가 1935년 발표한 324개의 간체자는 모두 이체자로 수록했다. 예를 들면, 「遅」, 「卖」,「涨」는 각각 「遲(더딜지)」, 「賣(팔 매)」, 「漲(넘칠 창)」의 이체자이다.
2. 대륙에서 사용하는 간화자는 첫 번째로 발표된 간화자에 한하여 수록했다. 예를 들면, 「迟」, 「护」, 「疗」는 「遲(더딜 지)」, 「護(도울 호)」, 「療(고칠 료)」의 이체자이다.

2013년 10월 마카오어언학회가 개최한 '양안 한자사용 상황 학술회'에서 학자들은 4개 지역[8]에서 사용하는 한자가 다르다는 점에 대해 심도 깊이 토론했다. 당시 왕닝(王宁) 선생을 중심으로 각지의 학자들이 기존의 『통용규범한자표』의 자형을 토대로하여 각 지역에서 사용하는 한자를 비교 및 분석하자는 건의가 나왔다. 연

8) 대만, 대륙, 홍콩, 마카오

구 결과를 출판하여 연구에 도움이 되도록 하자는 것이었다.

『異體字字典』 편찬위원회는 각지의 규정한자가 표준정자와 다른 점은 있지만 학술적 근거가 있고, 또 본 자전의 이체자 수록 원칙 및 정신에 따르면 추가 수록에 대한 고려를 해 볼 필요가 있다고 생각했다. 본 자전에서는 이체자로 수록했으나 3개 지역에서는 새로운 규정으로 변화가 있는 경우 전면적인 검토를 통해 수정할 필요가 있는 것으로 판단했다. 따라서 업무역량 평가 후 관계부처에 간화자 수정에 대한 의견을 제출했다. 『異體字字典』의 관계부처인 '교육부 국가교육연구원 어문교육연구발전연구소'(현재 '편역발전센터'와 합병되어 '어문교육 및 편역연구센터'로 바뀜)는 사전 발전 및 사용수요 평가 후 '『異體字字典』 4개 지역 규범한자 수록 연구' 계획 초안을 작성, 푸런 대학의 리쥐안쥐안(李鵑娟)교수에게 새로운 『異體字字典』의 간화자 수록문제를 전면적으로 검토하도록 위임했다. 분석 및 개정 제안서가 완성되면 『異體字字典』의 간화자 수록 개정 작업을 시작할 예정이다.

리쥐안쥐안 교수의 연구 결과는 다음과 같다.

> 『異體字字典』의 이체자 수록 원칙 및 정신에 따르면, 한자의 형태나 구조에 학술적 근거가 있는 한자는 모두 이체자로 분류할 것인지를 고려해보아야 한다. 따라서, 『異體字字典』에 대륙의 간화자를 모두 수록해야 하느냐는 사실 문제가 아니다. 문자발전 및 운용의 입장에서 보면, 그리고 『異體字字典』이 이미 첫 번째로 발표된 간화자를 수록했고 한어병음 검색기능을 제공하고 있다는 점에서, 학문적 근거가 있는 대륙 간화자를 이체자로 수록하는 것은 당연한 것이다. 따라서 『異體字字典』의 간화자 수록에 대해 우리의 구체적인 의견은 다음과 같다.

1. 『통용규범한자표』가 대륙에서 이미 규정한자표로 사용되고 있고, 『異體字字典』의 편찬 및 문자정리작업 정신을 고려하면 이 표를 기반으로 정리 및 대조 작업을 진행하여 더 완벽한 이체자 네트워크를 구축해야 한다.
2. 『異體字字典』의 '정자와 쓰는 방식이 다른 한자를 수록하여 정자와 이체자의 파생 및 변천과정을 살핀다'는 편찬 목적에 따라, 『간화자총표』에서 나중에 빠진 간화자도 수록하여 이체자의 변화과정을 담아야 한다.
3. 『통용규범한자표』 중 『간화자총표』를 인용해 나타낸 부분은 본 자전이 역사서에 등장한 한자를 처리하는 방식대로 문헌 내용을 더하여 처리할 수 있다.
4. 간화자를 이체자로 처리하면, 『異體字字典』의 편찬정신에 부합할 뿐만 아니라, 일부러 간화자를 피하면서 학술규범에 어긋나게 되는 이상한 현상도 일어나지 않게 된다.

다시 말하면, 구조상 근거가 있는 간화자를 전면적이고 광범위하게 수록하는 한편, 특별한 근거 없이 간소화된 간화자는 수록하지 않는다는 것이 앞으로 『異體字字典』 간화자 개편작업의 주요원칙이 될 것이다.

六. 『異體字字典』의 개정 및 조정

『異體字字典』의 개정작업은 계속되었다. 지금까지 진행 중인 작업은 대략적으로 다음과 같다.

(一) 내용 수정

1. '정자해설' 중 '해석' 부분 수정

본 자전에 수록된 정자는 총 3만자로, 그 중 교육부의 『새국어사전개정판』에서 발췌한 1만자는 본 자전의 성질에 맞게 전문가를 통해 부단히 수정 중이다. 문헌의 자의(字意) 변천과정을 보여주는 본 자전의 나열방식에 적합하도록 바꾸고, 중요 사서(辞书)를 참고해 자주 쓰이는 뜻을 보충했다.

2. '정자해설' 중 '설문해형(說文釋形)' 부분 보충

한나라 시기 허신(許慎)이 한자의 구조와 형태를 해석한 『설문해자(說文解字)』는 지금까지 한자 본형 연구의 주된 근거였다. 따라서 본 자전은 '설문해형(說文釋形)' 부분을 새로 만들었고, 『설문해자』에 나타난 한자의 본형, 자의, 구조 분석을 수록했다. 이로써 『설문해자』의 본형과 정자 자형 및 자의의 관계에 대한 이해를 도와 정자의 기원을 찾는 데에 참고가 되고자 했다.

3. 수록된 자형에 대한 보충, 수정, 삭제 작업

전문가 및 편집자들은 개정 과정에서 새롭게 발견된 문헌자료 및 자형 관계 데이터에 대해 심도 깊은 조사를 진행했고, 필요 시 새로운 자형을 더하거나 기존의 자형을 수정 혹은 삭제했다. (이체자 추가, 이체자 자형 수정, 정자-이체자 관계 추가 등)

4. 자형(字形)표 이미지 개선

본 자전은 정자를 기준으로 부록자형표에 따라 한자의 모양, 음, 뜻을 발전과정을 담았다. 하지만 초판 발행 시 스캔기술 역량 부족으로 글자의 자형표 중 일부 그림이 흐릿하게 나왔다. 따라서 개정판 작업 시 그 중 외부에 공개할 수 있는 문헌 33개를 대상으로 디지털 작업을 다시 진행하여 선명도를 높여 독자의 편의를 더했다.

5. 부록 '정자표' 확대

이번 개정판은 부록 '정자표'에 수록 정자를 확대하였다(상용, 차상용, 자주 쓰이지 않는 한자 및 추가 정자 포함). 이로써 교육부의 국가한자표준자체 개정의 성과를 보여주었고, 더불어 독자의 편의를 더했다.

6. 부록 그림 개선

본 자전의 부록 그림은 해상도가 낮은 편이었고, 당시 촉박한 일정으로 인해 해서체 작업을 완성하지 못했다. 이번 개정판은 사전 본문 및 부록의 그림을 개선하면서 기존의 손글씨를 해서체로 대체하여 더욱 선명한 한자를 담았다.

(二) 체계 수정

본 자전은 지금까지 사용횟수가 총 200만 회로, 하루 평균 사용량은 1,200회이다. 교육부의 사전개정규정에 따라 독자의 의견과 자가 검토를 통해 자전의 서비스품질을 개선하기 위해 항상 노력하고 있다. 이번 개정판에서 새롭게 단장한 체계는 다음과 같다.

1. 검색화면

(1) 본문 한자 검색

기존의 '부수검색', '필획검색' 외에 이번 개정판은 '한자', '주음부호', '한어병음', '창힐(倉頡)부호', '사각(四角)번호' 등 전통적인 검색방식 5가지를 추가했고, 이렇게 7가지 검색방법에 다시 필순, 구조 등의 조건을 더할 수 있는 '고급검색' 기능을 추가했다. 따라서 총 8가지 검색방식을 제공한다.

(2) 부록 한자 검색

일부 부록 한자에 대해 종합검색기능을 지원한다. 『정자표』, 『보류정자표』, 『단위사참고표』, 『부호참고표』, 『일본특용한자표』, 『한국특용한자표』, 『대만 민난어 한자참고표』, 『대만 객가어 한자참고표』, 『한어방언 한자참고표』 등 9가지 부록한자에서 검색이 가능하다.

2. 수록한자

(1) 컴퓨터 입력이 가능한 한자는 기존의 Big5에서 Unicode로 언어팩을 바꾸고, 글씨체는 마이크로소프트의 해서체를 위주로 했다.

(2) 컴퓨터 입력이 불가능한 한자는 『교육부 송조체 글자도』 및 『손글씨 글자도 기존판』 중에서 수록했고, 전자를 기본으로 하고 필요에 따라 후자를 참고했다.

(3) 교육부 규정의 수정조항에 따라 주음부호의 ‘ㅣ’를 모두 ‘一’로 바꾸어 레이아웃 및 식별을 용이하게 했다.

七. 결론

본 자전의 명칭은 『異體字字典』으로, 문헌에 등장하는 이체자를 정리 및 수록하는 것이 주된 임무이다. 하지만 이체자가 생성된 이유는 각기 다르고 또 이체자가 변천하는 과정은 더 복잡하기 때문에 정자-이체자 관계가 시대나 개인의 이념에 따라 다르게 나타난다. 이 밖에도 관계부처에서 다양한 이유와 여론의 반응 등으로 인해 개정을 제안하면서 『異體字字典』의 역할이 갈수록 복잡해지고 있다. 따라서 『異體字字典』은 앞으로 많은 변수를 만나게 될 것이다.

1995년 『異體字字典』 편찬팀이 결성된 후, 모든 한자의 자형,

자음, 자의에 대해 상세한 연구를 통해 독자들에게 가장 정확한 이체자 관련 정보를 제공하는 것이 우리의 임무라고 생각했다. 하지만 본 자전이 이렇게 큰 변화를 맞이하게 되면서 선인들의 업적을 이어 나가는 한편 자전을 부단히 계획 및 수정하는 중임을 맡게 될 줄을 상상도 못했다. 20 여 년간 자전 편찬 과정을 겪으면서 우리는 아무리 노력해도 항상 부족할 수 밖에 없다는 점을 깨달았다. 새로운 증거가 계속 등장하고, 독자들의 기대는 점점 커져만 가는데 인력과 자원은 한계가 있기 때문이다. 하지만 이체자의 세계에서 계속 연구하는 것이 우리에게는 즐거움이자 희망이기도 하다. 학계에 도움이 되는 성과를 달성하고, 독자에게 새로운 지식을 선사하면서 한자의 발전과 계승을 위해 우리는 앞으로도 최선을 다하고자 한다.

마지막으로 이번 기회를 통해 다시 한 번 강조하고 싶은 것은, 관계부처의 정책이 편찬팀 업무의 근거이지만, 독자의 피드백이 업무에 대한 열정과 동력의 진정한 원천이라는 점이다. 따라서 학계 전문가 여러분들이 본 자전의 부족한 점에 대해 많은 조언을 해주었으면 하는 바람이다. 각계 전문가의 조언이 더해진다면『異體字字典』이 더 완벽한 모습으로 더 좋은 내용으로 찬란하게 빛날 수 있을 것이다.

〈참고 문헌〉

《異體字字典》, 臺北: 教育部, http://dict.variants.moe.edu.tw/, 2017.

曾榮汾 等,《辭典學新論2006》, 臺北: 辭典學研究室, 2007.

李添富,〈《異體字字典》與簡化字收錄問題〉,《兩岸漢字使用情況學術研討會論文集萃》, 澳門: 澳門語言學會, 2014.

李添富,〈《異體字字典》的正字選錄原則〉,《漢字研究》15, 釜山: 慶興大學, 2016.

부록 :《異體字字典》검색 편람

《異體字字典》정식 6판 홈페이지 초기 화면

(웹사이트 주소 : http://dict.variants.moe.edu.tw/)

《異體字字典》 정식 5판 홈페이지 초기화면
(웹사이트 주소 : http://dict2.variants.moe.edu.tw/) :
본판은 2017년 9월 갱신을 중지하고, 제6판 「字典附錄」에
참고용으로만 제공함.

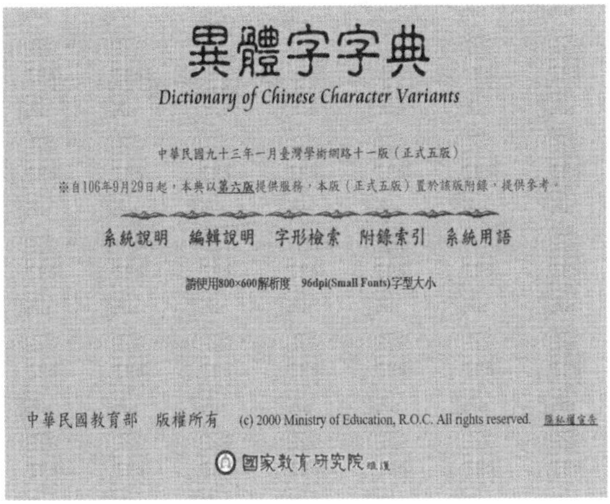

《異體字字典》 정식 6판 「검색기능」 : 提供 「부수 검색」, 「필획 검색」 등 8종 방식으로 수록자를 검색할 수 있고, 「부수자(附收字) 검색」은 종합 검색 부록항목에 수록함.

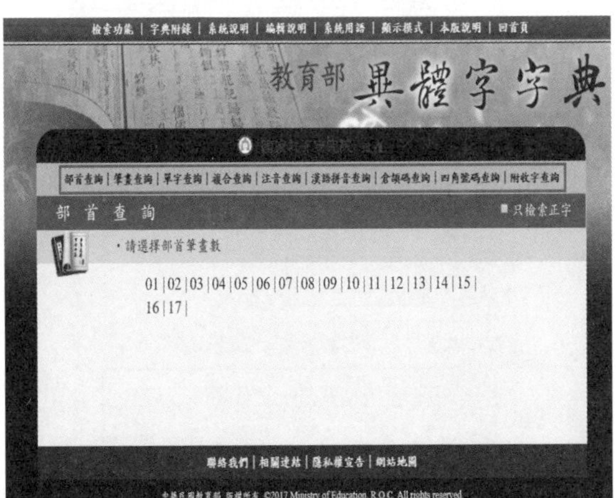

《異體字字典》 정식 6판 「정자(正字) 페이지」: 본 사전은 정자의 형음의(形音義), 고금 문헌 형대의 자료 및 정자에 상응하는 역대 이체자형을 제공함.

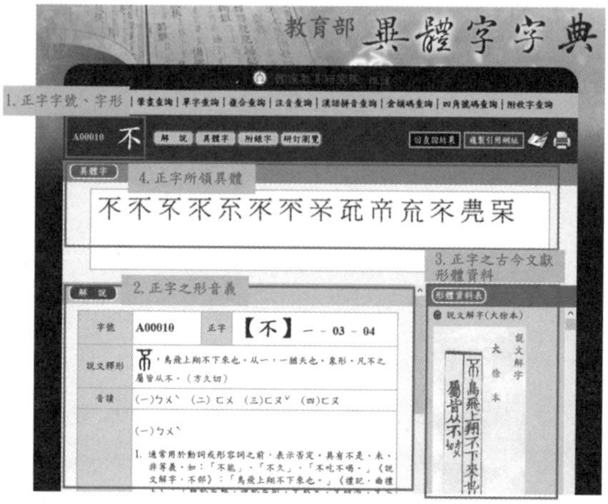

《異體字字典》 정식 6판 「이체자 설명 페이지」: 본 사전은 수록한 이체자 자형에 근거하여 관련 문헌을 제공하고, 일부 이체자 자형에 대하여 전문가의 검토 결과로 설명이 부가됨.

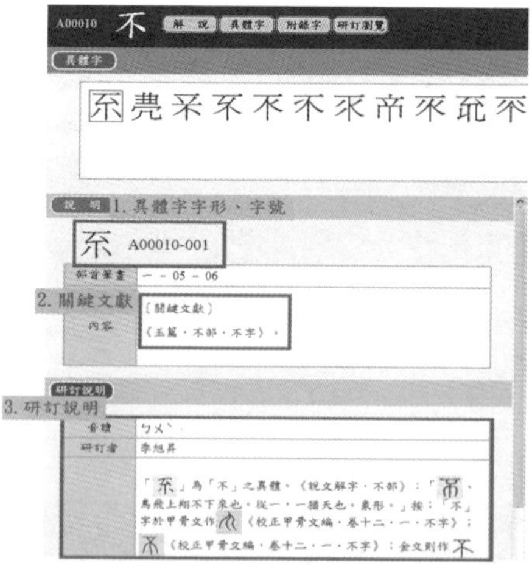

≪異體字字典≫ 정식 6판「자전부록」: 본 사전은「正字表」,「異體字表修訂版(第二版)」,「異體字例表」등의 부록을 참고용으로 제공함.

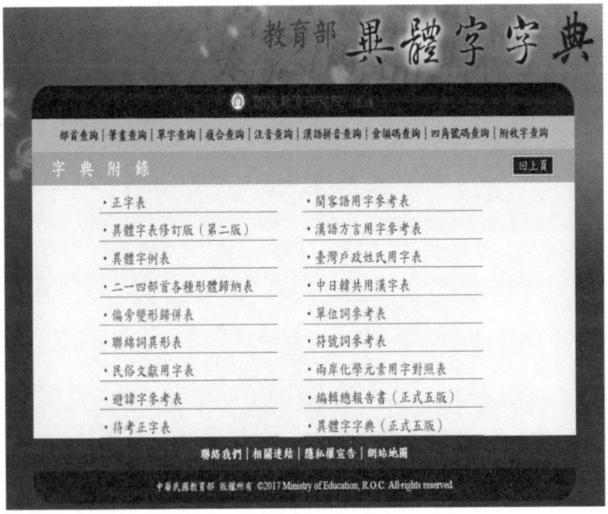

[번역: 최진실(한국외국어대 통번역대학원 졸업)]

필자 약력(원고 수록순)

1. 김성주

【주요 이력】

동국대 국어교육과 졸업, 동국대 대학원 국문학과(문학박사), 국어학 전공

현재 동국대 대학원 국어국문학과 초빙교수

【주요 저작】

『吏讀便覽』의 吏讀와 吏文에 대하여, 『口訣硏究』, 2017.

『두시언해』 권5의 동사와 형용사 연구, 『동악어문학』, 2017.

『(日譯)法華經諺解 上 · 下』, 春風社, 2017-2018.

『석보상절 3』, 동국대학교 불교학술원, 2018.

『역주 분류두공부시언해 권제19(상 · 하)』, 세종대왕기념사업회, 2018.

2. 이병기

【주요 이력】

서울대 국어국문학과 졸업, 서울대 대학원 국어국문학과(문학박사), 국어학 전공

현재 한림대 인문학부 교수

【주요 저작】

시상 형태 '-(으)리-'의 쟁점과 전망, 『국어사연구』, 2018.

飮食名에 붙는 接頭辭 '막-'에 대하여, 『어문연구』, 2017.

'국어' 및 '국문'과 근대적 민족의식, 『국어학』, 2015.

구결자료의 어휘, 『구결연구』, 2014.

'-겟-'의 문법화와 확정성, 『진단학보』, 2006.

3. 하정수

【주요 이력】

동국대 국어국문학과 졸업, 동국대학교 대학원 국어국문학과(문학박사), 국어학 전공

현재 동국대 국어국문문예창작학부 강사

【주요 저작】

「現代國語 形態素 {ㅅ}의 意味와 機能」, 『어문연구』 38, 2010.

「'-ㅂ쇼, -ㅂ시고, -(으)십사'에 대하여 - 형태 분석과 기본 의미를 중심으로 -」, 『한국어문학연구』 56, 2011.

「修德寺 槿域聖寶館 所藏 妙法蓮華經卷第七의 角筆口訣」, 『구결연구』 36, 2016.

『석독구결에 나타난 시간 표현 문법 형태 연구—구역인왕경을 대상으로』, 『국제언어문학』, 39, 2018.
『日本 天理大學 所藏 活字本 楞嚴經諺解 권5, 권6의 교정 연구』, 『구결연구』 41, 2018.

4. 오창명
【주요 이력】
제주대 국어국문학과 졸업, 단국대 대학원 국어국문학과 졸업(문학박사), 국어학 전공
현재 제주국제대 유아교육과 교수, 언어와 문자 연구소장
【주요 저작】
「제주도 마을 이름의 종합적 연구 Ⅰ」, 제주대학교출판부, 2007.
「제주도 마을 이름의 종합적 연구 Ⅱ」, 제주대학교출판부, 2007.
「제주도 오롬 이름의 종합적 연구」, 제주대학교출판부, 2007.
「19세기 제주박물지: 남환박물」, 도서출판 푸른역사, 2009.
『탐라순력도 탐색』, 제주특별자치도 제주학연구센터, 2014.

5. 김현철
【주요 이력】
연세대 중어중문학과 졸업, 연세대학교 대학원 중어중문학과(문학박사). 중국어법 전공
현재 연세대 중어중문학과 교수, 중국연구원 원장, 언어연구교육원 원장
【주요 저작】
「현대중국어 능격동사구문의 통사적 격 할당에 따른 의미 경로 영상도식」, 『中國語文學論集』 115, 2019.
「한국 출판 중국어 회화교재의 문장 성분 생략 현상 연구 — 주어, 빈어, 서술어 생략을 중심으로」, 『中國語文學誌』 65, 2018.
「漢韓中動結構對比研究」, 『中國語教育과 研究』 28, 2018.
「의미지도 모형을 통한 부사 '也'의 의미 연구」, 『中國語文學論集』 104, 2017.
「한국 초등학교의 중국어 교육 현황 조사 연구 — 서울 지역을 중심으로」, 『외국어교육』 23, 2016.

6. 阿辻哲次 Atsuji Tetsuji
【주요 이력】
京都大學大學院文學研究科博士後期課程修了, 中國語學專攻

漢検 漢字博物館・図書館 漢字文化研究所所長(京都大学名誉教授)
【주요 저작】
『新字源』改訂新版　(釜谷武志・木津祐子　と共著), 2017.
戰後日本漢字史, 新潮社, 2010.

7. 阮文康 Nguyen Van Khang
【주요 이력】
Graduate: The Ha Noi Foreign language University (Chinese language).
Doctor of Linguisitics :Academy of Social Sciences in Republic of the Russian Federation.
Prprofessor: Socialist Republic of Vietnam.
【주요 저작】
Research and teaching Linguistics (Sociolinguistics) and Chinese language.
published 193 scientific works: monographs, curriculums,articles;
Ed and compiled 26 dictionaries; including Chinese dictionaries.
Successful guidance of 35 PhDs.
Former vice vice director of linguistics institute.
Currently the editor in chief "Language and life magazine".

8. 李添富 Li Tienfu
【주요 이력】
輔仁大學中文系學士, 輔仁大學中文研究所碩士, 國立臺灣師範大學國文研究所博士
聲韻學 文字學 專攻
教育部國與辭典編審會副總召集人兼音讀審定小組召集人、異體字字典編審會召集人
【주요 저작】
「古今韻會擧要研究」, 臺灣師範大學博士論文, 1990.
「晩唐律體詩用韻通轉研究」, 臺北 文史哲出版社, 1997.
「成語典」, 臺北 洪葉文化事業有限公司, 1999.
「添富論學集」, 臺北 洪葉文化事業有限公司, 2016.
「異體字字典正字選錄原則」,『漢字研究』15, 2016.